U0650170

股票投资
从入门到精通

刘堂鑫◎著

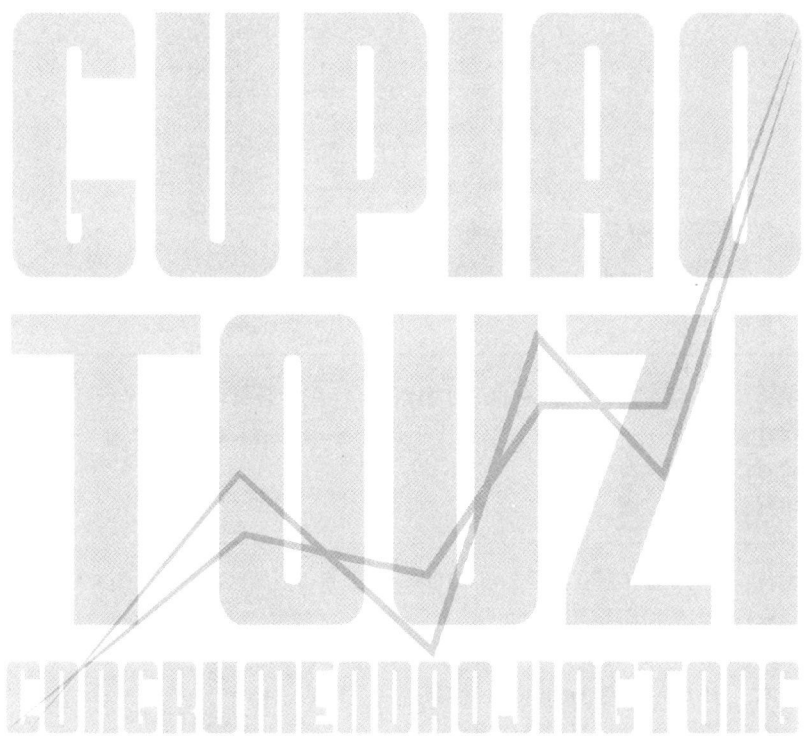

中国铁道出版社有限公司

CHINA RAILWAY PUBLISHING HOUSE CO., LTD.

图书在版编目（CIP）数据

股票投资从入门到精通 / 刘堂鑫著 .—北京：中国铁道
出版社有限公司，2022.11
　ISBN 978-7-113-29518-9

　Ⅰ . ①股… 　Ⅱ . ①刘… 　Ⅲ . ①股票投资 – 基本知识
Ⅳ . ① F830.91

中国版本图书馆 CIP 数据核字（2022）第 143532 号

书　　　名：股票投资从入门到精通
　　　　　　GUPIAO TOUZI CONG RUMEN DAO JINGTONG
作　　　者：刘堂鑫

责任编辑：王　佩　编辑部电话：（010）51873022　电子邮箱：505733396@qq.com
封面设计：仙　境
责任校对：苗　丹
责任印制：赵星辰

出版发行：中国铁道出版社有限公司（100054，北京市西城区右安门西街 8 号）
印　　刷：三河兴博印务有限公司
版　　次：2022 年 11 月第 1 版　2022 年 11 月第 1 次印刷
开　　本：710 mm×1 000 mm 1/16　印张：14　字数：243 千
书　　号：ISBN 978-7-113-29518-9
定　　价：69.80 元

版权所有　侵权必究
凡购买铁道版图书，如有印制质量问题，请与本社读者服务部联系调换。电话：（010）51873174
打击盗版举报电话：（010）63549461

前　言

新手初入股市，对很多东西都是一知半解，甚至完全陌生，买卖股票也容易纰漏百出，此时不应急于入市交易，而是应该先做好准备工作，熟悉了解股票的基本事项，学习掌握投资技巧，深入研究行情的波动原理，然后运用学习到的知识技术，认真分析选股，并从小额开始试水，尝试操作买卖，每天复盘总结经验，直到能够保持较长一段时间的稳定盈利，证实了分析策略的有效性，方可真正入市交易。

新手犯的最大的错误，莫过于没有真正掌握一套行之有效的方法、没有真正形成一套相对正确的投资理念就盲目入市，妄图发财致富。准备工作做得再多都不为过，这可以帮你节约大量的股市学费，因为当你没有恰当的炒股方法和理念时，你将容易产生巨大的亏损。

有些人认为，"纸上得来终觉浅，绝知此事要躬行"，炒股一定要实操，学习用处不大，可惜这个观点也许适合某些其他行业，但绝对不适合股票市场。某些行业的实操不需要交学费，也不会产生货币亏损，最多是付出时间，比如学厨师、学设计等，成本是非常有限的。但是学炒股，如果一味靠实操，你将没有那么多钱用来亏损，靠亏损亏出经验，除非你的资金是无限的，否则还没等你学到一招半式，就已经亏趴下了。

虽说吃亏是福，但明知会吃亏，还要去做这件事，那是非常不明智的。曾经有一个做工程的读者，受他本行业技能积累经验的影响，他也认为，炒股只能靠实操，因此一上手就入金 20 万元，啥也不懂，却希望在股市里大赚特赚，很显然，没多久他就亏损殆尽。我劝他得先学习，掌握一定的技术知识，大概率确定自己能稳定获利了，方可再入市交易。但他依然固执地认为，只是运气不好，相信自己做工程时的经验，觉得天道酬勤，只要自己努力，一定能够成功。随后他又入金 5 万元，不料没多久又亏损殆尽，这次他却跟我说："我认为我的想法是对的，实操才能出真知，这次钱亏得值，起码我从这笔亏损中，学到了头肩顶形态这个技术，这是个看跌的技术形态，我这次就是亏在了头肩顶下跌行情中，所以我以后再碰到这种形态，坚决不会再买入了，所以实操是王道，我总结学习到了这项珍贵的技术。"

我听到他的话之后，差点没晕倒。但我还是耐心劝导他说："一个头肩顶形态，你就花了 5 万元学费，那股市中这么多技术，基本面的、技术面的，成千上万条，你得花多少钱买经验，你哪能买得起，没等你买到几条简单的技术，早就负债累累了。你去看一下书，头肩顶形态你只要 5 分钟就可以学会，5 分钟就能免费学会的技术，你却花了 5 万元费用。你如果坚持这样做，一定等不到学成，就亏破产了，到时哪怕你掌握了一套稳定赚钱的技术，也是巧妇难为无米之炊，况且在你产生巨大亏损之后，你的心态可能早已经崩溃，也会丧失赚钱的信心和能力，空有赚钱的技术罢了。"

最后他猛地醒悟，终于明白，在资金有限的情况下，炒股是不可能只靠实操就成功的，因为这种靠持续亏损积累经验是任何一个普通人都无法承受的。

其实我们可以看到，他是一个聪明之人，自己观察思考能总结出股市规律，发现了头肩顶看跌形态，但这并没有多大用处。用樊登读书会的观点来说就是，能力成长性价比最高的方式是读书学习，而不是闭门造车，哪怕你足够聪明，最后造出车来，也会浪费大量的成本和时间。

诚然实践得来的知识是最牢固的，但投资最大的问题是很多时候受制于有限的资金，让实践变得极其昂贵，普通人是无法承受的，并且任何人的生命只有一次，你的时间比金钱更加昂贵万分。

实践是必须的，但不能盲目实践，等到你掌握了足够的知识，积累了充分的经验，领悟了有效的投资思想，万事俱备，只欠实践的时候，才是入市战斗的最佳时机。因此建议所有新手，不要急于入市，不要急于赚钱。为了避免自己白交很多学费，在你入市之前，一定要熟读关于股票入市的书籍，充分学习了解股票的相关知识，且在你正式迈入股市之前，一定要先根据自己学到的方法，小试牛刀，完成在进入大海之前的试航。

本书比较全面地介绍了股市的相关知识，从零开始入门，到实盘操作，再到精通股票，手把手教你把握股票的脉搏，立足于风云变幻的股票市场，最终帮你实现长期稳定的持续盈利。我们从本书的内容中提炼总结了一套实际操作理念，以供读者参考，这套实际操作理念主要分为以下七点。

交易工具：首先你要有一个获利的方法。做股票和做任何生意一样，做什么东西，什么时间做最好，具体每一步该怎么做，这都是要事先想好的。本书介绍了基本面分析和技术面分析，读者可以使用自己习惯的分析工具，总结一套自己的稳定盈利的交易方法或借鉴《买在起涨点》、《像利弗莫尔一样交易——让利润奔跑》和《像利弗莫尔一样交易——买在关键点》书中的交易方法。

控制仓位：重仓永远是失败的根源。重仓操作一方面会带来巨大的心理压力，从心理学的角度讲，压力是正确抉择的天敌，因此重仓往往会导致你犯致命的错误；另一方面交易是一个概率游戏，根据墨菲定律，出错是一件肯定的事情，那么重仓交易就会让失败成为必然事件。因此一定要合理控制仓位，不要盲目重仓。

设置止损：股市没有常胜将军，操作出错是在所难免的，投资成功的充分必要条件是赚的钱要大于亏的钱。所以对错都不要紧，最重要的是，赚的时候，你赚了多少，而亏的时候，你亏了多少。

等待机会：不要每天都想交易，市场不可能每天都会有好机会，应该耐心等待，伺机而动，在市场信号最明显的时候，果断出手。切记，永远不要做没有任何胜算的事情！

顺势操作：市场每时每刻都在波动，但根据市场不可测定理，短期的杂波呈现无规律性，但长期市场却是呈现较强的趋势规律性的，因此要中长线顺势操作，不要将自己陷入杂波之中，疲于追逐市场的随机报酬。

保住利润：要善于利用追踪止损，当持仓出现大幅获利，且市场开始出现不良征兆时，要及时推动你的止损，防止利润下滑。

学会分析错误：对错误的分析往往比分析胜利更让你受益，但人们总是趋于忘记所犯的错误，陶醉于胜利的喜悦。犯错不要紧，要紧的是不要重复犯错。犯错其实是一件骄傲的事情，因为你有机会认识自己的不足。

刘堂鑫

2022 年 2 月

目　录

第一章　股票基础知识

1.1　股票起源与发展

时至今日股票市场已经是大众所熟知的事物，并且有众多投资者积极参与其中。有人把投资者参与市场交易叫作炒股票，也有人把这些参与行为称为投资。人们对股票的认知，有的浅薄，有的深刻；有的认为炒股会亏钱，有的认为炒股能盈利。不管如何，股票市场将始终承载着大众的期望，并且在股票市场成功赚钱的也大有人在，因此在参与股票投资之前，建议投资者先要全方位地了解它和接触它，做自己熟知的事情，则成功的把握会更大。

股票起源于 1606 年的阿姆斯特丹。荷兰属于传统的西方国家，经常组建船队出海贸易、掠夺资源以获取利益。鉴于远洋需要大量的资金和本身具有的风险颇大，只有极少数的家族才能拥有这样庞大的资金和抵抗风险的能力，于是荷兰人首次将股份应用在东印度公司的远航中，这样就出现了股份制的船队，面向大众筹集资金和分摊风险，并在航行结束后，给股东返还投资和分配利润。远洋贸易带来了股票的诞生和发展，股票制度也推动这些国家迅速走向富裕。

1773 年英国第一家证券交易所成立，1792 年美国纽约证券交易所成立。随着证券交易的发展，相关法律规律也在不断完善中推出。1933 年美国颁布《证券法》规定了发行制度，第二年颁布《证券交易法》，1970 年颁布《证券投资者保护法》，用来保护投资者以减少投资风险。我们可以看到的是，证券市场一直在成长，从未停止。

至今，股票诞生的时间已经超过 400 年，股票制度早已普及全球各地。现在的企业自然不需要攫取掺着淋漓血肉的利润，不过股票市场依旧不乏让投资人赚得盆满钵满的机会。时间流逝，社会发展，股票市场的制度也越来越完善，尤其以西方发达国家为主体的股票市场，其涨跌几乎和国民经济捆绑在一起了。

我们国家自改革开放以来，资本市场在短短的 30 多年里快速发展。A 股市场风风雨雨几十年，整个市场成了国家重要的调控蓄水市场，更成为推动企业发展的重要因素之一。

1.2 股票的概念和意义

1.2.1 股票的定义

股票是股份公司所有权的一部分，也是发行的所有权凭证，是股份公司为筹集资金而发行给各个股东作为持股凭证，并借以取得股息和红利的一种有价证券。股票是资本市场的长期信用工具，可以转让、买卖，股东凭借它可以分享公司的利润，但也要承担公司运作错误所带来的风险。每股股票都代表股东对企业拥有一个基本单位的所有权，每家上市公司都会发行股票。

股票是股份制企业（上市和非上市）所有者（即股东）拥有公司资产和权益的凭证。上市的股票称为流通股，可在股票交易所（即二级市场）自由买卖。非上市的股票没有进入股票交易所，因此不能自由买卖，称非上市流通股。

股票市场主要分为发行市场和流通市场。发行市场也称一级市场，它是指公司直接或通过中介机构向投资者出售新发行的股票的市场。所谓新发行的股票包括初次股票发行和再发行的股票，前者是公司第一次向投资者出售的原始股，后者是在原始股的基础上增加新的份额。

流通市场也称二级市场或股票交易市场，是投资者之间买卖已发行股票的场所，这一市场为股票创造流动性，即能够迅速脱手换取现值，我们投资者一般参与的就是二级市场。

1.2.2 股票的意义

随着市场经济的发展，企业发展需要借助长期资本的帮助，单靠公司自身的资本积累，已经很难满足资产发展的需求。长期资本包括向银行借贷、发行债券和发行股票。前面两种门槛高、利息高、时间短，这两种方式募集的资金增加了企业经营成本，有很大的局限性。股票市场就是第三种募集资金的方式，股份制公司通过向社会发行股票募集市场资金，可以获得很低成本的融资资金，以扩大生产经营。

社会投资者通过交易所和券商参与到市场中来，承受一定的风险，买企业的未来预期。股票的出现解决了人类在社会化大生产背景下，企业经营规模扩大与资本需求不足的矛盾，也为投资者带来了参与企业发展、享受企业增长红利的机会，其本身带有价值发现的作用和稳定社会企业生产的作用。

1.3　交易所和券商

证券交易所和券商是股票市场的基本组成部分。证券交易所，简称交易所，是依据国家有关法律，经政府证券主管机关批准设立的集中进行证券交易的有形场所，我国主要有上海证券交易所、深圳证券交易所、北京证券交易所和香港证券交易。

上海证券交易所成立于 1990 年 11 月 26 日，同年 12 月 19 日开业，为不以营利为目的的法人，归属中国证监会直接管理。目前，上海证券交易所是国际证监会组织、亚洲暨大洋洲交易所联合会、世界交易所联合会的成员，经过多年的持续发展，该所已成为国内最大的证券市场，上市公司数、上市股票数、市价总值、流通市值、证券成交总额、股票成交金额和国债成交金额等均居首位。

深圳证券交易所于 1990 年 12 月 1 日开始营业，是经国务院批准设立的全国性证券交易场所，也由中国证监会直接监督管理，是国内第二家专业的证券交易所，经过 30 多年的发展，初步建立板块特色鲜明、监管规范透明、运行安全可靠、服务专业高效的多层次资本市场体系。2021 年 4 月 6 日，经中国证监会批准，深交所主板和中小板合并，合并后总市值将超 20 万亿元人民币。

北京证券交易所是于 2021 年 9 月 3 日注册成立的，是经国务院批准设立的中国第一家公司制证券交易所，受中国证监会监督管理，经营范围为依法为证券集中交易提供场所和设施、组织和监督证券交易以及证券市场管理服务等业务。

香港证券交易所全名为香港交易及结算所有限公司，简称港交所，是全球一大主要交易所集团，也是一家在香港上市的控股公司，全资拥有香港联合交易所有限公司、香港期货交易所有限公司和香港中央结算有限公司三家附属公司，主要业务是拥有及经营香港联合交易所与期货交易所，以及与其有关的结算所。

券商，即经营证券交易的公司，或称证券公司，在国内有国泰君安、中信证券、中银国际、申银万国、华泰证券、国信证券等。券商其实就是交易所的代理商，他们直接与股民、机构投资者等打交道，是证券市场的重要组成部分。

1.4 股票指数

1.4.1 港股指数

2014年港股证券市场和A股证券市场采取了互联互通机制，A+H股模式可以让投资者参与到更广泛的国际市场的投资当中，为A股市场的成熟起到积极的推动作用。

港股机构较多，投资更理性，估值一般偏低，低市盈率是常态，很难被市场修复。2014年沪港通开启，无形中加强了港股的流动性和波动性，港股市场成为我国很多上市企业面向全球的窗口；也因为沪港通，港股为投资者增加了购入科技股的入口，比如美团、阿里巴巴、腾讯控股、京东健康等优秀科技企业。

图1-1为恒生指数日线级别K线图，行情时间跨度为2021年5月27日到2022年1月29日。

图1-1　恒生指数日线级别K线图

1.4.2 A股指数

1984年，随着飞乐音响奏出"复兴之路"乐章，证券市场第一次和国内的投资者见了面，它行了个礼，正了正衣冠，随着改革开放的深入，阔步向前。

股票市场在发行上先后经历了股份制改革、市盈率发行、协商定价和市场化询价发行；监管上趋向注册制，退市淘汰也逐步在完善中；交易上国内暂时还是

T+1 股票交易制度和做多机制。

我国股票市场主要有五大指数，分别为上证指数、深成指数、中小板指数、创业板指数和科创板指数。

1. 上证指数

上证指数是上海证券综合指数的简称，其样本股是在上海证券交易所全部上市股票，包括 A 股和 B 股，反映上海证券交易所上市股票价格的变动情况，自 1991 年 7 月 15 日起正式发布，如图 1-2 所示，为上证指数行情图。

图 1-2 为上证指数日线级别 K 线图，行情时间跨度为 2021 年 5 月 27 日到 2022 年 1 月 29 日。

上证指数编制方法于 2020 年 6 月 19 日进行了重新调整，上证综合指数的计算公式为：

$$报告期指数 = \frac{报告期样本总市值}{除数} \times 100$$

其中，报告期样本总市值 $= \sum （证券价格 \times 发行股本数）$。

图 1-2　上证指数日线级别 K 线图

样本日均总市值排名在沪市前 10 位的新上市证券，于上市满三个月后计入指数，其他新上市证券于上市满一年后计入指数；其指数样本被实施风险警示的，从被实施风险警示措施次月的第二个星期五的下一交易日起将其从指数样本中剔除；被撤销风险警示措施的证券，从被撤销风险警示措施次月的第二个星期五的下一交易日起将其计入指数；最后上海证券交易所上市的红筹企业发行的存托凭证、科创板上市证券将依据修订后的编制方案计入上证指数。从计算公式中，我们可以知道上证指数就是全市场的一个综合表现。

2. 深成指数

深圳成长指数指的是深圳证券交易所编制的，以深圳证券交易所挂牌上市的全部股票为计算范围，以发行量为权数的加权综合股价指数。深成指数由深圳证券交易所从 1991 年 4 月 3 日起开始编制并公开发表，该指数规定 1991 年 4 月 3 日为基期，基期指数为 100 点，如图 1-3 所示，为深成指数行情图。

图 1-3　深成指数日线级别 K 线图

图 1-3 为深成指数日线级别 K 线图，行情时间跨度为 2021 年 5 月 27 日到 2022 年 1 月 29 日。

3. 中小板指数

中小板指数即中小企业板指数，指从深交所中小企业板上市交易的 A 股中选取的、具有代表性的股票，参考公司治理结构、经营状况、发展潜力、行业代表性等因素后，按照缓冲区技术选取中小板 100 指数成分股；此后需要对入围的股票进行排序选出成分股。如图 1-4 所示，为中小板指数行情图。

图 1-4 为中小板指数日线级别 K 线图，行情时间跨度为 2021 年 5 月 27 日到 2022 年 1 月 29 日。

图 1-4　中小板指数日线级别 K 线图

4.创业板指数

创业板指数，是以起始日为一个基准点，按照创业板所有股票的流通市值，一个一个计算当天的股价，再加权平均，与开板之日的基准点比较。创业板市场就是为创业型企业服务而立的创业板市场，通过创业板来促进自主创新企业及其他成长型创业企业的发展。为了更全面地反映创业板市场的情况，向投资者提供更多的可交易的指数产品和金融衍生工具的标的物，推进指数基金产品以及丰富证券市场产品品种，深圳证券交易所于 2010 年 6 月 1 日起正式编制和发布创业板指数，该指数的编制参照深证成分指数和深证 100 指数的编制方法和国际惯例（包括全收益指数和纯价格指数），如图 1-5 所示，为创业指数行情图。

图 1-5 为创业板指数日线级别 K 线图，行情时间跨度为 2021 年 5 月 27 日到 2022 年 1 月 29 日。

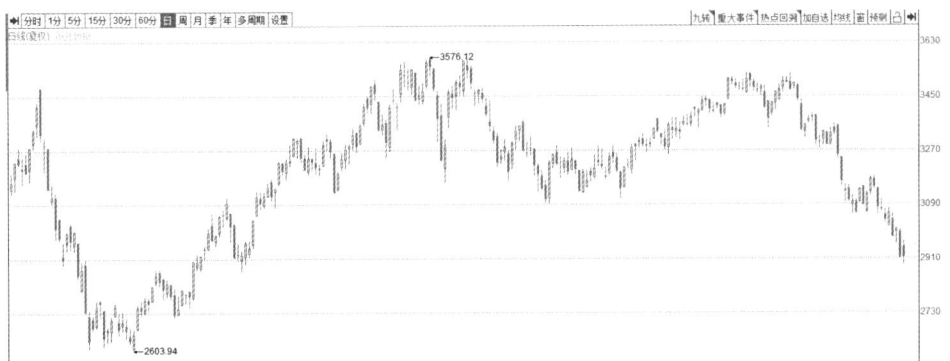

图 1-5　创业板指数日线级别 K 线图

5. 科创板指数

2018 年上交所新设科创板，主要服务于符合国家战略、突破关键核心技术、市场认可度高的科技创新企业，重点支持新一代信息技术、高端装备、新材料、新能源、节能环保以及生物医药等高新技术产业和战略性新兴产业，推动互联网、大数据、云计算、人工智能和制造业深度融合，引领中高端消费，推动质量变革、效率变革、动力变革。设立科创板并试点注册制是提升服务科技创新企业能力、增强市场包容性、强化市场功能的一项资本市场的重大改革举措，通过发行、交易、退市、投资者适当性、证券公司资本约束等新制度以及引入中长期资金等配套措施，增量试点、循序渐进，促使新增资金与试点进展同步匹配，力争在科创板实现投融资平衡、一二级市场平衡、公司的新老股东利益平衡，并促进现有市场形成良好预期，如图 1-6 所示，为科创板指数行情图。

图 1-6　科创板指数日线级别 K 线图

图 1-6 为科创板指数日线级别 K 线图，行情时间跨度为 2021 年 5 月 27 日到 2022 年 1 月 29 日。

1.5　交易规则

1.5.1　集合竞价

（1）结合竞价原则

集合竞价是指对一段时间内接收的买卖申报一次性集中撮合的竞价方式。集合竞价时，成交价格的确定原则为以下三点：

①在有效价格范围内选取成交量最大的价位；

②高于成交价格的买进申报与低于成交价格的卖出申报全部成交；

③与成交价格相同的买方或卖方至少一方全部成交。

两个以上价位符合上述条件的，上海证券交易所规定使未成交量最小的申报价格为成交价格；若仍有两个以上申报价格符合条件，取其中间价为成交价格。深圳证券交易所取距前收盘价最近的价位为成交价。集合竞价的所有交易以同一价格成交；集合竞价未成交的部分，自动进入连续竞价。

（2）集合竞价时间

集合竞价时间为9：15—9：25，14：57—15：00，即时行情显示内容包括证券代码、证券简称、前收盘价格、虚拟开盘参考价格、虚拟匹配量和虚拟未匹配量。9：15—9：20可以接收申报，也可以撤销申报；9：20—9：25可以接收申报，但不可以撤销申报。

（3）集合竞价的特点

集合竞价是按照最大成交量的价格成交的，所以对于普通股民来说，在集合竞价时间，只要打入的股票价格高于实际的成交价格就可以成交，当然如果按涨停价买或按跌停价卖则保证优先成交。所以，散户如果希望在集合竞价时优先买到股票，通常可以把价格打得高一些，目的是获得优先成交权，因为你的成交价是较低的集合竞价。另外，散户买入股票的数量不会很大，一般不会对该股票的集合竞价价格产生什么影响。

大宗交易与协商交易，均以集合竞价交易方式居多。散户投资者是很难在集合竞价时期成交的，因为有较高的溢价，交易机制决定了散户不太愿意付出更高的成本，万一在9：30开盘以后，股票价格迅速下跌，那么当天就有可能面临巨大的损失。而事实上，确实有不少情况是在集合竞价期间，股票处于涨停价位，但就在9：24之后，价格就迅速下跌，正是利用了集合竞价的规则，诱导投资者在这期间高位买入，也就是俗称接盘。因此，更多的投资者愿意在开盘以后以连续竞价的方式成交。

1.5.2 连续竞价

连续竞价时间为9：30—11：30，13：00—14：57，14：57—15：00为收盘集合竞价时间，大宗交易时间延长至15：30。科创板及创业板，目前盘后以收盘价延长交易30分钟。

连续竞价，即指对申报的每一笔买卖委托，由电脑交易系统按照以下两种情况产生成交价：最高买进申报与最低卖出申报相同，则该价格即为成交价格；买入申报高于卖出申报时，申报在先的价格即为成交价格。连续竞价时，成交价格的确定原则为以下三点：

①最高买入申报和最低卖出申报价格相同，以该价格成交；

②买入申报价格高于即时揭示的最低卖出申报价格时，以即时揭示的最低卖出申报价格为成交价格；

③卖出申报价格低于即时揭示的最高申报买入价格时，以即时揭示的最高申报买入价格为成交价。

1.5.3　T+1

T+1 是指当日买进的股票，要到下一个交易日才能卖出；当天卖的股票 T+1 才能取出现金，但可以用卖出股票的钱买其他股票或新股交款。"T"指交易登记日，"T+1"指登记日的次日。T+1 在全世界范围内是比较少见的，发达国家的股票市场，有撮合制与做市商等多种交易机制，一般采取 T+N 或者 T+0。

1.5.4　涨跌幅限制

涨跌幅是对涨跌值的描述，用百分比表示，涨跌幅 = 涨跌值 / 昨收盘 × 100%，即当前交易日最新成交价（或收盘价）与前一交易日收盘价相比较所产生的数值，这个数值一般用百分比表示。在中国，股市对涨跌停做出了限制，因此有涨跌停板的说法。

一般情况下，涨跌幅限制为前一交易日收市价上下 10%，即一个交易日最大振幅为 20%；ST 股票及 *ST 股票涨跌幅限制为前一交易日收市价上下 5%，即一个交易日最大振幅为 10%。

1.5.5　委托规则

1 手 =100 股，1 ～ 99 股为零股，不足 1 股为零碎股，买入委托必须为整百股（配股除外），卖出委托可以为零股，但如为零股必须一次性卖出。股票停盘期间委托无效，买入委托不是 100 股的整数倍（配股除外）委托无效，委托价格超出涨跌幅限制委托无效。

1.5.6　融资融券

融资融券交易又称证券信用交易或保证金交易，是指投资者向具有融资融券业务资格的证券公司提供担保物，借入资金买入证券（融资交易）或借入证券并卖出（融券交易）的行为，包括券商对投资者的融资、融券和金融机构对券商的融资、融券。从世界范围来看，融资融券制度是一项基本的信用交易制度。2010 年 3 月 30 日，上交所、深交所分别发布公告，表示将于 2010 年 3 月 31 日起正式开通融资融券交易系统，开始接受试点会员融资融券交易申报，融资融券业务正式启动。

融资融券业务门槛较高，在券商开户需要 2 年的投资经验，账户资金不低于 50 万元的验资。投资者借助融资，意味着向券商借钱，然后只能用于购买股票，券商为此收取借款利息。投资者借助融券，意味着向券商借来证券，然后可以卖出证券，在一定期限后还给券商即可，同样，券商为此收取一定的利息。目前中国融资融券业务，只能做标的证券，即证券代码前带 R 标识的股票可以进行融资融券的操作。

通俗来讲，因为是借助券商的资源，投资者融资的收益，主要来源于融资操作的股票价格上涨，减去利息之后，才是投资者真正的收益。同时，若融资的股票价格买入后，价格下跌，将会收到追加保证金的要求，若无法追加保证金，则券商有权利进行强制平仓。

投资者选择融券，向券商借出股票卖出，收益主要来源于融券操作的股票价格下跌，减去利息之后，才是投资者真正的收益。同时，若融券的股票价格在借出后，价格上涨，也一样会收到追加保证金的要求，若无法追加保证金，则券商有权利进行强制平仓。

融资融券可以弥补无杠杆和不能做空的遗憾，但需要注意的是，风险也会相应扩大。融资融券因为相当于券商提供给投资者的一种服务，具有一定的风险溢价，一旦股票出现巨大波动，投资者将面临强制平仓的风险。且因为有利息成本，若股价没有达到预期的波动，投资者不仅面临利息损失，同时还将承担股价价差的损失。

1.5.7　个股期权

个股期权合约是指由交易所统一制定的、规定合约买方有权在将来某一时间以特定价格买入或者卖出约定标的证券的标准化合约。买方以支付一定数量的期权费（也称权利金）为代价而拥有了这种权利，但不承担必须买进或卖出的义务。卖方则在收取一定数量的期权费后，在一定期限内必须无条件服从买方的选择并履行成交时的允诺。

个股期权按交收标准，又可分为欧式期权（到期行权）、美式期权（可在到期日之前任意工作日行权）、混合期权；按场地划分，可分为场内期权（标准合约）与场外期权（非标准合约）。

1993 年，中国最早引进股票期权制度的企业是深圳万科地产公司，其希望以此达到激励公司高管的目的，后因国内相关法规没有跟上，万科停止了股票期权计划。1996 年，上海纺织控股集团成功实施了对总经理和党委书记的股票期权激励计划。2005 年 10 月《中华人民共和国公司法》的修改更是为股票期权计划的实施提供了契机。

个人与机构投资者在 A 股市场开展期权业务方面，最早是 2013 年由中金公司牵头，逐步引入个股期权的操作业务。2019 年 11 月 8 日，在证监会新闻发布会上，证监会新闻发言人常德鹏宣布，证监会正式启动扩大股票股指期权试点工作，按程序批准上交所和深交所上市沪深 300 ETF 期权，中金所上市沪深 300 股指期权。

目前中国期权业务门槛跟融资融券一样，需具备 2 年投资经验，且账户资金不低于 50 万元的验资，机构投资者净资产不低于 1 000 万元。

在 2015 年牛市初期，借助金融工具，散户投资者获利颇多。但工具的加入，并没有使得投资者相应的投资水平提高，从而导致众多散户投资者在 2015 年熊市阶段损失惨重。从这里，各位读者需要理解的是，交易的目的是盈利，若叠加了金融工具，就需要注意风险是否增加，不要为了可能的预期收益，盲目扩大投资的风险。

2017 年国内场外期权呈现井喷式发展局势。中国期货业协会统计数据显示，截至 2017 年年底，全年场外期权交易名义金额将近 1 900 亿元，累计开仓达到 3 500 笔。2018 年延续前一年的发展趋势，交易规模持续增加，业务创新层出不穷，吸引更多客户加入场外期权的市场。此外，国家政策给予支持，以推动其更好更快发展。

截至目前，由于场外期权业务属于非标准合约，仅对合格的机构投资者开放。场内期权业务，主要是指数期权，合格投资者且开通股票期权的可以参与。

1.6 开户入市

1.6.1 开户

1. 开户途径

股票开户有两个途径：一是去券商营业部开户；二是通过网络，利用电脑或者手机开户。

（1）券商营业部开户

①股票开户可以由本人携带身份证、银行卡，前往证券公司营业部办理证券账户。

②再到银行柜台办理第三方存管业务（部分证券公司营业部可以在现场直接办理签约），签约开通银证转账业务。通过银证转账功能，可实现本人银行卡资金与证券账户资金相互划转。

③先把钱存入银行，通过网上交易系统或电话交易系统等系统把钱从银行转入本人证券资金账户。办理成功后下载证券公司的交易软件就可以交易了。

（2）网上便捷开户

①手机开户需要准备本人身份证、银行卡；电脑开户需要准备本人身份证、银行卡，电脑配有音响、麦克风、视频摄像头。

②登录证券商的网上开户系统或下载网上开户的手机 App，按照指示进入开户流程。

③填写个人联系方式和职业信息。

④拍摄身份证正反面，系统会自动读取您的个人信息，核对信息后点击上传照片。

⑤选择需要开立的账户并设置账户密码，一般可同时开立沪 A 账户、深 A 账户及其他基金账户等。

⑥开通三方存管，绑定三方存管银行卡号，根据提示输入银行卡号，部分银行需输入银行卡密码。

⑦进行风险评估，阅读开户协议书，完成客户回访调查问卷，进入视频见证，与证券公司工作人员视频验证。视频验证完成，等待证券公司开户申请成功信息。

⑧办理成功后下载证券公司的交易软件，可通过交易软件或手机 App 银证转账功能将银行卡资金存入证券资金账户之后即可交易。

2. 开户须知

①股票买卖必须委托证券公司代理交易，所以投资者必须找一家证券公司开户。投资者是不可以直接到上海、深圳证券交易所买卖的。

②一张身份证可以开立多个证券账户。

③账户有 2 道密码，证券软件登录密码和银证转账密码需要做好区分。

④投资者可以任意选取自己喜欢或者方便的证券公司开户，没有限制。在不同的证券公司开户，现阶段手续费基本一致，主要区别在于交易通道可能存在高峰时间段拥堵无法登录和交易服务及证券研究能力的差别比较大。

⑤软件下载的时候，注意网络上可能存在非法的钓鱼网页，需要甄别网站是否为券商官方网站。

1.6.2　下单页面介绍与业务开通

1. 下单界面

图 1-7 所示是下单界面，在下单界面中的买入就是做多股票，需要填入买入股票的证券代码，填写买入价格和买入数量。券商交易软件为投资者提供了便捷的买入仓位比例，只需要点击相应比例就能自动填入买入股票的数量。

卖出就是将所持有的股票抛售卖出，一样需要填写卖出持有股票的证券代码、卖出价格和卖出数量。

撤单是投资者买入或者卖出交易申请提交以后，在未成交以前，把交易申请请求撤回。证券营业部申报竞价成交后，买卖即告成立，成交部分不得撤销。

查询是投资者可以对账户资金信息、持仓信息、撤单信息、交易历史等进行查看的功能。

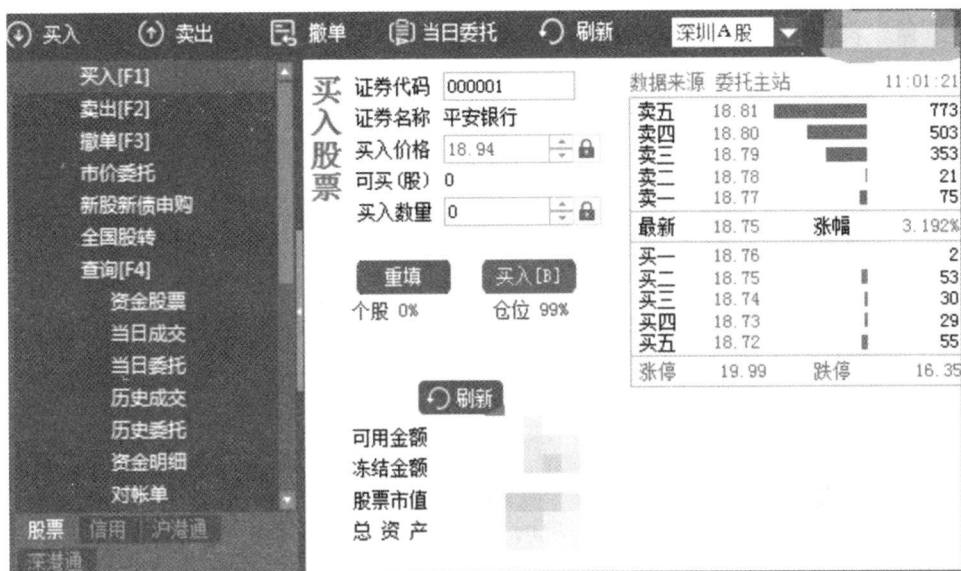

图1-7　下单界面

2. 业务开通

（1）开通创业板

2020年4月28日创业板新规定开始正式实施，要求个人投资者必须满足2年A股交易经验，且需满足申请权限开通前20个交易日证券账户及资金账户内日均资产不低于10万元人民币，才能开通创业板。开通了创业板，投资者就能买入300开头的创业板股票。

（2）开通科创板

要求投资者满足交易经验超过2年（含2年）且申请权限开通前20个交易日证券账户及资金账户内日均资产不低于50万元人民币（不包括该投资者通过融资融券融入的资金和证券），年龄不超过70周岁，可以开通科创板。开通科创板，投资者可以买入688开头的科创板股票。

（3）开通融资融券

融资融券是指证券公司向投资者出借资金供其买入上市证券或者出借上市证券供其卖出，并收取担保物的经营活动，其可以弥补A股不能做空的遗憾，且可以在一定程度上运用杠杆，提高自己的资金使用率。不过对于新手不太建议，着急加杠杆操作股票，在预期利润加大的同时风险也会对应提高，可以等日后自己交易成熟了，把控风险能力增强了，再去考虑。

①在任何一家券商交易经验满 6 个月。

②前 20 个交易日日均证券类资产不低于 50 万元（含现金、股票、债券、基金、证券公司资产管理计划等资产）。

③已开立实名普通证券交易账户。满足相应开通条件，本人携带二代身份证件在交易时间前往开户营业部柜台临柜办理。

④风险测评结果为积极型或激进型，且测评时间需在两年内。

⑤非该公司股东或关联人（不包括仅持有该公司 5% 以下流通股份的股东）。

⑥开通融资融券，投资者就可以借入资金买入证券（融资交易）或借入证券并卖出（融券交易），每笔融资融券合约期限不得超过 6 个月。融资融券和普通证券交易相比较保证金要求不同，法律关系不同，风险承受和交易权利不同。

（4）开通沪港通和深港通

投资者在券商营业部或者网络业务办理栏目，申请沪港通或深港通开户即可，不符合条件会被拒绝。个人投资者在沪港通或深港通的开户条件有以下四点：

①已经开通上海或者深圳 A 股的证券账户。

②前 20 个交易日内证券账户及资金账户合计日均资产不低于 50 万元人民币，这其中包含信用账户的资产。

③完成相应的风险测评问卷以及通过港股通业务知识测试。

④不存在严重不良诚信问题，且最近 3 个月没有被上交所进行过异常交易警示。

不管是沪港通还是深港通，都可以买卖港股，但需要注意的是，沪港通可买卖的范围一般多是大型股票，例如在上交所上市的地产股、银行股、券商股以及保险股等；而深港通买卖的多是一些中小板和创业板股票。沪港通和深港通都有各自独自的通道，跟两家内地交易所独立挂钩。

（5）逆回购交易

逆回购是指资金融出方将资金融给资金融入方，收取有价证券作为质押，在未来收回本息，并解除有价证券质押的交易行为，说明白一些就是借钱给市场，收取利息。上交所要进行国债逆回购，至少要有 10 万元流动资金。深交所 1 000 元就可以参与，比较适合刚开始做的人。国债逆回购有 1 天、7 天、14 天，甚至是 182 天的，具体的天数也体现在代码上。

上交所逆回购代品种 GC001（代码：204001）是 1 天逆回购。深交所 R-001

（代码：131810）是1天逆回购。

逆回购收益额＝成交额×年收益率×回购天数÷365天

当日操作卖出为期1天逆回购以后，第二个交易日前本金和利息收益返还给账户。

（6）新股申购

新股申购是为获取股票一级市场、二级市场间风险极低的差价收益，不参与二级市场炒作，不仅本金非常安全，收益也相对稳定，是稳健投资者理想的投资选择。新股申购是股市中风险最低且收益稳定的一种投资方式。下面我们简单介绍一下新股申购的条件以及新股申购的流程。

①新股申购条件：

a.了解上市新股要求的最低申购股数，就一只新股而言，一个证券账户只能申购一次，而且账户不能重复申购，不可撤单。电购前要记住申购代码，如果在下单时出现错误或者违反上述规则，则会视为无效申购。

b.新股申购，系统会按照账户中持仓的股票市值来派发额度，有额度才能申购。

额度派发的规则：假设T日为电购日，系统会自动计算账户中T−2日至前20个交易日的日均股票市值，这个日均的股票市值要达到1万元以上，才会有额度派发到账，1万元的市值对应可以申购1 000股，2万元的市值对应可以申购2 000股，以此类推。另外，沪深两个市场是分开算的，如果要申购深圳的新股要有深圳的股票市值，申购上海的新股要有上海的股票市值。

c.只能在开盘交易时间段才可以申购新股。

②新股申购的流程：

a.T日，网上申购，根据市值申购，无须缴款。

b.T+1日，投资者可查询配号，主承销商公布中签率。

c.T+2日，公布中签结果，投资者应于当日查询中签结果。如果中签，必须于T+2日16：00前确保账户有足额可用资金，按中签多少缴款。

d.T+3日系统自动进行资金交收。

e.T+4日公告网上发行结果。

注意：以上T+N日为交易日，遇周六、周日等假日顺延。

不过随着A股市场发行股票数量的增加已经失去了早期的吸引力，也要注意一定的风险。在新股申购的时候，如果有非常好的企业上市，可以试着参与。

1.7　股市常用术语

1.7.1　基本面中的专业术语

1.IPO

IPO 是指首次公开募股，公司首次向社会公众公开招股的发行方式，即指一家公司的股票开始上市，可以集资了。

2. 手

手是股票交易的单位。

在 A 股中 1 手等于 100 股，它是 A 股市场购买股票的最小交易单位，即 A 股的交易规则是以 100 股的整数倍为单位。

港股 1 手大小由上市公司决定，没有统一的规定。1 手可以是 100 股、200 股、300 股、500 股、1 000 股、2 000 股、5 000 股不等。例如，阿里巴巴 1 手是 100 股，小米集团 1 手是 200 股。一般而言，股价较高的上市公司每手股数会少一些，反之则会多一些。

3. 零股交易

零股是指不到一个成交单位（即 1 手 =100 股）的股票，如 1 股、10 股、70 股等。零股一般是经过送股、配股、转配股或未全部卖出的股票产生的。

投资者在卖出股票时，可以用零股进行委托，但买进股票时不能以零股进行委托。投资者在委托卖出零股的时候要一次性，不能分拆来委托。比如，你有 150 股，你只能一次性卖出 150 股或先卖 100 股，然后再卖 50 股，你不能将 50 股拆分为 20 股和 30 股分开卖。

4. 散户

散户在 A 股中一般指个人投资者或股民，从专业的意义上讲是指进行零星小额买卖的投资者。

5. 大户

大户是指大额买卖股票的客户，一般是资金雄厚的投资者，他们吞吐量大，能一定程度上影响市场股价的走势。

6. 游资

游资又叫投机性短期资金，游资的主要特点是在市场迅速流动，短时间内追求高额回报，以投机盈利为纯粹目的。

游资的操作手法比主力庄家更加凶狠，在抢筹的时候，通常会连续封死涨停，巨量甚至天量成交；在洗盘的时候，往往会间隔性巨量大阴洗盘，下跌和拉升都非常迅速，振幅巨大。不过游资的资金有限，因此一般是在小盘股上游转，很少会去强势抢购大盘股的筹码。

7. 庄家

庄家就是能在较大程度上决定个股走势的股票玩家。股票庄家一般都拥有雄厚的资金，有能力大量吃进某只股票。庄家运作一只股票主要包括四部分，分别为吸筹、拉升、洗盘、派发。

需要注意的是，不仅机构有可能是某只股票的庄家，甚至游资、某些资金大户也可以成为庄家。庄家主要有三方面优势：第一，能迅速将消息转化为价值；第二，具有资金优势；第三，具有专业技术优势。

8. 主力

主力是指那些持有巨资、持股数较多的机构或大户，比如，基金、保险、超级大户、游资等。基金和保险操盘较保守，常驻守大盘蓝筹股。而大户和游资一般操盘非常凶悍，动作干脆利落，来去无踪，常是黑马股的驾驭者。

主力一般也是庄家，每只股都存在主力，但是不一定都是庄家。庄家可以影响甚至决定一只股票的价格走势，而主力只能短期影响股价的波动。

9. 机构

股票中机构是指证券公司、基金公司、上市公司、保险公司、财务公司、投资公司等，它们是会员单位，有专门的交易所交易席位。

主力泛指资金雄厚的投资机构或个人。主力对个股的涨跌，甚至大盘的涨跌，起着决定性的作用。机构都属于主力的范围，因为机构是由众多的人组成的，资金量是非常大的，是绝对的主力。

10. "国家队"

"国家队"指证金、汇金、梧桐树、外管局、中金、社保基金、养老基金等公司，甚至一些国资股票，也可以称作"国家队"股票。"国家队"大多是以大盘蓝筹股为主，买入的股票一般都是各个行业的龙头公司，他们的投资取向就是长期投资、价值投资。

11.QFII 和 DQII

QFII 指合格境外机构投资者，即外国人拿外国人的钱到中国投资；DQII 指合格境内机构投资者，即中国人拿中国人的钱到外国投资。

12. 不同字母的股票

① A 股指人民币普通股票。

② B 股指人民币特种股票。

③ H 股也称国企股，指注册地在内地、上市地在香港的中资企业股票。

④ S 表示未完成股改的股票。

⑤ G 表示已股改的股票。

⑥ N 表示第一天上市交易的新股。N 字头的股票当日在市场上不受涨跌幅限制，涨幅可以高于 10%，跌幅也可深于 10%。

⑦ ST，ST 是英文 Special Treatment 的简称，指特别处理，用在股票市场中指被特别处理的上市公司的股票。上市公司经营连续亏损两年，出现财务状况或其他异常状况，证券管理部门会对其公司股票交易进行特别处理。在被特别处理期间，股票名称前加"ST"，股票日涨跌幅限制为 5%。ST 制度是我国证券市场退出机制的一个灵活组成部分，监管机构对亏损公司实行 ST 制度既是对亏损上市公司的警告，也是对投资者的风险提示。

⑧ *ST 表示将面临退市风险的股票。

⑨ SST 表示未完成股改的将面临退市风险的股票公司。

⑩ G*ST 表示已经完成股改的 *ST 公司。

⑪ GST 表示完成股改但处在亏损期的股票，但没有退市的风险。

⑫ XRG 表示完成股改的上市公司且又进行送股分红的。

⑬ XD，XD 表示当日是这只股票的除息日，XD 是英语 Exclude Dividend（除息）的简写。除息是由于公司股东分配红利，每股股票所代表的企业实际价值（每股净资产）有所减少，需要在发生该事实之后从股票市场价格中剔除这部分因素而形成的剔除行为，因此当天股票的基准价比前一交易日收盘价要低。

⑭ XR，XR 表示当日是这只股票的除权日，XR 是英语 Exclude Right（除权）的简写。除权是由于公司股本增加，每股股票所代表的企业实际价值（每股净资产）有所减少，需要在发生该事实之后从股票市场价格中剔除这部分因素而形成的剔除行为，因此必须在除权当天向下调整股价，成为除权参考价。

⑮ DR，DR 表示当日是这只股票的除息、除权日，D 为 Dividend（利息）的简写，R 为 Right（权利）的简写。有些上市公司分配利润时，不仅派息而且送转股或配股，所以会出现同时除息又除权的情况。

13. 不同颜色的股票

（1）蓝筹股

"蓝筹"一词源于西方赌场，在西方赌场中，有三种颜色的筹码，其中蓝色筹码最为值钱。投资者把这些行话套用到股票上，引申为最大规模或市值的上市公司。

蓝筹股是指那些信誉优良的上市公司发行的股票，这些公司资本雄厚，所以发行的股票股本和市值也比较大，这类上市公司在其所属行业内占有重要支配性地位，因此其规模大、业绩好、股票成交活跃、红利丰厚。由于公司经营管理及创造能力较为突出，公司盈利能力强，在行业景气和不景气时都有能力赚取利润，其股票回报率高、风险小，一般来说都是各个行业的龙头企业，基本上没有倒闭的可能，深受投资者喜爱。蓝筹股相比绩优股而言，不仅规模大、业绩好，更是在未来有广阔的前景。但蓝筹股并不等于具有很高投资价值的股票，通常是指长期稳定增长的、大型的传统工业股及金融股。比如，钢铁行业、港口业、煤炭行业、公路行业等，最具代表的就是上证 50 指数包含的这些股票。

蓝筹股分为一线蓝筹股和二线蓝筹股。一线蓝筹股是指宝钢股份、中国石化、中国联通、招商银行、长江电力、华能国际等几家在国内资本市场具有超级大市值，业绩优良，并且在国内同行业具有相对垄断地位的航母级公司。二线蓝筹股通常是指在市值、行业地位以及知名度上略逊于一线蓝筹的工股票。比如中兴通讯、上海汽车、五粮液等，其实这些公司也是非常优秀的行业龙头。

投资者买蓝筹股主要有两种赚钱逻辑。

第一是通过现金分红赚取收益，因为这类公司一般都有稳定的现金分红，比如工商银行的股息率超过 4%，这基本和理财收益率差不多了（股息率 = 每股分红 ÷ 当前股价，股息率越高，表明分红收益越多）。

第二种是作为打新的底仓，通过打新赚取收益。因为打中新股的收益率一般比较高，但打新股，必须持有一定的股票，那么蓝筹股安全稳定的特点，就是底仓最好的选择了。

另外提到的一点是，蓝筹股市场关注度高，研究的机构和投资者比较多，投资回报率比较稳定，加之风险较小，所以对于那些想偷懒不愿意学习的新手，建议多关注蓝筹股的机会，这样就比较省时省心。不过也要关注价位，股价太高也不适合买入，一般等市场出现周期性大幅下跌，蓝筹股处于价值洼地的时候，就可以投资布局。

（2）红筹股

红筹股这一概念诞生于20世纪90年代初期的香港股票市场。红筹股主要业务在内地或大部分股东权益来自内地公司的股票。需要说明的是，红筹股不属于外资股。早期的红筹股主要是中资公司收购香港小型上市公司并对其改造形成的，近年来的红筹股主要是内地公司将其在香港的窗口公司改造重组并在香港上市，如"上海实业""北京控股"等。红筹股成为内地企业筹资的另一种渠道。

（3）白马股

白马股是指那些具有优良的业绩、较高的分配能力，能给投资者以稳定丰厚的回报且增长持续稳定的股票，该类公司一般具有较高的每股收益、净资产值收益率和较高的每股净资产值。白马股通常市盈率较低，在市场中通常表现为慢牛股，有时也表现出较强的升势。从公司信息来看，白马股一般中期每股收益在0.25元以上，每股净资产在3元以上，净资产收益率在10%以上等，这些财务指标数值越大，代表公司财富越雄厚，创造利润的能力和抵御外来因素影响的能力也越强，其股票上涨的劲头也会越大。

（4）黑马股

黑马股指价格在短期内突然大幅拉升的股票。很多投资者认为黑马股是明星股，其实不然，黑马股其实是说原本不被看好，最终却能一跃而起的股票，类似于冷门股变热。所以我们在捕捉黑马股的时候，并不是像选白马股和龙头股一样选择人人都知道的强势股，而是抓住本质来选上市公司发展的优质潜力股。有潜力的黑马股通常起点比较低，股票价格低，同时行业有远景题材，公司具有很大的想象空间及背景故事。最后，黑马股在底部时会出现放量而股价不跌的现象，说明主流资金正在悄悄建仓，隔不了多久，就会爆出大行情，动力强劲。

14. 不同形容词的股票

（1）绩优股

绩优股是指公司业绩优良且稳定，具有较强的综合实力，在行业内有较高市场占有率，公司净资产收益率连续三年超过10%的股票。绩优股具有较高的投资价值，其特点是回报率高且稳定。与投机类股票不同的是，多头市场来临时，绩优股呈现缓慢攀升状态；但空头市场来临时，绩优股往往能坚守阵地，不随大盘率先崩溃。

（2）垃圾股

垃圾股是指业绩较差的公司的股票，这类公司由于行业的前景不好，或者由于自身的经营不善导致公司也就不好，甚至进入了亏损行列，其股票在市场上表现出萎靡不振、股价走低、交投不活跃的特征，该公司的年终分红自然也不尽如人意。这些股风险极大，退市可能性也比其他股票要大，因此建议不要垃圾股，新手应该重点关注绩优股，买优秀公司的股票。

15. 不同地位的股票

（1）普通股

普通股是指在公司的经营管理和盈利及财产的分配上享有普通权利的股份，代表满足所有债权偿付要求及优先股东的收益权与求偿权要求后对企业盈利和剩余财产的索取权，它构成公司资本的基础，是股票的一种基本形式，也是发行量最大且最为重要的股票。二级市场上流通的一般都是普通股。

（2）优先股

优先股是相对于普通股而言的，主要指在利润分红及剩余财产分配的权利方面，优先于普通股。在公司分配盈利时，拥有优先股股票的股东比持有普通股股票的股东分配在先，而且享受固定数额的股息；在公司解散、分配剩余财产时，优先股在普通股之前分配。优先股一般不上市流通，也无权干涉企业经营，不具有表决权。

（3）成长股

成长股指有前途的产业中，利润增长率较高的那些企业发行的股票，并且这些成长股的股价会呈不断上涨的趋势，不管熊市还是牛市，一般都能增长。成长股虽一般不能立即获得高额股利，但未来前景很好。一般来讲这类上市公司属于新兴产业或发展潜力、空间巨大的行业，因此成长股深受长期投资者的青睐。比如目前电子及计算机、激光、新材料、生物工程、邮电通信等行业多为高成长行业。费雪就是长期持有成长股投资理念的倡导者，同样属于价值投资者，费雪更偏重于研究企业的成长性，号称所谓的"成长型价值投资之父"。

一般情况下，如果一个企业的营业收入或净利润增长率连续3年都在20%以上，就可以认为其具有成长性。我们可以通过财经网站查询某公司的利润表，然后找到这只股票过去3年的营业收入同比增长率，就可以判断其成长性。

成长股的赚钱逻辑主要有以下两种。

第一种是业绩增长，即当PE（市盈率）保持不变时，企业净利润增长多少，市值就会增长多少。假如一个成长股目前估值是40倍，如果预期未来一年业绩增长100%，估值还是40倍，那么未来涨幅可能达到100%。

不过股价的上涨有基本面的因素、资金面的因素，也有投资者心理面的因素，往往心理预期是推动股价上涨的最重要因素，因此需要建立在基本面和大盘形势较好的情况才可以达到预期。

第二种是戴维斯双杀。戴维斯双杀是指有关市场预期与上市公司股价波动之间的倍数效应。市盈率PE和净利润的双双大幅增长，造就了市值更大幅度的增长，也就是说当市盈率提高时，市值的增长幅度会远大于净利润的增长幅度。

在市场中，价格的波动与投资人的预期关联程度基本可达到70%～80%，而不断抬高的预期配合不断抬高的PE定位水平，决定了价格与投资人预期之间的非线性关联关系，这个现象以前被称作市场的不理性行为，更准确地说应该是市场的短期预期导致的自发波动，也可以称作戴维斯双杀效应。

戴维斯双杀公式如下：

因为，PE＝股价÷每股收益

则，股价＝每股收益×PE

等号两侧同时乘以股票数量可得：

股价×股票数量＝（每股收益×股票数量）×PE

则可以得到，市值＝净利润×市盈率

戴维斯双杀的操作原理是，企业经营具有周期性，当经营走下坡路时，企业的业绩往往在下滑，而估值受人心的影响，往往也同步下滑，在这样的双重影响下，乘数效应会引起股价的加剧下滑。投资者在低迷的底部买入此类股票的筹码，等到市场转暖，业绩和估值开始同步提升时，就可以享受股价双击的收益。

（4）热门股

热门股指在市场上交易量大、周转率高、流通性强、股票价格变动幅度比较大的股票。与绩优股和蓝筹股不同的是，热门股通常是炒热的高价股，其价格不一定表示其真实价值，故热门股一般市盈率较高。

（5）冷门股

冷门股是指交易量小、流通性差、价格变动小的股票，冷门股的市盈率一般较低。热门股和冷门股，有时也可以相互转化，前几年冷门的股票，现在可能成为热门股了；前几年热门的股票，现在又可能成为冷门股了。因此，投资者追求热门股，应先去研究行业的基本面及政策的影响。

（6）龙头股

龙头股指的是在一个行业股票中起领头羊作用的股票，它的涨跌能影响其他同行业股票的涨跌，是具有影响和号召力的股票，有种行业老大的感觉。龙头股通常情况下市值适中，能迅速拉升并封停，且在大盘大跌时能逆势涨停或先于大盘见底拉升。但龙头股并不是一成不变的，龙头往往都会变换，前一段时间的龙头股，往往现在就不是；前一轮牛市的龙头股，也一般不是下一轮牛市的龙头股。

（7）周期股

周期股是指公司的经营业绩明显受到经济周期影响的股票，其股价也会随着经济周期的盛衰而涨落。

典型的周期性行业主要分为三种。

第一种是包括钢铁、有色金属、化工等基础大宗原材料行业，水泥等建筑材料行业，工程机械、重型卡车、装备制造等资本集约型领域。

第二种是航运业，比如远洋运输、港口等。

第三种是非生活必需品行业，比如汽车制造公司、房地产等。

经济周期是指经济活动沿着经济发展的总体趋势所经历的有规律地扩张和收缩。经济周期一共有繁荣、衰退、萧条和复苏四个阶段，它们不断交替循环。

周期股与经济走势高度绑定。当整体经济上升时，这些股票的价格也迅速上升；当整体经济走下坡路时，这些股票的价格也下跌。

下面介绍两个投资周期股的简易方法。

第一是可参照国际大宗商品价格的走势。因为国际大宗商品价格走势是经济形势好坏的晴雨表，周期股的走势与国际大宗商品价格走势也有密切的关系，所以在低谷的时候买入周期股，在高峰的时候卖出周期股。

第二是可以参照利率。利率是把握周期股入市时机最核心的因素。当利率水平低位运行或持续下降时，周期股会表现得越来越好，因为低利率和低资金成本可以刺激经济的增长，鼓励各行各业扩大生产和需求。相反，当利率水平逐渐抬高时，资金成本上升就削弱了周期性行业的扩张能力，周期股也会表现得越来越差。

需要注意的是，周期股具有滞后效应。当央行刚刚开始降息的时候，一般并不是买入周期股的最佳时机，因为此时是经济最低迷之际。时滞效应，导致降息不能立即对经济产生效果，所以周期股还会维持一段时间跌势，只有在一段时间后，周期性行业才会重新焕发活力。同理，当央行刚刚开始加息的时候，投资者也不必急于卖出周期性股票，因为名义利率的上升，并不能快速提高实际利率，所以周期股还会在一段时间内表现良好，等过一段时间后，实际利率大幅提升，周期性行业才会明显感到压力，这时就应该卖出周期性股票。

与周期股对应的是非周期股，比如日常消费、食品饮料、医疗等生产必需品，这类公司的周期性较弱，不论经济走势如何，人们对这些产品的需求都不会有太大变动。

（8）概念股

概念股是指具有某种特殊共性的股票，比如华为概念股、集成电路概念股、口罩概念股等。

概念股一般是炒作效应，主要受市场情绪影响，大量投资者短期内跟风买入，导致股价快速上升。比如元宇宙概念，这类题材的炒作可以导致某些个股短期上涨，但市场情绪消退之后，这些股票又会迅速下跌。这些股票很多没有业绩支撑，纯粹靠炒作上涨，如果炒这类股票，没有及时在高位卖出，很容易短期造成巨大的亏损。

16. 填权

填权指上市公司股票除权除息后，该股票仍然上涨，其价格高于除权除息基准价，这种情况就是填权行情。例如，一只股票 20 元，十送十股后，除权价格理论上应该是 10 元，但该股票实际开盘价格高于理论价格，这就是填权，当价格上涨到原先的 20 元时，就是填满了权。

17. 贴权

贴权是指在除权除息后的一段时间里，如果多数人不看好该股，交易市价低于除权（除息）基准价，即股价比除权除息前有所下降，则为贴权。

18. 板块

板块是指某些公司在股票市场上有某些特定的相关要素，并以这些要素命名的板块。比如新能源板块、旅游板块、教育板块等。

19. 退市

退市就是证券交易所将不再符合股票上市规则的上市公司退出二级市场从而伴随的股票摘牌的行为。根据新规，上市公司在规定时间内交易量未达到要求，公司涉嫌重大违法行为，公司因故出现解散、破产等事件则立即退市。另外公司出现连续亏损、净资产为负值或财务会计报告出现虚假记载等被标记为 *ST

风险警示阶段，在规定期限内仍未整改解决的，由国务院证券管理部门责令其退市。

1.7.2 技术面中的专业术语

1. 盘口

盘口是在股市交易过程中，看盘观察交易动向的俗称。在实际行情中，盘口的变化无穷，这需要投资者积累丰富的经验，才能把握正确的行情，而不被庄家欺骗。

盘口的语言非常丰富，我们下面举一些例子。

①强者恒强。连日强势上涨的个股，可逢低买进。

②不放量不买入。支撑股票上涨的重要因素之一就是必须要有较大的成交量。

③板块中同类股，往往会有联动效应，要么一起上涨，要么一起下跌。可根据联动效应买进强势种类的股票，也可以根据联动效应验证整个板块行情上涨或下跌趋势的准确性。

④永远要买领头羊、最活跃的股。

⑤带量冲关后如被拉回，必跌幅不浅，应急速卖货，因为这往往可能是庄家的虚假突破信号，只是为了方便派发筹码。

盘口语言非常多，其实就是在交易过程中，积累的比较有实战经验的看盘方法。我们在此不一一举例，本书的其他章节也包含非常多的实战经验。

2. 低开

低开是指当日开盘价低于前一交易日收盘价的情况。

3. 高开

高开是指当日开盘价高于前一交易日收盘价的情况。

4. 平开

平开是指当日的开盘价与前一交易日收盘价相同的情况。

5. 跳空

跳空是指股票非连续报价的现象，即没有发生交易的区域。跳空缺口是指当股价受到重大利多或利空的影响后，出现较大幅度向上或向下跳动的现象，在行情图表中表现为 K 线不连续，出现了明显的空白缺口。跳空缺口是股票运行过程中经常会发生的一种现象，缺口可以发生在开盘的时候，也会发生在盘中。开盘时的大幅跳空往往具有重要意义，而盘中发生的往往是小型跳空意义不大。在股票市场中，按照跳空的方向，可以将跳空分为上升缺口和下降缺口；按照跳空的类型，可以将跳空分为普通缺口、突破缺口、延续缺口、衰竭缺口和对称缺口（也称孤岛反转）。

6. 回补缺口

回补缺口是指当行情出现缺口时，价格回档填补缺口的现象。

跳空缺口是由于非理性买卖产生的，所以当理性回归的时候，行情就会回补缺口。理论上绝大部分跳空缺口都或迟或早会被填补，缺口若不被下一个次级行情所回补，则有可能由下一个中级行情所回补，更远的也可能由下一个大级别行情所回补。因此跳空缺口像一块磁铁一样，会将价格吸引过去。不过这也并非绝对，市场中也有些缺口一直没有被后市行情所回补。

除普通缺口外，股价出现其他跳空缺口时，必定有一部分资金是未有效成交的，也就表示有很多投资者踏空了行情。在后续的行情中，当股价回调时，这些踏空资金很有可能进行买入或卖出，导致在缺口附近产生回档，因此跳空缺口就会表现对股价具有支撑阻力的作用。当股价回补上升缺口时，往往会产生巨大的支撑；当股价回补下跌缺口时，往往就会产生巨大的阻力；而一旦缺口短时间内被快速回补并越过，则行情反向运动的可能性极大，且一般会发生巨大的反转行情。

7. 盘整

盘整也称整理或震荡，股价经历了一段时间的急速上涨或下跌之后，遇到了阻力或支撑，股价波动幅度开始变小的现象。

股价盘整阶段，往往都会出现特定的线形态。比如，矩形、头肩形、杯柄形、右侧长下影线等，这些形态突破时，往往意味着新的趋势即将开始。盘整过程中，越收敛，蓄势越长，后市突破后，行情会越大。当股价突破盘整形态的颈线时，顺势跟进，往往能赚到不错的收益。

任何一只股票都会出现盘整期，它往往是庄家洗盘的重要手段。在盘整区庄家通过不断反复拉抬、打压的方式，清理散户、收集筹码，并宰割短线客。在行情低位盘整期，成交量往往是先缩量，等庄家开始布局时，成交量会慢慢温和放大；在行情拉升的中部盘整期，成交量往往是缩小的；在行情高位盘整期，往往是庄家派发筹码的阶段，成交量会急剧放大，产生天量出天价的现象；在行情下跌中部盘整期，庄家的筹码差不多派发完毕，成交量会小于顶部盘整期；行情下跌末尾盘整，成交量往往会出现地量，产生地量出地价的现象。

在盘整区投资者往往容易亏钱，建议股价一旦进入盘整收敛区域，应离场观望，待股价突破该区域后，再顺势跟进，永远要做明显的趋势行情，而不要把自己陷入混乱的震荡局面之中。

8. 回档

回档是指股价大幅上涨或下跌后，股价反向运行调整的现象。行情大幅下跌后的回档，称为反弹；行情大幅上涨后的回档，称为回撤。在回档过程中，行情一般运行的速度会减小，波幅也会减小，通常会带来一波整档行情。

股价会在超买或超卖时，借助阻力或支撑进行回档调整。回档不是趋势的反转，所以一旦等回档调整期结束后，股价还会继续按照原来的趋势方向运行。

短线投资者总喜欢在行情大幅下跌后去抢反弹，这个习惯并不好，因为行情大势还是下行，一旦没有及时抽身，就会产生巨大的亏损，就算抢对了反弹，最多也是小幅利润。所以一旦风险控制不好，这往往会是一件赚小赔大的事情，并不建议新手这样做，应该去做明显的上涨趋势行情，而不要被蝇头小利所吸引。投资者要扩大视野，抱有远大志向，而不要鼠目寸光，哪怕做短线，也要顺着上涨趋势去做，这样才容易坐上轿子，让庄家抬着你走，更容易获利。

9. 突破

突破是指股价穿越了支撑阻力或某个形态的现象。比如，突破了下降趋势线、W底形态、下降缺口、中心对称点等。

在使用突破信号做交易时，投资者一定要密切关注成交量。股价上涨突破某个压力位时，如果伴随成交量放大，则一般是真突破，后市将会迎来一轮快速大涨行情；否则，大概率是庄家骗钱，虚假突破的招数，后市可能掉头下跌。

10. 量价齐升

量价齐升是指价格出现持续上涨，成交量也同时放大的现象，这一般是股价在大量买入盘的推动下，良性上涨的信号，往往处于行情上涨的初期，如果再结合其他交易信号，比如量价突破，则可以买进股票，通常都能获得较好的收益。

11. 堆量

堆量是指成交量像一个堆起的土堆，高出周边的成交量的现象。堆量一般出现在四个时期，即底部堆量期（吸筹期）、上涨中部堆量期（拉升期）、顶部堆量期（高位派发期）、下跌中部堆量期（次高位派发期）。

底部堆量期：股价处于底部时，庄家会逐步买入建仓，避免被散户发现，从而抢购筹码，所以庄家往往采取隐蔽而缓慢的吸筹方式，因此成交量往往是缓慢而有节奏的持续放大，这样看起来像一个慢慢堆起来的小土堆。堆量是股价上涨的先行信号，投资者一旦在底部发现堆量信号时，结合其他交易指标，比如形态突破、均线突破、指标金叉、指标背离等就可以买入股票，等待获利。

上涨中部堆量期：当主力资金在底部吸纳筹码完毕后，就会开始拉升股价，此时会形成量价齐升的现象，成交量随股价慢慢放大，成交量表现的就是堆量。投资者可以在庄家洗盘后，价格开始突破，出现堆量时，买进股票。

顶部堆量期：当股价上涨到高位后，各种利好频传，引来场外的追涨资金，庄家趁机大量派发手中的筹码，从而造成成交量急剧放大，形成高位的堆量，此时堆量形态的峰值明显远远高于底部堆量期和上涨中部堆量期，甚至出现天量。此时，投资者不要计较任何成本，应赶紧全部抛掉手中的筹码，因为这往往就是头部出现的信号。

下跌中部堆量期：在这个阶段，庄家手中还有一些筹码，为了将这些筹码派发出去，庄家会让股价走一波不错的反弹，主力虚假护盘的动作，会让成交量出现堆积现象。而投资者看到股价反弹了，误认为股价只是良性的回调，从而继续进场买入，庄家就借机大肆将手中的筹码易手。出现这种情况，投资者可以密切关注成交量，如果在反弹的顶部，有大单持续砸盘，股价随机下跌，就要赶紧撤退，往往股价可能会加速下跌。

12. 外盘内盘

外盘是指以成交价为申卖价统计的股票交易量，也就是说以卖方的卖出价成交的交易，也称主动性买盘，反映主动买的意愿。

内盘是指以成交价为申买价统计的股票交易量，也就是说以买方的买入价成交的交易，也称主动性卖盘，反映主动卖的意愿。

当外盘累计数量比内盘累计数量大很多，表示很多人在抢盘买入股票，这时股票有上涨趋势；当内盘累计数量比外盘累计数量大很多，表示很多人在强抛卖出股票，这时股票有下跌趋势。

13. 筹码峰

筹码是指投资者手中持有的股票，筹码分布指标（CYQ）是将市场交易的筹码画成一条条横线，其数量共 100 条，该横线在价格空间内所处的位置代表指数或股价的高低，其长短代表该价位筹码数量的多少。

筹码峰是指筹码分布指标中最长的一条横线，它代表的是在该价格上持股数量最多，也是市场的成本价，并且筹码峰所对应的价格往往和控制点价格相同。

（1）筹码峰的主要用法

①筹码陆续上移，原单峰密集区筹码陆续减少，表明主力可能在拉升行情。

②筹码全部上移，原单峰密集区无筹码，表明主力可能在抛盘。

③筹码陆续下移，原筹码密集区下移，表明主力可能在洗盘，散户持续被震出局。

（2）九种筹码形态

①放量突破低位单峰密集。这种情况往往是新一轮上涨行情的征兆。

股价经过长时间的整理之后，筹码分布在低位且形成了单峰密集。如果股价放量突破单峰密集，往往等会儿会出现一轮上升行情，此时投资者可以建仓布局，且单峰的密集程度越大，筹码换手就越充分，上攻力度就越大。

②上峰消失，在低位形成了新单峰密集。这种情况往往是行情见底企稳的迹象。

如果股价上方密集峰没有被充分地消耗，往往行情很难被拉升，因为上方的套牢盘在股价冲高的过程中，会形成强劲的阻力。而一旦股价上方密集峰消失后，表明上方的套牢盘大部分都砍仓割肉，交出了筹码，这时一旦股价在低位重新形成单峰密集，则表明股价可能开始企稳，庄家在暗中吸筹，后市当股价向上突破的时候，就是入场良机，此时基本是庄家吸筹完毕，进入拉升的阶段。

③上涨出现了多峰密集。这种情况往往是股价持续拉升的信号。

股价开始拉升之后，庄家会不断进行震荡洗盘，从而形成一个又一个的密集峰，每一个密集峰都将成为股价回调洗盘的强支撑位，这类似于原始控制点的道理。一旦出现这样的情况，投资者可以在股价每次回调到前一个密集峰的时候买进。但需要注意的是，如果新密集峰增大的同时，原密集峰在迅速地减少，这时候就要出局观望了，表明庄家很可能开始高位派发。

④向上突破相对高位单峰密集。这种情况往往是股价继续上涨的信号。

股票经过了一轮升势之后，在相对高位形成了新单峰密集，随后股价回撤至新的单峰密集之下，一旦股价再次突破新峰密集，且股价创出近期新高，表明行情可能继续上涨，投资者可以及时介入，一般能搭上行情的中途列车。

⑤快速跌破峰密集。这种情况表示短期很难再创出新高，应出场观望。

如果股价快速地跌穿下方的单峰密集，而单峰密集仍然完好地存在，那么单峰密集往往会成为上方强劲的阻力，一旦股价反弹至该位置，就会遭受强劲的抛盘压力。所以，出现这种情况，可以出场暂时观望，股价一般都难以短时间内越过上方的单峰密集区。

⑥洗盘后回归单峰密集。这种情况一般表示后市将会上涨。

股价经过较长时间的整理，在低位形成了单峰密集，之后股价短暂地跌穿了单峰密集，成交量缩小，原密集峰没有减少。出现这种情况是庄家故意做出虚假跌破的信号，造成恐慌的局面，吓退散户，从而继续收集筹码。无量下跌和原密集峰没有减少，表明庄家没有扔掉筹码，一旦后市股价突破原单密集峰，则是入场良机，通常会跟着庄家吃到一波较大的利润。

⑦回调峰密集获得强支撑。这种情况一般表示后市将继续上涨。

当股价突破低位单峰密集之后，回调整理，但在低位单峰密集峰处受到支撑，然后放量上攻，此时就是买进的时机，往往行情会接着上升。

因为筹码峰是市场的成本价，且与原始控制点原理相似，因此单峰密集区能够给股价提供强劲的支撑阻力，所以这是一种回踩确认筹码峰支撑的技术。

⑧跌破高位的单峰密集。这种情况一般预示行情下跌的开始。

股价前期已经积累了非常大的涨幅，低位单峰密集基本都已经消除，形成了高位单峰密集，这基本就是庄家高位派发期，此时投资者一定要远离该股，熊市随时都会到来。

⑨低位洗盘后再度形成单峰密集。这种情况通常都是预示重大行情的来临。

股价在低位首次形成单峰密集后，行情开始小幅上升，但随后停止上升，开始震荡洗盘，但原单峰密集存在，筹码并没有松动，且洗盘后，股价在原单峰密集处，重叠式形成单峰密集，此时表明庄家在低位二次收集到了筹码，往往拉升即将开始，此时一旦股价向上穿越原筹码峰，则可建仓布局，利润将会非常可观。

14. 委比委差

委买手数是指所有个股委托买入下五档的总数量。

委卖手数是指所有个股委托卖出上五档的总数量。

委差是指某品种当前买量之和减去卖量之和，反映买卖双方的力量对比，正数为买方较强，负数为抛压较重。

委比是委差与委托总手数（委买手数和委卖手数之和）的比值，其公式为：

委比 =（委买手数 – 委卖手数）÷（委买手数 + 委卖手数）× 100%

委比是衡量某一时段买卖盘相对强度的指标，当数值为正时，说明买盘力量较强，反之则说明卖盘力量强，下跌的可能性大。

委比值的变化范围为 –100% 到 +100%，当委比值为 –100% 时，它表示只有卖盘而没有买盘，说明市场的抛盘非常大；当委比值为 +100% 时，它表示只有买盘而没有卖盘，说明市场的买盘非常有力；当委比值为负时，说明卖盘比买盘大；当委比值为正时，说明买盘比卖盘大。委比值从 –100% 到 +100% 的变化是卖盘逐渐减弱、买盘逐渐强劲的一个过程。涨停的股票委比一般是 100%，而跌停是 –100%。委比为 0，意思是买入（托单）和卖出（压单）的数量相等，即买卖盘力量相当。

15. 量比

（1）量比定义

量比是衡量相对成交量的指标，它是平均每分钟的成交量与过去 5 个交易日平均每分钟成交量之比，其计算公式为：

量比 =［（现成交总手数 ÷ 现累计开市时间（分）］÷ 过去 5 日平均每分钟成交量

量比反映的是当前盘口的成交力度与最近五天成交力度的差别，量比值越大表明盘口成交越趋活跃，能够客观真实地反映盘口成交异动及其力度。量比一般适用于短线操作，投资者从量比曲线与数值曲线上，可以看出主流资金的市场行为，如主力的突发性建仓，建仓完后的洗盘，洗盘结束后的拉升等。

（2）量比意义

①量比 <1 倍时，尤其是在 0.5 倍以下时，股价缩量创新高，则表明一般是长庄股，且控盘程度非常高，一旦股价调整，然后放量突破，往往是重要的买入时机。

股价停板时，量比 <1 时，说明上涨不可限量，第二天开盘即封涨停的可能性极高。股价跌停板时，量比 <1 时，说明空头动能未能完全释放，后市将有更大的下行空间。

②量比 =0.8 ～ 1.5 倍时，成交量处于正常水平。

③量比 =1.5 ～ 2.5 倍时，为温和放量。如果股价也处于温和上升的状态，则预示升势相对健康，可继续持股；若股价下跌，则预示跌势将会持续一段时间，应卖出股票。

④量比 =2.5 ～ 5 倍时，为明显放量。若此时股价突破重要支撑或阻力，则一般为有效突破，应卖出或买入股票。

⑤量比 =5 ～ 10 倍时，为剧烈放量。如果股价在低位出现放量突破，则预示股价拉升即将开始；如果股价处于高位，出现剧烈放量，则市场下跌即将展开。

⑥量比 >10 倍时，一般是反转的征兆。如果在股价高位，说明极有可能见顶，就算不见顶，也会迎来一波较大的调整；如果股价在低位，说明下跌动能基本释放完毕，后市上涨可期。

⑦量比 >20 倍时，属于极端放量，势必会引起股价的转折。如果在连续上涨之后，成交量极端放大，出现量价背离，是见顶的强烈信号；如果在持续下跌中，出现极端放量，则曙光马上出现，应积极买入。

（3）量比曲线短线操作原则

①只买量比曲线朝上（双线朝上最好）的股票，朝下时坚决不碰。

②股价涨停后，量比指标一般会快速向下拐头，如果仍然趋势向上，则可能是庄家借涨停出货。

③如果股价下跌，量比指标上升，则应赶快离场，因为此时为放量下跌，多是突破性下跌，后市将会有更大的下跌空间。

④股价首次放量上涨，量比不宜超过 5，否则能量短期释放太大，后市上涨恐难以为继。如果股价是连续放量，量比值不宜超过 3，否则极有可能是庄家高位出货。

16. 换手率

换手率也称周转率，指在一定时间内市场中股票转手买卖的频率，是反映股票流通性强弱的指标之一，其公式为：

换手率 = 某一段时间内的成交量 ÷ 发行总股数 ×100%

换手率越大，表明股票越活跃。一般情况下，大多股票每日换手率在 1% ～ 2.5%，大部分股票的换手率基本在 3% 以下，所以 3% 就成为一种分界线。

17. 探底和探顶

探底是指股价持续跌挫至某价位时，有大量的承接盘，使股票快速回升的现象，这种下挫之后快速回升的现象，一般会形成 V 形结构，后市如果股价突破 V 形颈线，通常是底部形成，股价开始大涨的时机，投资者此时可以买入股票，等待股票上涨获利。在实际行情中，探底一般发生在行情下方具有强劲支撑的区域，有时行情会经过二次探底才能成功，这时就会形成 W 底、双针探底或右侧长下影线的结构形态，一旦这些形态颈线突破后，往往会酝酿一波巨大的上涨行情，此时应该大胆买进，获利将是非常可观的。

探顶与探底相反，是指股价持续上涨至某价位时，出现大量的抛盘，使股价快速回落的现象，这种拉升之后快速回落的现象，一般会形成倒 V 形结构，后市如果股价跌破 V 形颈线，且伴随成交量急剧放大，甚至放出天量，通常是头部形成，股价开始转熊的征兆，投资者此时应快速卖出股票。在实际行情中，探顶一般发生在行情上方具有强劲压力的区域，有时行情会经过二次探顶才能成功，这时就会形成 M 顶、双针探顶或右侧长上影线的结构形态，一旦这些形态颈线跌破后，往往行情会快速崩盘，投资者此时一定要远离该股，以免带来巨大损失。

18. 牛皮市

牛皮市也称马市，是震荡市的一种，但是属于震荡市中波幅极小的一种市场行情。在牛皮市中，走势波动极小，陷入盘整，成交极低，市价像被钉住了似的，如牛皮之坚韧，是一种买卖双方力量均衡的表现。

牛皮市往往是行情选择新方向的开始，后市一旦行情突破，往往会朝着该方向大幅运行。牛皮市中盘整区域越收敛，蓄势越长，后市行情往往越大。

在牛皮市的时候，指标往往会发生钝化，失去作用，投资者最好不要参与，市场窄幅波动，很容易消磨投资者的意志，可以观察牛皮市的重心，如果重心不断上移，则表明后市可能向上突破；如果重心不断下移，表明后市可能向下突破；不过最好的方法是，等市场明确突破震荡区间后，顺势跟进，这样往往会更安全。

19. 超买超卖

超买超卖是相对于技术指标而言，是指一段时间内，股票被持续买入或卖出，股价单边强势上涨或下跌，技术指标〔比如 KDJ（随机）指标、RSI（力度）指标等〕进入了超买或超卖区域，股价大幅偏离价值区域（偏离均线、价值线等），有极强回档需求的现象。

需要注意的是，超买和超卖是对于技术指标而言，实际交易过程中，买方力量可以持续推升股价，就算指标出现超买，买盘动能也不会减弱分毫；买方力量也可以持续打压股价，就算指标出现超卖，卖盘动能也不会减弱分毫。因此一般不能直接用超买和超卖信号作为交易依据，应该结合其他信号，才会更稳健一些，比如背离、控制点、筹码峰、K 线形态等。

20. 顶背离和底背离

顶背离和底背离是相对于指标而言，比如 MACD（异同移动平均线）指标、KDJ 指标、RSI 指标、CCI（顺势）指标等。

顶背离是指股价不断创新高，而指标没有创新高的现象；底背离是指股价不断创新低，而指标没有创新低的现象。

出现顶背离的时候，股价有回落的需求；出现底背离的时候，股价有反弹的需求。需要注意的是，股价很多时候，也会出现持续的顶背离和底背离，因此不能单纯地依据顶背离或底背离进行反向交易，结合其他交易信号或多个指标背离共振，往往能提高获利的概率。

21. 多方炮和空方炮

（1）多方炮

多方炮是指两阳夹一阴的 K 线形态，该形态由两根较长的阳线和一根较短的阴线组成，且阴线夹在两阳线之中，就像炮台一样，后市看涨，所以称为多方炮。

多方炮往往出现在上涨途中，是继续上涨的信号。价格第一条大幅上涨，有逢高解套或短期套现的投资者抛出股票，导致股价第二天回落收阴；但抛盘不大，所以只是收一根小阴，多方买涨的信心很强，照单全收空方抛售的筹码，将股价再次强劲拉升，使得第三天股价大幅收阳，这样就形成了多方炮形态。

多方炮的整体表现就是多方占主导优势，空头的小面积抛盘不足以破坏上涨趋势，往往预示后市将继续上升，有时候行情还会出现叠叠多方炮，表示多头如数买进市场上的卖单，做多动力充沛，一般市场上涨概率很大，且上涨空间也不会很小。

需要注意的是，出现多方炮的时候，股价一定要有放量上攻，形成量价突破，否则有可能陷入盘整，甚至下跌，成为哑炮。

（2）空方炮

空方炮是指两阴夹一阳的 K 线形态，该形态由两根较长的阴线和一根较短的阳线组成，且阳线夹在两阴线之中。空方炮既可以出现在涨势中，也可出现在跌势中。在涨势中出现，是即将见顶的信号；在跌势中出现，是继续看跌的信号。

在涨势已持续很长时间或股价有了很大涨幅后，出现两阴夹一阳，往往是头部信号。庄家大量出货，将股价压低，导致股价第一天收一根较大的阴线；但市场上其他投资者还沉浸在股价先前大涨的气氛中，买入盘涌入，使得第二天收成阳线，但力量明显不足，因此只收了一根小阳线；随后庄家继续逢高出货，再次将股价打压下来，收成一根较大的阴线。这样就形成了空方炮形态。

空方炮的整体表现就是空方占主导优势，多头虽有反抗，明显不足以改变大势。无论是在市场顶部还是下跌途中，一旦出现空方炮，后市往往都会继续大跌，有时候行情还会出现叠叠空方炮，表示空方持续反复打压多头，空头砸空的信心异常坚决，只要多头反抗，就立即往下砸，出现这种情况，往往后市下跌概率更大。

需要注意的是，出现空方炮的时候，股价一定要有放量下跌，形成量价突破，否则有可能陷入盘整，甚至反转，成为哑炮。

1.7.3 实战中的专业术语

1. 做多

做多也即做多头，是买入看涨的意思，指投资者看好股票未来的上涨前景而进行买入，然后持有股票，待上涨获利后，卖出套现的行为。

2. 做空

做空也即做空头，又称沽空或卖空，与做多相反，是卖出看跌的意思，指投资者认为股票未来会下跌，向券商借入股票并按照当前的价格卖出，等价格下跌后，买进再归还券商股票的一种行为，在价格下跌的过程中，产生的差价就是投资者做空赚取的利润。

只有开通融券、股票期权、股指期货等才能进行做空操作，一般性账户没有做空的权限。

3. 头寸

头寸是指持有某种证券的数量，头寸根据定义可以分为多头头寸和空头头寸。

①多头头寸是指由买入空头而产生的投资头寸，由于此头寸尚未被冲销，因此可从市场价格上涨中获利。

②空头头寸是指由卖出空头而产生的投资头寸，由于此头寸尚未被冲销，因此可从市场价格下跌中获利。

4. 开仓

开仓也叫建仓，是指投资者新买入或新卖出某只股票的行为，开仓根据定义可分为买开仓和卖开仓两种。

①买开仓是指投资者看好股票后市前景而做多股票的行为，简单来说就是买入涨单的行为。

②卖开仓是指投资者看淡股票后市前景而做空股票的行为，简单来说就是卖出跌单的行为（在融券、股票期权、股指期货等中才能卖开仓，普通股票账户没有卖开仓权限）。

5. 持仓

持仓是指开仓之后尚没有平仓的合约，也叫未平仓合约或者未平仓头寸，操作者建仓之后，手中就持有头寸，这就叫持仓，持仓可分为持有多头头寸和持有空头头寸。

6. 平仓

平仓是指投资者了结持仓的交易行为，平仓可以分为卖出平仓和买入平仓两种。

卖出平仓是指投资者将手中持有的涨单，卖出抛向市场的行为。

买入平仓是指做空的投资者赎回先前卖空的股票，然后归还给券商的行为。

7. 高抛低吸

高抛低吸是一种基本股票的操作手段，即从低点买入，涨高之后卖出，以此赚取差价的行为。

8. 斩仓

斩仓也称为割肉或停损，是指开仓之后，头寸出现亏损，投资者为了避免亏损继续扩大而平仓的行为。

斩仓是投资者必须首先学会的一种本领。放任亏损，往往会酿成灾难性的后果，要记住趋势是市场最大的特点，一旦方向判断错误，如果不及时砍仓，趋势的作用往往会加大亏损。虽然市场也可能回档减少损失，但是你不应该去祈求市场会那样运行，你也不应该冒这么大的风险，就为了挽救账面的小幅亏损，这实在非明智之举。

9. 套牢

套牢是指开仓后，股票却反方向大幅运行，投资者没有及时止损，而产生了较大亏损的现象。

股票套牢后，会让投资者处于骑虎难下的窘况，由于亏损较大，斩仓会大伤元气，继续死抗，更容易造成亏损殆尽的可能，此时投资者往往会处于极大的煎熬之中，无法抉择，最后总会是在黎明的前一刻倒下。

因此，一定不要让自己陷入套牢之中，任何交易都应该止损先行，一旦发现错误，便火速撤离，永远不要把自己陷入那种左右为难的境地。

10. 踏空

踏空是指市场出现了一轮未能预期的大幅单边行情，投资者没能及时入场，错失一波巨大利润的情况。

踏空是在交易过程中市场经常会发生的情况，不但如此，投资者每次卖出股票，行情就上涨的情况也是屡屡出现。出现这样的情况确实让人遗憾，但一定不要过于懊恼，而要改变自己的交易习惯，该等待的时候，还是要耐心等待。世界上不存在一种方法，可以抓住市场所有的机会。你只能赚到自己交易方法的钱，而那些属于你交易方法之外的行情，如果别人赚了，你也不必羡慕，那些机会并不属于你。每个人只能赚到自己认知以内的钱，每种方法也只能赚到本身特定行情的钱。投资并非博运气，能稳定让你获利的，总是那些固定的行情运作模式。

千万不要因为踏空了某一次行情，就急于去更换或者过分优化你的交易方法，大部分投资者只是嘴上说明白投资是没有100%概率的，而实际行动却一直在竭尽全力地想规避任何一次错误。你的交易方法建立之初，可以去不断完善，但没那个必要去过分优化，从70%的概率，优化到80%，再从80%的概率优化到90%，甚至95%，这是毫无意义的。你赚多少本质并不是取决于你的概率，而是取决于你赚的时候赚了多少，亏的时候损失了多少。所以把关注点转移到你现有的、具有正期望的交易方法上来，好好研究怎么把它执行得更完美，发挥它最大的威力，才是正事！

11. 上车

上车是指股票已经出现或预期出现一波比较漂亮的行情，而自己刚好持有头寸的情况。

比如，某人跟你说，这只股票要大涨了，赶快上车吧，其实就是建议你赶紧买入这只股票的意思。

12. 尾盘跳水

尾盘跳水是指股价在收盘的时候，突然大幅下跌的现象。

尾盘跳水往往是主力在洗盘时，用来快速打压股价采用的方式，这种方式往往只需要用少量的筹码，就可以破坏技术形态，吓退散户，以达到清洗散户的目的。

13. 护盘

护盘一般是指股市大幅下跌、卖压很重时，主力逆势买入，防止股市继续下跌的行为。

比如 2015 年股市下跌中，机构和国家队陆续入市护盘，在短期都起到了稳固盘口的作用，市场都有不同程度的反弹。某只股票如果有护盘现象出现，那么说明主力手中还持有大量的筹码，护盘是为了避免出现过大的亏损或者避免大幅下行，给后市拉升造成太大的困难。

判断股票发生护盘行为主要有以下六种方法。

（1）市场大跌时，个股表现为横盘

当市场出现大面积下跌时，某只股票表现为异常的抗跌性，大盘已经跌了很多，而个股持续在高位震荡，这种情况比较多见，不过这种情况有时候也会出现主力假护盘的现象。判断主力是否为真护盘的重要方法是观察成交量的变化，如果股价上涨，成交量减少，而下跌时，成交量加大，则很可能是主力在护盘。

（2）市场大跌时，个股表现为快涨慢跌

当大盘强劲下跌时，个股扛不住强势看空情绪，也跟着下行，但每当大盘反弹时，个股总会快速回升，而当大盘掉头加速下跌时，个股总是小幅滑落，这样最后就表现为，大盘已经跌了很多，而个股只有很小的跌幅，出现这种情况，极有可能是主力在护盘，说明主力非常看好这只股票，往往可能是极具价值的牛股。

（3）拉尾市

一般主力不选择在盘中拉升，如把股价早早拉起，则需要在盘中护盘接筹，这样就需要大量的护盘资金，没有雄厚的资金是扛不住的，盘中拉升会前功尽弃。主力采用尾盘偷袭方式拉高，甚至一直拉升至收盘，这样可以避免或者缩短拉高后股价横盘的时间，并减少接盘操作。尾盘偷袭方式既达到拉高股价的目的，又可以节省上拉成本，是主力一种较好的护盘技巧。不过要注意的是，拉尾市护盘动作一般发生在市场低位，如果股价出现了连续上涨，那么很可能是主力拉高出货，而非护盘。

（4）市场下跌，个股量价齐升

量价齐升是市场一种良性的上涨方式，如果个股在大盘大幅下跌的时候，出现量价齐声，一般就能说明是有主力在护盘。

（5）市场下跌，个股尝试拉升未遂，数次卷土重来

市场大幅下跌后，大盘开始反弹，主力错误地认为大盘见底，快速拉升股价，但大盘到头大跌，继续创新低，个股受到市场空头情绪的影响，也遭到上方强劲的卖压，股价迅速被打压回来；但等大盘再度反弹时，个股又再度快速拉升，主力可能又一次判断失误，大盘并没有见底，而是继续下行，导致个股再一次被抛售打压。这样的过程，在下跌过程中，可能反复出现多次，这就是主力明显的护盘行为，一旦大盘达到底部，该股就会出现强劲的上涨行情。

（6）逆势红盘

大盘当日大幅下跌，而个股表现为上涨，这是很明显的主力护盘现象。

14. 接盘

接盘是指投资者买进主力出货的股票。我们在炒股中，经常会听到"接盘侠"这个词，它是指买入了主力出货的股票的投资者。

15. 洗盘

洗盘是庄家为了清理市场多余的浮动筹码、抬高市场整体持仓成本、赚取市场短期差价而使用的一系列特定的操作手段，其中清理市场多余的浮动筹码是主要目的，让志不坚的散户抛出股票，以减轻上档压力为后市拉升股价清扫障碍。

在洗盘过程中，庄家往往会强势打压短线投机客，极容易让短线技术投机客损失惨重，所以能清晰地判断出庄家洗盘对于短线技术投资者来说，极为重要。判断洗盘的方式主要有以下五种：

①洗盘不是出货，不需要拉开出货空间，所以股票多为小幅整理，大量换手。

②整理的时候多为重心上升形式的 K 线形态（比如上升三角形、重心上升的矩形等），在洗盘的时候，主力并不希望将便宜的筹码交到其他人手中，因为一旦低位被投资者买进，则后面很难将其震出局。

③整理的时候，股价出现缩量下跌，则极有可能是洗盘，因为成交量是很难做假的，尤其是盘整的时候，出现了阶段性的地量，则说明沽售意愿并不强。

④委比大买单多。如果在关键价位卖盘很大，买盘虽然不多但是成交速度

快，笔数很多，同时股价也不再下跌，则很可能是震仓洗盘。

⑤如果股价高开低走，直接杀至跌停板附近，然后涌现大量的买盘，那么此时极有可能是洗盘。因为股价大幅高开，迅速杀低，会形成看跌的技术形态，导致短线投资客出现恐慌性卖盘，庄家就迅速低位大量吃进，割一波韭菜。

16. 吸筹

吸筹是指在股市中庄家介入某一只相对处在低位的股票，一段时间内有计划、有目的、分期分批建仓，逐步买入股票，以待后期拉升，获取利润的行为。

如果我们在某只庄股的初期发现吸筹现象，及时跟进，就容易坐上轿子，等着主力持续抬升，获取一大波利润。判断主力吸筹主要有以下五种方法：

①窄幅整理。庄家往往会采用压盘吸筹的手法，即将股价压制在一个较窄小的范围内长时间震荡，从而避免股价快速走高，增加吸筹成本。

②慢涨快跌。由于庄家资金量大，吸筹量大，所以在低位吸筹时，往往会导致股价上涨。为了隐藏吸筹意图，避免散户进场抢购筹码，当股价经过一段慢牛走高之后，主力通常会以少量筹码迅速将股价打压下来，这样在图表上就不易看出较明显的上涨状态，可以有效地避免散户抢筹，也可以继续在低位吸廉价筹码。

③低位看跌形态。庄家为了逼迫顽强的散户交出筹码，往往会在低位做出虚假的顶部形态。比如长上影线、M顶等，以吓退散户，从而达到收集更多筹码的目的，并且为后市的拉升清扫一部分卖盘压力。

④主力要吸筹时肯定就有量，而打压时仅会用少量筹码，故吸筹阶段下跌是无量的。

⑤比较实用的方法是，观察周K线，如果上涨的K线多，下跌的K线少，且上涨时成交量明显放大，而下跌时成交量缩小，则表明主力在吸筹的概率大。

17. 派发筹码

派发筹码是主力在建仓、拉升后，主力在高位有计划、有目的、分期分批减仓，逐步卖出股票，以达到利润最大化的目的。

庄家在做某一只股票时，主要是通过底部吸筹、拉高股价、派发筹码这三个过程来完成，其中派发筹码最重要，只有成功派发筹码，庄家才能获利抽身。而庄家派发筹码后，股价就会像失去灵魂一样，跌向深渊。因此，能及时判断出庄家是在派发筹码阶段，就能避免高位套牢，这对于投资者来说极其重要。

庄家一般会持有大量的筹码，不可能短时间内就派发完毕，因此需要经过相对较长的时间才能完成，短则一个星期，长则几个星期甚至一个多月，派发过程主要分为高位派发、次高位派发和低位派发三个阶段。

（1）高位派发

股价经过一轮大幅上涨，途中经历了多次洗盘，散户极度看好该股，跟风入市者比较多，市场成本在高位集中。成交回报中大笔的抛单成群结队，成交密度大幅增加，打低几个价位，甚至是十几个价位的抛单，层层叠叠。成交量巨幅增加，股价高开低走，出现长长的上影线，或者出现明显的顶部形态，比如，衰竭性缺口、M顶、三重顶、头肩顶、圆弧顶等，这时候投资者唯一要做的就是不计成本地抛售手中的股票，只要晚走一步，就有可能被套牢，迅速出现大面积亏损。

（2）次高位派发

经过高位派发后，庄家仍有可能持有不少的筹码，但是此时，股价已经有了不少的跌幅，因此庄家不敢明目张胆地大肆出货，因为那样会很容易吓退接盘者，而是会采取隐蔽的方式，让投资者误认为股价继续保持着上涨趋势，从而充当接盘侠。

在这个阶段，庄家常用的方式是，在重要支撑位置边拉边出货，不断地做出假护盘、假技术信号，吸引不明所以的投资者接盘。比如，技术上做出假阳线、W底等。每次在重要支撑位置都会快速强劲反弹，让投资者倍感希望，而一旦跌破重要支撑后，则买盘非常稀少，这一点与震仓洗盘进行比较就会更加清晰。洗盘的时候，目的是将散户清理出局，所以股价每次遇到支撑，根本不会快速强有劲地反弹，就是要让散户感到后市无望，且跌破支撑后，庄家会敲入大量买盘，迅速吃进。

所以，看清庄家次高位派发后，一定要坚决卖出，一切企稳都是假象。

（3）低位派发

低位派发的情况比较少，因为庄家不大可能让利润大幅回吐之后，才派发筹码，就算有，这个阶段庄家手中的筹码也不多，所以庄家往往是明目张胆地派发，专砸关键技术位，因为在这些支撑关口，才会有一定的散户愿意买入。所以我们会看到，在低位关键的支撑位置，往往一旦跌破，总会是迅速下跌，因为有庄家在大手笔地出货。

因此，这个阶段一旦出现关键支撑价位，总是突然大幅下跌时，一定要远离该股，毕竟失去庄家维持的股票，往往都不会有什么表现，就算后市下跌幅度不大，也往往长久时间不会上涨。

18. 复盘

复盘是指重新观察分析前期经历过的行情，或者对先前的交易操作重新分析，以找出其中的错误、遗漏或正确的地方，从而总结出相关经验的行为。

复盘是投资过程中不可缺少的环节。复盘的时候往往你能发现自己先前错误的地方和做得好的地方，这些都要加以分析，重要是对错误的分析，这往往比分析正确更能让你受益。

19. 吃货

吃货是指庄家在低价时，不动声色地买进股票。

20. 出货

出货是指庄家在高价时，不动声色地卖出股票。

21. 对敲

对敲是指以议价而非竞价方式进行大宗交易的方式，也指股票市场中庄家或机构操纵股票的一种行为，具体是指在多家营业部同时开户，以拉锯方式在各营业部之间报价交易，制造市场假象，企图或实际严重影响股票，以达到操纵股价的目的。

22. 抬拉

抬拉是庄家将股价大幅度抬起以便出货的行为。

23. 打压

打压是庄家将股价大幅度快速压低以便大量吃货的行为。

24. 坐轿子

预期股价将会上涨，提前买进股票，待市场其他投资者入场不断拉升股票，自己手中的股票就像坐在轿子中一样，被不断抬高。

25. 抬轿子

入场时机太晚，自己买入的行为，为股价的抬升出了一份力，而股价的上涨空间不大，自己出钱出力却赢不到什么利润，甚至被套牢，就好像是自己帮别人抬着轿子，自己辛苦，却是他人获利。

26. 下轿子

前期早早买入股票的投资者，待股票大幅获利后，平仓出局的行为。

1.8　投资成功的五大前提

1.8.1　永远只能拿闲钱炒股

1. 风险时刻存在

市场永远是不确定的，随时都有可能出现突发事件，引起行情巨大的海啸。市场绝对不存在什么时候是安全的，只要你身处市场中，都有亏损的可能。千万不要因为某只股票跌太多，就认为其跌无可跌，然后大举买进。事实上，价格从100元跌至50元，再从50元跌至10元的股票，持仓中比比皆是，也许你认为跌了90%，10元已经很便宜了，但它还可以跌至退市，比如ST中侨、PT南洋、ST九州等。当然，也不要因为某只股票，一直处于强势上涨之中，就觉得它很安全，不可能崩盘下跌。事实上，价格从人人青睐的巅峰跌至无人问津的谷底的股票，在市场中数不胜数，比如乐视网、仁东控股等。所以任何时候都不要过量地买入股票，仓位太大，一旦亏损，将会是你无法承受之重，时刻要谨记拿闲钱炒股，哪怕亏完，对你的生活、工作影响依然不大。

2. 交易没有常胜将军

千万不要相信你技术已经很厉害了，任何人的技术都不会厉害到永远准确，交易中没有常胜将军，不确定性是不可能被完全消除的。学习技术知识的目的并不是练就不败之术，而是学会如何避开一些风险以及处理风险的有效手段和掌握放大获利的秘诀。最大的风险不是来源于市场，而是来源于交易者本身，所以一定不要投入超过你能承受的资金，错误始终都会发生，无论你技术再高超，或迟或早，总会光临。你无法避，也不用避，你唯一能做的是减少错误对你的伤害，这主要有两种方法，第一就是减少投资额度，直到你能接受的亏损为止；第二就是正确应对错误。而第一点是根本，至关重要。

3. 压力是正确抉择的天敌

当你投入过量的资金，你却无法接受它的亏损时，就会给你带来巨大的心理压力。从心理学上讲，人们在面对巨大的压力时，往往容易做出错误的决策。因此，投资中绝非投入越大收益越大，也就是风险和收益绝对不可能成正比。事实上，风险和收益往往成反比，当你买入的资金不大时，通常你会保持理智的判断和分析行情，且在对的时机卖出股票；而当你重仓入市时，你往往会六神无主，本来能看对的行情，你也会变得毫无主张，看不清楚市场趋势，并且先入为主的思想会让你忽略一切不利因素，只挑有利的因素来祈祷自己的持仓不会发生损失。所以，本金投入太大，绝对不是什么好事，往往会适得其反。因此，坚持闲钱投资，保持闲心，重大的灾难就一定不会降临。

1.8.2　永远不要急于赚钱

1. 钱是坐着等来的
大钱是坐着等来的。

——利弗莫尔

新手往往有一个最大的错误认知，总以为钱是自己在市场中找来的，每天努力分析，勤奋做单，天道就会酬勤。

金融市场是个很神奇的地方，在别的行业中是至理名言，用到金融市场往往就变成了谬论。我们都说犯错不要紧，但是如果不知道错在哪里，这就很恐怖。而投资者在金融市场中犯的错，往往自己无法察觉，就像天道酬勤这个观点，在金融市场中是绝对不正确的，但是人们的思维惯性，往往不会觉得这会有什么问题。

市场中的机会并不是你寻找出来的，而是本身会出现的，机会不出现，你再努力也会是亏钱。比如在一波浩瀚的下跌趋势中，即使你天天盯盘，夜夜复盘，它也不会被你感动，市场该跌还得跌，不会怜悯你的汗水。你一定要明白，市场从来不是你分析对了，而是你顺应市场的某次发展，才赚了钱。机会不可能每天都被你找到，投资者要做的是，等待市场某种特定的规律出现，然后顺势上车，等待市场把利润送到你手上，不可以去强求在市场中获利，这件事强求不来。

2. 急中出错
着急的时候会带来焦虑、紧张、烦躁的情绪。人在着急的时候大脑非常活跃，受本能制约，情绪往往会战胜理性。情绪是着急的代表作，情绪会占主导地位，所以容易使人做出情绪性决策行为，而理性往往会被弱化。

当你急于赚钱时，你总会依据情绪买卖，而丧失任何分析能力，这就与买大买小毫无区别了，盈亏全凭运气，而不是凭你所学的技术知识或积累的经验。

情绪化投资往往更容易出错，因为你总会偏向选择让自己心情舒服的决策，而市场并不会依据你的情绪运行。当你买入看涨时，你会情绪化地认为行情一定会涨，对市场下跌的声音充耳不闻；当你被市场下跌吓破胆时，你会恐惧性地在最低点割肉，而对市场见底的表现视若无睹。

记住不要着急赚钱，永远也不要让情绪主导你的买卖决策。

3. 快赚不如长赚

多数人进入股票市场，应该是奔着投资而来，而非揣着赌博的心态而来，真要赌博也不必来股票市场，去拉斯维加斯会更适合。投资是一项事业，而非短期行为，因此笑到最后的才是真正的成功。着急于短期赚钱，这是鼠目寸光，它往往会注定你最终的失败。我们需要的不是过眼云烟，而是最终的胜利。要保持耐心，重要的是不犯巨大的错误，在股票市场上赚钱，哪怕赚得再慢也会远远快于你本行业工作所拿到的工资。

你越急于赚快钱，越会重仓交易，越会让你频频出错，最后反而减慢了你赚钱的速度，甚至最后还会赔钱。其实决定你能不能赚大钱的并不是你的仓位大小，而是时间和赔钱的速度，只要时间足够，不要赔钱太快，往往就能赚到大钱。在资本市场中赚钱，慢就是快，快就是慢，重要的是保持持久性的稳定盈利，这胜过一切。赚钱有多快并不是最重要的，因为你很可能赔得更快，短期翻仓那不是本事，长期获取收益才是真功夫。

1.8.3 永远不要做没有把握的事情

1. 机会总是留给有准备的人

市场从不缺乏赚钱的机会，倒是投资者往往缺乏抓住机会的能力。市场股票几千只，不乏异常亮眼的牛股，无论短期还是中期总会有不错的机会出现。投资者要做的就是练就一双慧眼，当市场时机出现时，准确地抓牢它，让它给你带来不错的收益。

没有人天生具有炒股的能力，所以必须提前认真学习相关知识，掌握交易技能，当你懂得行情了，机会才会闪现在你面前，否则最好的时机在你面前走过，你也会无法辨认。

2. 十拿九稳

永远不要做没有把握的事情，这是我送给每位读者粉丝的第一句话。千万不要做自己完全不懂的事情，那样你是在赌运气。如果你不懂炒股或一知半解，那么拿起书，拿起你的笔，并打开电脑，对照行情边看书边对照行情学习，主要要沉下去研究，炒股书不是小说，炒股书是需要研究的，而不是阅读。很多读者犯的最明显的一个错误是，一天读完一本书，那不叫学习，那叫读故事会。细节决定成败，交易更是如此，你要从书中学习到大道理，更重要的是学习细节，细节是需要你用心慢慢研究才能体会出来的。

学习和炒股都是一样，要朝有把握的方向去做，匆匆浏览书籍，肯定无法确信有把握看懂一本书。如果没有完全掌握炒股的技能，就去急于赚钱，你同样无法确信有把握赢到钱。

努力提高能力圈，只有当你对股票有了充分的了解，才可尝试参与，并且在每次投资之前一定要做好计划，了解熟悉准备要买入股票的相关信息，不管是技术面上，还是基本面上，确保都没问题了才可以考虑进场。一定不要匆忙入市，要在入市之前就设想好各种会发生的情况，并想好对应的策略。买入的股票大涨了，你该怎么做；买入的股票大跌了，你该怎么做；或者买入的股票一直在震荡，你又该怎么做。你要按照自己学习的知识方法，制订出最佳的策略，一定要做到十拿九稳，千万不要让投资失控。市场往往是无法控制的，但是千万不要让自己的投资也陷入失控之中。其实失败的风险往往并不是来源于市场，而是来源于失控的投资。

3. 永远不要停止学习

前文我们强调一定要做十拿九稳的事情，而我们并没有说一定要做十拿十稳的事情，也就是说无论你再怎么做，都不会永远绝对正确。所以学习永远不会多余，你的炒股技术，永远也不可能到了不用再学的地步，一定要将学习进行到底，在学习上用再多时间和精力都不为过。知识永远学不完，炒股能力永远也不可能达到顶峰，即便真的达到了巅峰，而市场永远在变化，所以还是要与时俱进，积累经验，不断学习，完善交易体系，这样才能持续减少犯错误的机会，不断提升自己交易成功的概率。

1.8.4　永远保持分析错误的习惯

1. 错误客观存在

错误主要来源于两个方面。

其一是来源于市场的不确定性，没有任何一种技术或方法，能长期准确无误预测市场的方向，所以交易中看错方向，是经常会发生的事情。你的每一笔交易，都可能出错，甚至你不交易时，每一次分析市场也都可能出错。

其二是来源于投资者本身。根据心理学原理，人的天性是容易犯错的，金无足赤，人无完人，人本身就是一个不确定因素，要求人不犯错这是一件苛刻且无法做到的事情。

2. 失败与错误无关

人们往往将失败与错误挂钩，这是不正确的，其实错误并不可怕，可怕的是死不认错，这才是失败的根源。

每一位成功的交易大师，都曾经犯过错，而且他在今后的投资中，也一定会继续犯错，而这并不会影响他们的成功。错误是交易的组成部分，没有错的交易是不可能的，相反在一段时间内，如果你的交易持续在盈利，往往可能是危险的信号。比如很多人喜欢死抗单，浮亏摊均成本，这在市场波动不大时，的确能保证持续盈利，甚至可以做到每笔交易都盈利，但市场一旦大幅单边运行，往往就会巨亏，一次性亏完在震荡中赚的所有钱。

无论是对市场方向判断的错误，还是人自身犯的错误，其实本身都不是导致失败的原因，真正会失败的是你对错误的处理态度。知错能改，善莫大焉，一旦出错时，及时终止，截断亏损，这才是保证投资不败的首要前提。

3. 成功取决于错误

人们认为我不会出错，这完全是一种误解。我坦率地说，对任何事情，我和其他人犯同样多的错误。但是，我的超人之处在于我能认识自我的错误，这便是成功的秘密。

——利弗莫尔

成功并不是取决于正确地投资，而是取决于对错误的认知程度。投资是由盈利和亏损组成，亏损是投资的短板，不管你盈利多少，如果你的亏损是个无底洞，那么注定会失败。所以提升短板能力，降低亏损造成的伤害，便是成功最攸关的事。

不要固执己见，要学会分析错误，学会从错误中汲取知识和经验，因为在错误上的分析往往比分析胜利更让人受益。但人们总是趋向忘记所犯的错误，陶醉于胜利的喜悦。犯错不要紧，要紧的是不要重复犯错，不要扩大错误。因此犯错其实是一件骄傲的事情，因为你有机会认识自己的不足。

1.8.5　永远不要做赚小赔大的事情

1. 投资是风险与收益的平衡

投资总是赚赚赔赔，没有人一直对，但是成功的唯一恒等式是赚的钱大于亏的钱。所以无论你采用何种交易技术，基本面的也好，技术面的也好，也无论你是短线交易还是长线交易，必须保证高盈亏比。

概率高固然更好，但是高概率不等于一定能够成功赚钱，而高盈亏比加上适当的概率，一定会造就成功的投资。新手犯的最大的错误之一，就是过于关注赚钱的次数，而忽略巨大的风险，不去截断亏损。因此在错误的时候，一定要少亏点；不对的时候，就快速撤退；一旦对的时候，就要大胆一些，多赚点。这样才能保证高盈亏比。

就像索罗斯说的那样：“判断对错并不重要，重要的是正确的时候获取了多大的利润，错误时亏损了多少”。

2. 一定不要做只设止盈而不设止损的蠢事

任何时候都不要放任亏损不管，任何时候止损都不晚，一定不要做只设止盈而不设止损的蠢事，哪怕你是价值投资，也应该会有一个止损标准。一切失败都是从不愿止损开始的。你不设止损而只设止盈，那么你的盈利就是限定了。而亏损无限，即使你多赢几次，也无济于事，一次亏损，就可以亏完你所有的利润和本金，连嗜赌者都知道这是一定会亏损的买卖。所以不要将投资做得连赌博都不如，那还不如直接去赌场一掷千金，何必还让投资把自己折磨得那么煎熬。

3. 学会赚大钱

在交易过程中，投资者主要会犯以下三个错误：

第一，不去止损；

第二，不去顺势；

第三，不去赚大钱。

一般人都知道第一点和第二点的重要性，而忽略了第三点。赚大钱对于投资来说很重要，你越会赚钱，那么你对冲风险的能力越大。错误总是不可避免，如果你总是能赚到大钱，那么在你犯错的时候，先前的大额利润，完全可以弥补错误时的亏损，这就等于提高了容错率；而如果你总是只能赚到小钱，那么一旦出现稍大的错误，打击将是巨大的，也就是说容错率很小，这无疑会让你的投资变得异常艰难。

所以在学会放大获利之前，你永远只是一个普通的交易员。成熟的投资者都能较有把握地判断市场的方向，这并没有什么值得骄傲的，然而在对的时候，你能赚多少才是最重要的。一旦对的时候，一定要毫不犹豫地增加筹码，在对的时间、对的点位、对的趋势上，往往就会获利更多。

1.9　投资成功的五大理念

1.9.1　控制风险

1. 赔钱容易，赚钱难

市场是具有风险的，但市场风险的大小却是投资者本身决定的。同样是下跌50%，你买1万元，只会亏5 000元；如果你买入100万元，则会亏50万元。所以要时刻控制仓位，不能重仓入市。

如果市场下跌了50%，而你在亏损5%时卖出止损，同样是买入100万元，你却只亏5万元，所以永远要懂得止损，不要让损失扩大。

如果你损失了投资本金的50%，必须将你的资金翻倍才能回到起点。如果你设定年平均投资回报率是12%，那么你要用6年时间才能恢复元气。可见，赔钱很容易，赚钱却很难。因此一定要重视本金，不要轻易出现大的亏损，一旦嗅到危机，就要火速止损。

2. 留得青山在，不怕没柴烧

永远要敬畏市场，进入市场之后，首先要把风险顶在头上，盈亏同源，所有的盈利都是建立在如何处理亏损之上的。

对于一个交易者来说，本金就是你的筹码，如果你丢了筹码，就将丢了一切。投资者在投资中，应该止损先行，优先考虑如何保住本金，然后再考虑如何盈利。任何交易都应该提前想好止损，一旦止损超过承受的范围，那就放弃吧，哪怕是你认为几乎必定发生的事情。千万不要入场后再来思考止损，开仓的正确方式并不是根据你对市场的某种看法，或对市场的预判有多准确，而是你的潜在风险会有多大。

留得青山在，不怕没柴烧。只要本金还在，总会有希望，而一旦亏了本金，即便以后有了机会，也只能是望股兴叹，看着别人赚钱，原因是自己没有"子弹"了。

3. 控制风险才是交易的王道

成功的秘诀有三条：第一，保住本金，控制风险；第二，尽量保住本金，控制风险；第三，坚决牢记第一、第二条。

——巴菲特

只要有控制风险的能力，始终能保住本金，那么或迟或早你一定会成功。投资好比建一栋大厦，大厦是建立在夯实的地基之上的，地基有多结实，大厦就能建多高。控制风险就好比地基，风险控制做得有多好，盈利就有多大。一个没有风险控制机制的交易，一开始就是失败的。一个交易者如果只追逐获利的方法，而忽略风险，那么再怎么努力，也是徒劳无功！很多人在整个交易生涯中一直在追求交易的王道，那到底有没有呢？

答案是有！

最高明的交易方法是竭尽全力地去建立完善的风控体系，一旦风控体系建立健全，使用任何方法都能稳定盈利。

1.9.2　遵守纪律

1. 多数失败来源于纪律涣散

每当我没有遵守原则时，就总是会赔钱。

——利弗莫尔

交易纪律常常是和人性相矛盾的，它要求我们砍去亏钱的头寸，要求我们抵抗住市场无时无刻在出现的机会，要求我们降低仓位少赚点钱等，这些都是压制欲望的规则。虽然很难做到，但你必须坚持遵守，因为这些都是为投资保驾护航的。交易方向是对是错并不重要，因为没人可以永远保持正确。判断错误是一件必然发生的事情，那么在判断错误时，明白它会给你带来什么样的后果，才是成败的关键。

所有落败的投资者其失败的原因，一定不是行情方向判断错了，而是做了错事，没有遵守纪律。比如不止损、亏损加仓、重仓等。如果严格遵守纪律，即使行情方向判断错了，最多带来投资成本的损失，而不会出现灾难性的后果。所以在市场上，任何事情都重要不过遵守纪律。

2. 不要沉迷于随机报酬

切不可沉迷于市场随机报酬，无纪律的交易等同赌博。交易者不能以自己的感觉为交易根据，更不能见利忘"纪"，违反千锤百炼反复证明的定式。不守纪律有时也能获取暴利，而守纪律却常常失去这种机会，这种现象很有冲击力，引诱很多人放松了安全警惕而投入破坏纪律的队伍中去。但你一定要清醒地明白，不守纪律可能会获利，但那只是暂时的，它无法复制，无法持久，且一旦出现差错，将会是灾难性的，切不可因小失大。不要被随机报酬所蒙蔽，这种蒙蔽会令你丧失自己，从而最终消失在市场的波涛里。

3. 知行合一才是成功的保障

平庸的交易者到处抓钱，非凡的交易者用系统规则自动赚钱。交易技术是持续赚钱的必要条件，但不是充分条件。纪律高于一切，如不能知行合一，学再多技术，也是徒增亏损的方式罢了。交易不能让人亏惨，技术也不能让人亏惨，能让你亏惨的只有你自己。

很多人总会在同样的错误上屡屡犯错，无论怎样的自责，最终还是死不悔改。其实内心是知道要改的，但在行为上就是无法改掉交易的坏毛病，这主要还是因为认知错误不深刻导致的，抑或对某种交易方法始终不能做到坚持等其交易信号出现就急于开仓，也是由于对该种方法理解不深刻所致。如果你认识到某种交易方法威力非常强大，对之产生了巨大的信念，你想做出违反的行为都很难，好比，1+1=2，你无论如何都不会在等号后面填入 3，所以，深入的学习，提高认知，绝对不失为解决你难以知行合一的烦恼的最佳途径。

1.9.3 顺势而为

1. 趋势不会随便停步

趋势就像浪潮，后浪推前浪不断地推动股价上升，市场趋势一旦启动，便不会随随便便停下来。我们可以从三个方面解释这一现象。

第一，趋势具有极限重复性。极限重复就是复制，这是趋势最大的特点，市场先前怎么发展，后期还会一样地发展，历史会重演是技术分析理论重大的基石之一。

第二，根据映射理论，我们知道趋势具有极强的中心对称效应，趋势一旦形成就会不断映射出原有的趋势。

第三，趋势具有成本推动效应。市场在不同时段都会形成不同的成本，而趋势的强弱决定了成本增加的速度，无论从经济学角度讲，还是从数字运动规律上讲，一旦成本增加极快时，往往对价格会有推动效应，股价极容易大涨，哪怕不涨也很难下跌。这就是为什么我们经常会发现，股价上涨之后，总是会在高位徘徊，难以下跌，或下跌之后，总是会在低位持续徘徊的现象，这是行情普遍的运动规律之一，这个运动规律形成的本质原因就是趋势的成本推动效应。

2. 市场从来就不是你分析对了

不要跟市场争论，最重要的是，不要跟市场争个高低。

——利弗莫尔

你可以分析，但是永远不要和市场争论，股市下跌自有无法阻挡的力量在后面推动。一旦市场的走势与你相反时，切记，要以市场为主，赶紧放弃自己的想法，千错万错总是自己的错，市场一定不会错。你之所以能赚到钱，并不是因为你把市场分析对了，而是你的分析刚好顺从了市场，市场才把利润奖励给你。市场不会被任何人所屈服，个人力量在市场面前微不足道，不要总是想螳臂当车，逆势抄底的心理绝非好习惯。让市场教你怎样做，而不是自己分析要怎么做，没有任何观点的交易方法才是最强的上乘之功。

3. 眼睛见到的便是趋势

对于新手来说，可能难以理解"市场从来就不是你分析对了"的观点。新手总希望有一个定式，能让自己捉住趋势，其实这是对顺势而为理解最大的误区之一。重要的是你必须明白，趋势你捉不住它，它停不住，你又如何捉得住呢？人力是无法战胜趋势的。好比雷军说的一样："站在风口，猪都能飞起来。"趋势正是这个风口，你要做的是让自己站在风口，置身于趋势之中，让趋势带着你飞奔，而不是要捉住趋势，或者篡改趋势，或者创造趋势。

判断趋势很简单，就是风往哪里吹，哪里就是趋势的方向。你用眼睛看，市场在上涨，那趋势便是涨；市场在下跌，那便是下跌趋势。就这么简单，相信你自己眼睛看到的，而不是你脑子里猜测分析的，因为你无论怎么判断都可能出错，而市场永远不会出错，随市而行才是最强的顺势交易。

那分析是不是没有意义呢？当然不是！狭隘的思维总是认为方向对了，就能抓钱，亏钱都是因为方向错了。等你在市场摸爬滚打几年之后，就会明白当初的想法多么幼稚。行情判断对了，但亏钱的人一大把；行情判断错了，赚钱的人一样非常多。成功还是失败与判断行情对错无必然联系。交易不只是判断方向这一个要素，还有止损、加仓、出场等。分析的意义是综合所有要素，组建完善的交易系统，让你在判断错时少亏钱，判断对时赚大钱，或者减少你出错的次数，增加你盈利的次数等。

需要注意的是，你眼睛看到的应该是大的市场波动，趋势从来不会出现在短期杂波之中，千万不要让自己陷入超短期杂波之中，这一定不是顺势而为。如果新手不愿相信自己的眼睛（其实是很多新手无法理解，希望有一个定式），一定要给一个具体判断趋势的方法，那么可以用一个最简单的标准来判断，记住千万不要复杂化！市场趋势从来不复杂，复杂的往往是人心。

新手可以采用最简单的 60 日移动平均线来分辨趋势。价格在 60 日移动平均线之上，且 60 日移动平均线大幅朝上，则为上涨趋势；反之则为下跌趋势。尽管 60 日平均线不能总是将趋势 100% 预测准确，但它不失为最有效的判断趋势的方法之一。并且你要记住这是你对趋势理解过渡阶段的使用方法，一旦日后你真正理解趋势了，请你一定要眼见为实，永远随市。

1.9.4 追逐领头羊

1. 别买低价股

人们总是喜欢贪便宜的，对那些看起来昂贵的股票，会异常排斥，其实任何东西贵自然有其贵的道理，比如智能手机比老年机更贵，那是因为智能手机的功能更强大。从来不会有东西，无缘无故的贵，也从来不会有东西，无缘无故的便宜。那些看起来很便宜的股票，往往无人问津，之所以被市场不喜欢的原因，一定是其业绩不行、公司有问题或市场预期发展前景并不好。

新手进入市场之初，总喜欢捡那些几块钱的股票，对几十元、几百元的股，望而却步。但往往那些几块钱的股，没过多久就退市了，即便不退市，也持久不涨；而那些几十元的股，过一段时间可能 100 多元了，而那些几百元的股可能由于市场争抢着买，更是涨到了几千元。2019 年的贵州茅台就是最好的例子，当时我建议一个读者大胆买进，可以看到 2 500 元，可惜他看到茅台几百元的股价高耸入云，心理异常抵触，结果茅台硬是涨过了 2 600 元。

2. 别买弹性小的股

投资者总是害怕那些波动大的股票，总喜欢买那些波动小的股票。其实他们内心深处并不是因为喜欢波动小，而是因为自己没有止损概念，买入后总是会往死里抗单，不赚则不出。那些波动大的股票，如果买错了，短期会产生巨大的浮亏，所以让他们害怕；而那些波动小的股票，即使买错了，短期浮亏也不大，所以他们认为自己扛得住。

我们前面强调过市场是有趋势的，一旦股票进入下跌趋势，短期是不会结束的。即使你买了一个波动小的股票，短期看起来损失不会太大，但是很多弱势股票，它可以一连跌几个月，甚至连跌几年，就算波动再小，每天只跌一点，时间一长，一样是温水煮青蛙，最终还是大亏。

能不能赚钱，并非取决于买波动大的股票，还是买波动小的股票，而是取决于你赚钱的技术能力。并且，就算你具备赚钱的能力，如果你总是买波动小的股票，长时间地震荡，也会容易让你失去耐性，挫伤你的心态，那么哪怕你买对了，往往也赚不到钱，因为你等不到股票启动的时刻，就早早卖出了。

怎么看一个股票的弹性大小呢？这可以参考量能指标，比如成交量、换手率。在技术分析中，有一个公认的观点是，持续换手率高的股票，往往容易出黑马。所以别买弹性小的股票，这样可以让你的心态保持良好，也容易让你偶尔抓到黑马股，何乐而不为呢。让自己在毫无波动的股票中受煎熬，这是最不明智的。

3. 领头羊就是市场最强趋流

如果你不能在领头羊的股票上赢得利润，也就不能在整个股票市场赢得利润。

——利弗莫尔

领头羊也就是我们说的龙头股，龙头股一般极度活跃，备受市场关注。一只股票之所以受到市场广泛的青睐，很可能是它有利好消息、业绩预期好或市场对其发展前景极度看好，所以买这样的股票往往都会搭上价值投资的列车，让你赚到无法拒绝的利润。这样的股票往往风险更小，市场再涨，它容易大涨；市场再跌，它容易抗跌。

龙头股往往是众多庄家持有的、市场普遍看好的股票。被众多机构选中的股票一般代表市场的一种动向，若投资者与主力不谋而合，往往能降低系统风险，提高资金回报。

切记别买正在下跌的股票，那是投资失败的根源之一。在强势上涨中，宁愿在多头中等死，也不要在空头挣扎中找钱；在强势下跌中，宁愿空仓到老，也不要持多单与市场针锋相对。逆势交易，这几乎是所有失败投资者会犯的错误。买在低点还是卖在高点并不重要，顺势最重要，且买强势更重要。

1.9.5 保持耐心

除了知识以外，耐心比任何其他因素更为重要。

——利弗莫尔

1. 耐心等待最佳入场时机

在入场之前，一定要确定这是不是最好的时机，时机因素在利弗莫尔成功的投资中占据了举足轻重的地位。时机不是天天有，好的时机更不多，而新手总是喜欢每天交易，总想和工作一样，每天从市场领取工资，这种想法是错的，市场不可能每天都有最好的时机让你交易。一定要减少交易次数，提高交易质量，不要总是手痒，总想交易。频繁地进出，往往会加大犯错的概率，何不集中火力，只对一点出击，努力提高单次的交易质量，要么不赚，要么就多赚一些。

2. 耐心等待获利扩大，让利润奔跑

一旦上车不要轻易下车，市场最大的波动往往是最后的 48 小时，那时才能给你更多的利润。如果持仓获利了，那说明你判断对了，既然市场证明你已经正确了，就要敢于在正确的事情上赚更多的利润。多数投资者总是会卖掉赚钱的单子，而捂住亏损的头寸，这是愚蠢的做法。要相信趋势的力量，一旦某笔交易你赚了 10%，那么该笔交易让你赚 20%，甚至 30% 的概率，远远大于你重新开新仓。所以赚钱的头寸非常可贵，不要当作烂白菜一样，将其贱卖。

3. 耐心胜过好头脑

其实耐心远胜过头脑，每个人的资金都是有限的，所以你能交易的次数是有限的，应该耐心地等绝佳的机会出现，而不要轻率地作出决定。即便是天才，拥有非凡的智慧，具有非凡的技术，如果他总是不等最好的时机，就一头扎进市场，往往他的收益会连普通投资者都不如。任何优秀的交易方法，都不可能时时刻刻抓住市场的波动，唯有在市场特定状态下，才能盈利，而这个特定状态，是每个成功的投资者都需要去耐心等待的。

人的全部本来无非是耐心和时间的混合物，交易其实是一种艺术，当你拥有足够的耐心和付出足够的时间，你一定会比别人做得更好。如果你不能有耐心地等待成功的到来，那么你将不得不耐心地承受失败。

第二章　K　线

2.1　K 线定义

K 线又叫作蜡烛图或阴阳线，首次出现于日本米市，用来记录价格波动，因为其极细腻，可以描述一个时间段内的主要特征价格，所以逐渐成为记录价格波动的方法。K 线可以记录开盘价和收盘价。当开盘价＜收盘价时，K 线收阳线，反之是阴线。K 线还记录了从开盘价到收盘价期间到过的最高和最低的历史价格。

根据 K 线的计算周期可将其分为日 K 线、周 K 线、月 K 线、年 K 线。日 K 线是根据价格指数一天的走势形成的四个价位，即：开盘价、收盘价、最高价、最低价绘制而成的。

收盘价高于开盘价时，则开盘价在下收盘价在上，二者之间的长方柱用红色或空心绘出，称之为阳线；最高点到收盘价和最低点到开盘价的针状部分称为影线。

如图 2-1 所示，收盘价低于开盘价时，则开盘价在上收盘价在下，二者之间的长方柱用黑色或实心绘出，称之为阴线；最高点到开盘价和最低点到收盘价的针状部分称为影线。

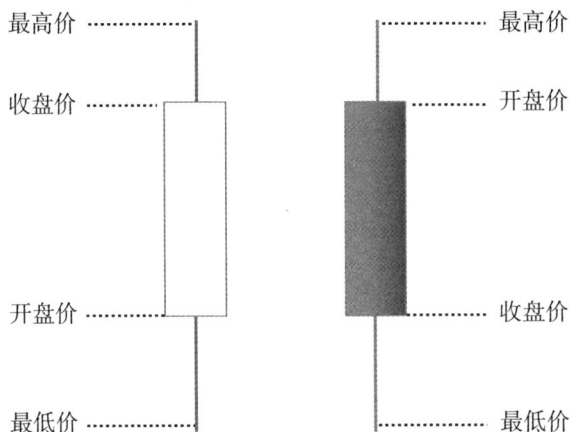

图 2-1　K 线

周 K 线是指以周一的开盘价，周五的收盘价，全周最高价和全周最低价来画的 K 线图。

月 K 线则以一个月的第一个交易日的开盘价，最后一个交易日的收盘价和全月最高价与全月最低价来画的 K 线图，同理可以推得年 K 线定义。

周 K 线、月 K 线常用于研判中期行情。对于短线操作者来说，众多分析软件提供的 5 分钟 K 线、15 分钟 K 线、30 分钟 K 线和 60 分钟 K 线也具有重要的参考价值。

在市场中，我们做多就是看涨价格，做空就是看跌价格。市场中参与的人们对价格的认知和参与的时间不一致就导致人们出现多空的分歧，所以时时刻刻我们都能看得到价格在成交变动，这种变动我们用 K 线连续地记录下来，就成了我们现阶段在交易软件中看到的 K 线图。这是一种市场参与者的博弈，也是企业价值的体现。

K 线记录价格走势，所以也反映市场的多空博弈情况。一根 K 线通过 4 个价格标记，让我们可以清晰地感受市场的博弈情况是如何变化的。一根阳线的博弈从开盘价就承接了上一根 K 线的博弈。先是市场情绪走弱，价格下跌，创出最低点后；然后价格持续攀升到最高点，创出最高点；后期从最高点回落，到收盘时间点记录下收盘价。这个阳 K 线就呈现出这样的一种多空变化博弈情况。

2.2 单根 K 线

2.2.1 大阳线

股票交易中有涨跌幅限制，10% 的涨幅就是涨停。那些超过 5% 以上的涨幅阳线，我们都可以称为大阳线。不过像波动性较差的股票，5% 以上的涨幅是非常少见的，比如银行股波动性比较小，我们将涨幅超过 3% 的 K 线称为大阳线。所以具体情况我们还是根据波动性来判断股价上涨后，是否为大阳线，如图 2-2 所示。

投资者在走势中经常能看到大阳线，其 K 线形态是开盘价和最低价接近，价格一路上涨到最高价附近收盘，多头力量强劲，涨势似乎没有停止，尤其是当大阳线出现在行情关键时间或者趋势模糊的时候，大阳线对未来的走向起到了指导意义。有些关键盘整区间出现大阳线脱离盘整，起到的更是决定性的作用，预示后市将展开反攻上涨。大阳线的实体越大，后市上涨概率越大。

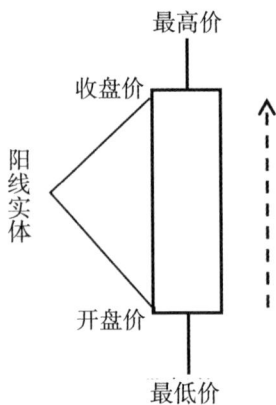

最高价

收盘价

阳线实体

开盘价

最低价

图 2-2　大阳线

图 2-3 为吉峰科技日线级别 K 线图，行情时间跨度为 2021 年 8 月 13 日到 2022 年 1 月 28 日，图中箭头所示，股价出现大阳线后，后市都发生了不同程度的上涨。

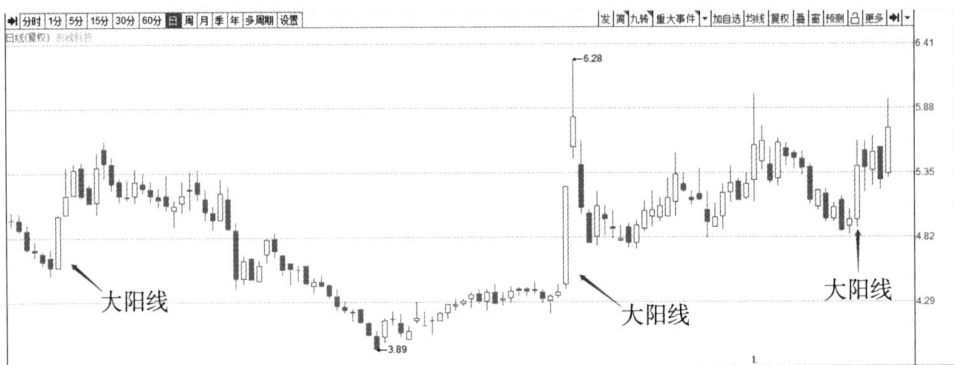

图 2-3　吉峰科技日线级别 K 线图

2.2.2　大阴线

大阴线是大阳线的对立面。

大阴线的特征是当天开盘价几乎接近最高价，空头力量强大，多头力量节节败退，无法组织起抵抗空头的核心力量，导致价格跌跌不休，最终收盘以接近最低价的地方收盘，如图 2-4 所示。

大阴线的意义有以下六种：第一种大阴线在上涨初期出现，有一定的可能是筹码集中者主动抛售股票，为的是给其他投资者营造一种在上涨过程中上涨无望和上涨不流畅的分析意愿，也就是洗筹码阶段会经常出现大阴线来营造下跌氛围。

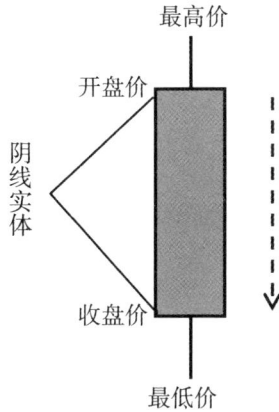

图 2-4　大阴线

第二种大阴线在上涨行情中出现，意味着行情深幅地回档，说明了多方主导力量开始出现撤退，这种情况下大阴线增加了上涨行情的复杂性，投资者需要更加谨慎地对待行情的上涨走势即回调过程中的多头买入机会。

第三种大阴线出现在上涨行情的顶端，意味着更多的盈利筹码获利了结及空头的集合反扑，就像投资者所说的"顶是尖的"一样，行情顶端出现大阴线快速下跌的概率非常高。上涨行情可能在朝着其他的行情走势发展，有可能开始进入震荡，有可能开始下跌行情。

第四种大阴线是在震荡区间突破的大阴线，行情震荡中枢下移，一根大阴线跌破震荡区间，这种情况意味着下跌才刚刚开始，行情从上涨转到震荡，再由震荡进入确定性的下跌行情。

第五种大阴线在下跌行情中出现，意味着行情的加速下跌。

第六种大阴线出现在下跌行情末端，大阴线的加速下跌表示了空头力量的完全释放，行情到了可能出现物极必反的阶段。

图 2-5 为天目湖日线级别 K 线图，行情时间跨度为 2020 年 9 月 14 日到 2021 年 10 月 18 日，图中箭头所示，股价在不同行情阶段出现的大阴线，代表着不同的意义。

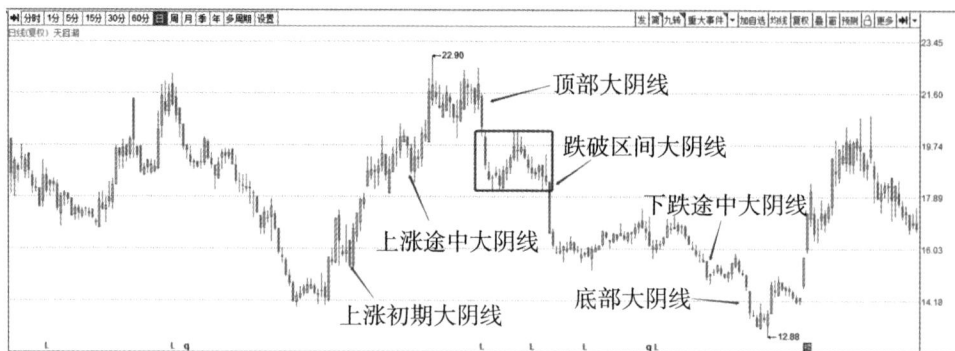

图 2-5　天目湖日线级别 K 线图

2.2.3　十字星

十字星是一种特殊的 K 线形态，如图 2-6 所示，开盘价和收盘价处在同一价格或者同一价格内一段非常狭小的区域内，总之就是开盘价和收盘价相差无几。

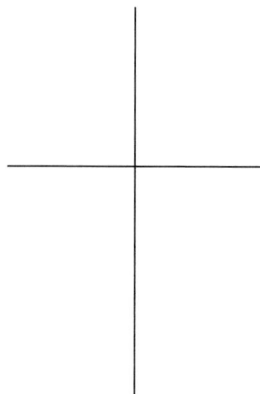

图 2-6　十字星

十字星是市场上 K 线走势形态中非常常见的一种形态，如图 2-7 所示，十字星会出现在 K 线走势的任何地方。在行情中部出现的十字星，往往行情会继续延续趋势运行；在行情的顶部或底部出现的十字星，往往预示行情即将反转。

图 2-7 为天能重工日线级别 K 线图，行情时间跨度为 2019 年 4 月 25 日到 2019 年 11 月 4 日。

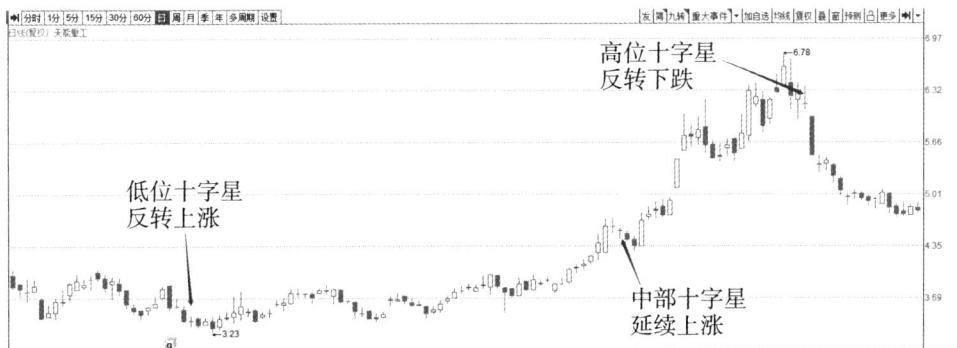

图 2-7　天能重工日线级别 K 线图

2.2.4　T 字型

T 字型分为正 T 字型和倒 T 字型两种，如图 2-8 所示。

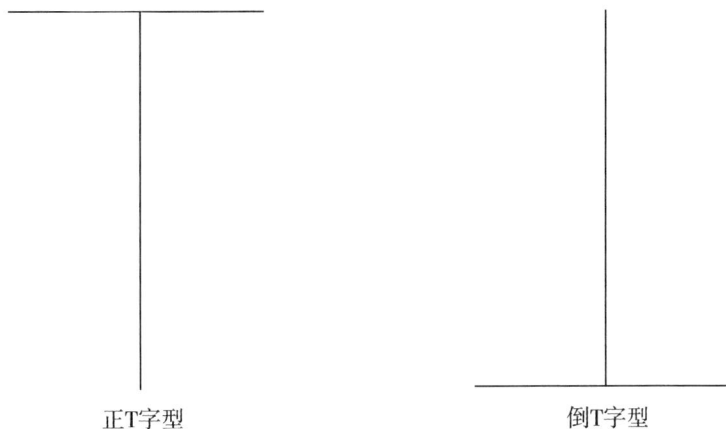

正T字型　　　　　　　　　　　倒T字型

图 2-8　T 字型

正 T 字型 K 线是只有下影线没有上影线的特殊 K 线。全天价格走势都是在开盘价以下运行，尾盘收盘的时候收盘价和开盘价重合。正 T 字型 K 线重点要放在下影线的长度上，下影线越长的 T 字型 K 线，代表的上涨意愿越强，往往预示短期反转上涨。

倒 T 字型 K 线是只有上影线，没有下影线的特殊 K 线。全天价格先走高，再回落，收盘落在了开盘价格上。倒 T 字型 K 线一样需要特别关注上影线的长度，上影线越长的倒 T 字型 K 线，代表下跌意义越强，往往预示短期反转下跌。

图 2-9 为中嘉博创日线级别 K 线图，行情时间跨度为 2017 年 11 月 7 日到

2018 年 8 月 13 日。

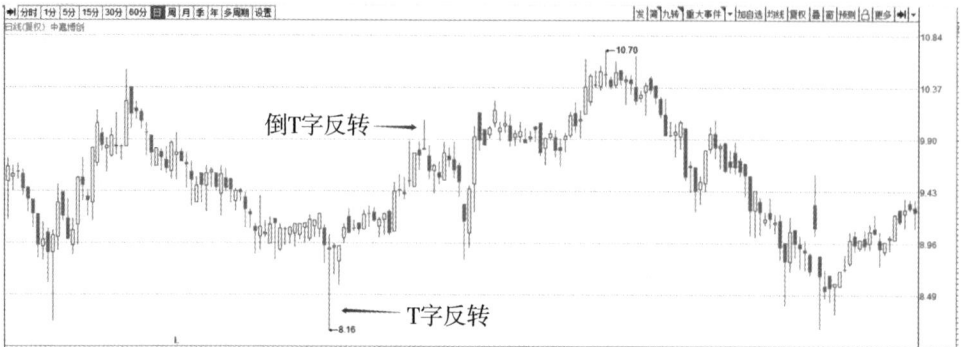

图 2-9　中嘉博创日线级别 K 线图

需要注意的是，在高位的 T 字型 K 线往往代表的是行情反转下跌，在低位的倒 T 字型 K 线往往代表的是行情反转上涨。

图 2-10 为安奈尔日线级别 K 线图，行情时间跨度为 2018 年 3 月 14 日到 2018 年 8 月 15 日。图中所示，股价在高位出现 T 字后，行情并没有上涨，而是反转下跌；在低位出现倒 T 字后，行情并没有下跌，而是反转上涨。

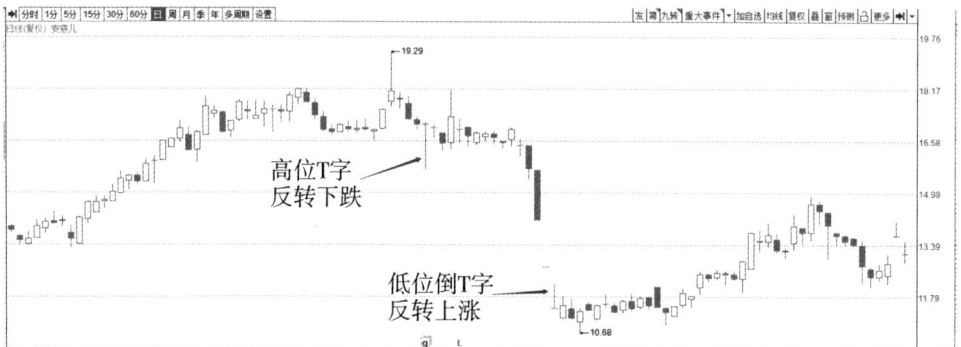

图 2-10　安奈尔日线级别 K 线图

2.2.5　锤子线

锤子线和 T 字线的博弈原理是一致的，锤子线分为正锤子线和倒锤子线。如图 2-11 所示，锤子线的表现为有一条长长的影线，股价的收盘价和开盘价非常接近，正锤子线的影线在 K 线实体下方，倒锤子线的影线在 K 线实体的上方，其中锤子线的实体可以是阳线也可以是影线。

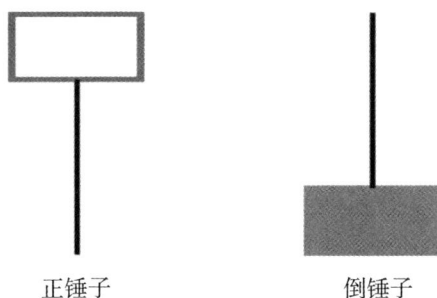

正锤子　　　　　　　　　　　　倒锤子

图 2-11　锤子线

锤子线在走势底部往往会反转上涨，影线越长，表示多头力度越强，反转概率越大；倒锤子线在走势顶部往往会反转下跌，影线越长，表示空头力度，越强反转概率越大。

图 2-12 为横店影视日线级别 K 线图，行情时间跨度为 2019 年 1 月 18 日到 2019 年 10 月 23 日。图中所示，股价出现倒锤子线后，行情反转下跌；股价出现正锤子线后，行情反转上涨。

图 2-12　横店影视日线级别 K 线图

需要注意的是，和 T 字型一样，高位的锤子线往往代表的是行情反转下跌，低位的倒锤子线往往代表的是行情反转上涨。

图 2-13 为翠微股份日线级别 K 线图，行情时间跨度为 2015 年 5 月 4 日到 2015 年 8 月 17 日。图中所示，股价在高位出现正锤子线后，行情并没有上涨，而是反转下跌；在低位出现倒锤子线后，行情并没有下跌，而是反转上涨。

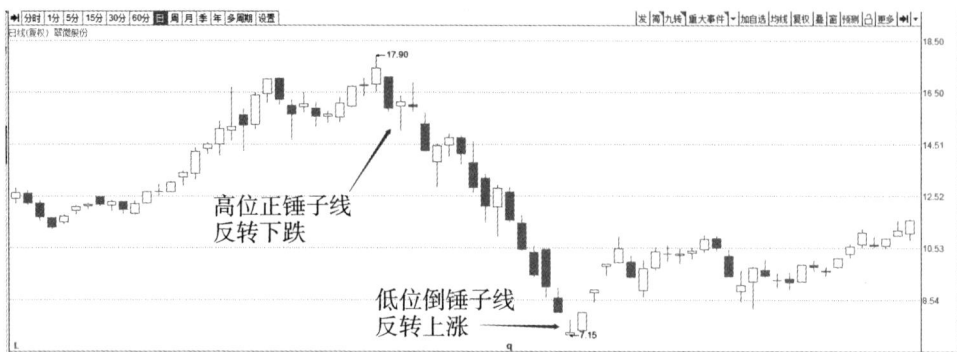

图 2-13　翠微股份日线级别 K 线图

2.2.6　光头阳线

如图 2-14 所示，光头阳线是指收盘价就是最高价，没有上影线或上影线相对 K 线实体很小的 K 线。

图 2-14　光头阳线

光头阳线代表了非常强的上涨意愿，哪怕到最后收盘，多头力量也在以更高的价格抢夺筹码，一般具有分析意义的是底部光头阳线和中部光头阳线。当光头阳线出现在低价位区域，预示为一轮上升行情的开始；当光头阳线出现在上升行情途中，表明后市继续看好。光头阳线的实体越大，看涨越强烈。

图 2-15 为爱婴室日线级别 K 线图，行情时间跨度为 2021 年 1 月 11 日到 2021 年 7 月 21 日。图中所示，股价在底部出现光头阳线后，行情继续跳升大涨；股价在行情中部出现光头阳线后，股价继续向上攀升。

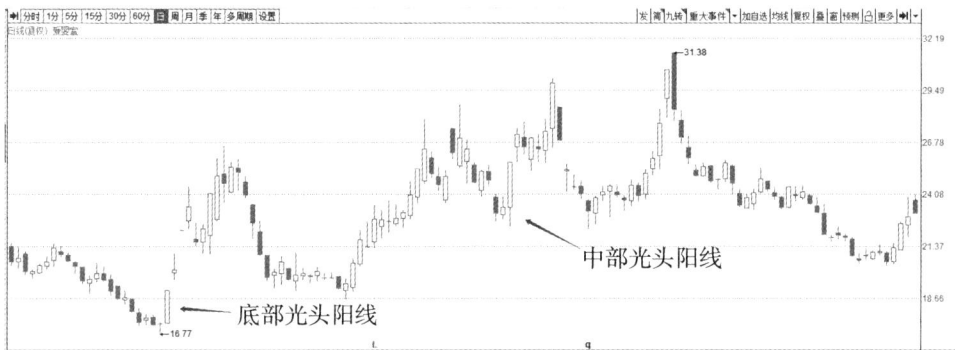

图 2-15　爱婴室日线级别 K 线图

2.2.7　光脚阴线

如图 2-16 所示，光脚阴线是指收盘价就是最低价，没有下影线或下影线相对 K 线实体很小的 K 线。

图 2-16　光脚阴线

光脚阴线说明空调力量非常强，尤其是抛压盘非常多，投资者都争着抢着在出货，一般具有分析意义的是底部光脚阴线和中部脚阴阳线。当光脚阴线出现在高价位区域，预示为一轮下跌行情的开始；当光脚阴线出现在下跌行情途中，表明后市继续看跌。光脚阴线的实体越大，看跌越强烈。

图 2-17 为创维数字日线级别 K 线图，行情时间跨度为 2018 年 5 月 4 日到 2018 年 11 月 8 日。图中所示，股价在高位出现了光脚阴线，代表上涨行情即将终结；股价在低位出现了光脚阴线，预示行情将继续下跌。

图 2-17　创维数字日线级别 K 线图

2.2.8　跳空

跳空不是 K 线，而是股票价格非流畅地上下跳动现象，指的是股票非连续报价的现象，即没有发生交易的区域。跳空缺口是指当股价受到重大利多或利空的影响后，出现较大幅度向上或向下跳动的现象，在行情图表中表现为 K 线不连续，出现了明显的空白缺口。在股票市场中，按照跳空的方向，可以将跳空分为上升缺口和下降缺口。向上跳空表明涨势非常强劲，向下跳空表明跌势非常惊人。跳空是明确趋势开始的重要标志，跳空缺口越大表示趋势越明朗。投资者运用好跳空技术，往往能抓到行情的起涨点（跳空起涨点交易体系可以参考《买在起涨点》）。

图 2-18 为创维数字日线级别 K 线图，行情时间跨度为 2021 年 8 月 26 日到2022 年 1 月 29 日。图中所示，2022 年 1 月 5 日股价高开形成上升缺口，2021 年9 月 28 日股价低开形成下降缺口。

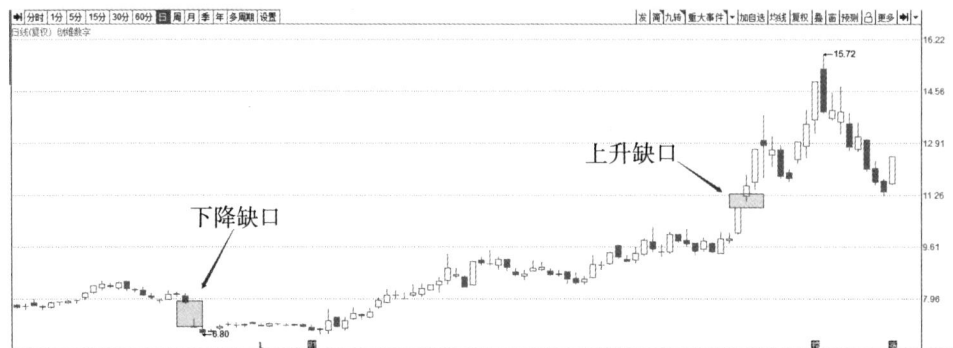

图 2-18　创维数字日线级别 K 线图

按照跳空的性质，可以将跳空分为四种，分别为普通性跳空、突破性跳空、持续性跳空和消耗性跳空。

普通性跳空通常意义不大，一般是发生在震荡行情中的小幅跳空，这类跳空极大的可能会被回补。

突破缺口是指股价以跳空的方式突破市场重要价位的情况，这个重要价位一般是市场的支撑或阻力，比如前期高低点、整数关口、密集成交区、形态颈线等。突破缺口越大，价格向跳空方向的趋向越明确，此类跳空缺口不容易短时间内被回补。

持续性跳空，是突破性缺口之后出现的缺口，通常是在股价突破重要价位后至下一个反转或整理形态的中途出现，代表了非常明确和非常强的趋向。

消耗性跳空也叫作衰竭性跳空，多出现在行情走势尾端，是一种迷惑性的趋向力量走势，也可以说是一种强弩之末的回光返照，此类跳空很快就被回补。

图 2-19 为贵广网络日线级别 K 线图，行情时间跨度为 2018 年 12 月 26 日到 2022 年 1 月 29 日。图中所示，股价突破前期高点压力，形成突破性缺口，随后又继续跳空形成持续性缺口，在股价快要见顶时，向上最后一跳，形成消耗性缺口，随后价格见顶大幅下跌，在底部震荡期间又小幅向下跳空形成普通型缺口。

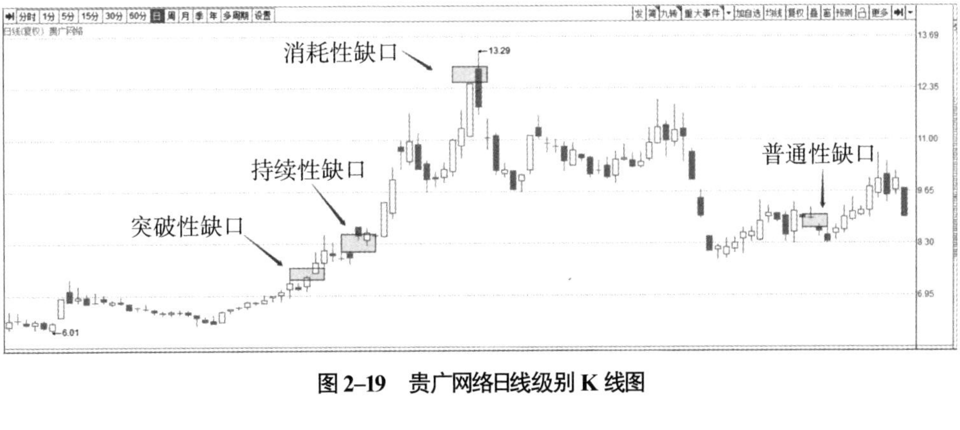

图 2-19　贵广网络日线级别 K 线图

2.3　小型 K 线组合形态

2.3.1　假阳线和假阴线

假阳线是指行情向下跳空，当日 K 线收盘价高于开盘价，但却低于上一个交易日的收盘价的情况。K 线虽然标记为是阳 K 线，但和前一天收盘价相比是下跌的。当行情出现假阳线后，后市大概率继续下跌。

假阴线是指行情向上跳空，当日 K 线收盘价低于开盘价，但却高于上一个交易日的收盘价。K 线虽然标记为是阴 K 线，但和前一天收盘价相比是上涨的。当行情出现假阳线后，后市大概率继续上涨，如图 2-20 所示。

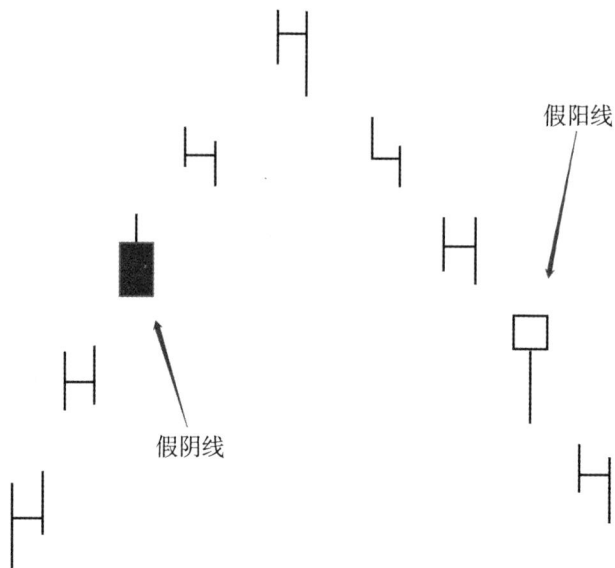

图 2-20　假阳线和假阴线

正常情况下，投资者非常容易辨别 K 线是阳线还是阴线，但当行情出现跳空时，就会出现假阳线或假阴线以迷惑投资者。

图 2-21 为东方电缆日线级别 K 线图，行情时间跨度为 2015 年 4 月 27 日到 2015 年 8 月 11 日。

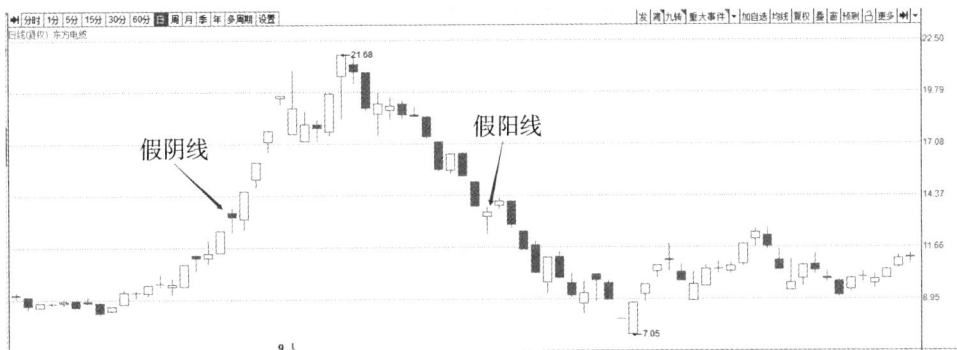

图 2-21 东方电缆日线级别 K 线图

2.3.2 刺透

刺透形态是由两根蜡烛线组成，第一天是一根大阴线，第二天是一根大阳线，且后面一根 K 线低开高走，并站在前一根阴线实体的 1/2 以上，如图 2-22 所示。

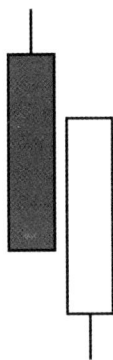

图 2-22 刺透形态

刺透形态主要有以下三个重点：

（1）市场处于下降趋势中，第一天是一根大阴线。

（2）第二天出现一根大阳线，且它的开盘价低于第一天的最低价。

（3）第二天的收盘价应该高于第一天大阴线实体的 1/2 以上。

图 2-23 为醋化股份日线级别 K 线图，行情时间跨度为 2018 年 8 月 20 日到 2019 年 5 月 24 日。图中所示，股价在行情末尾，跳空下跌，但是低开高走，最

后以大阳线收盘，股价穿过前一日阴实体的一半以上，形成了刺透形态，揭示阶段性低点的到来，多头力量开始变强。

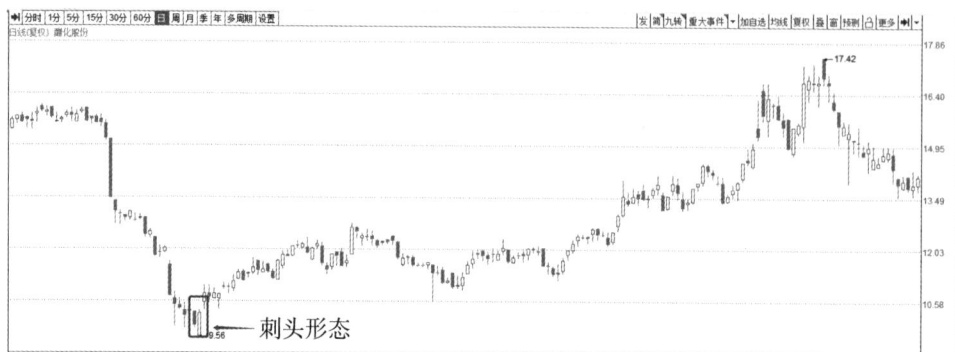

图 2-23　醋化股份日线级别 K 线图

2.3.3　乌云盖顶

乌云盖顶与刺透形态相反，是由两根蜡烛线组成，第一天是一根大阳线，第二天是一根大阴线，且后面一根 K 线高开低走，并跌破前一根阳线实体的 1/2 以上，如图 2-24 所示。

图 2-24　乌云盖顶

乌云盖顶主要有以下三个重点：

①市场处于上升趋势中，第一天是一根大阳线。

②第二天出现一根大阴线，且它的开盘价高于第一天的最低价。

③第二天的收盘价应该低于第一天大阳线实体的 1/2 以上。

图 2-25 为醋化股份日线级别 K 线图，行情时间跨度为 2015 年 5 月 9 日到 2016 年 11 月 14 日。图中所示，在多头反弹过程中出现了乌云盖顶 K 线形态，

揭示了卖方力量强，反弹不可持续，形成了阶段性高点。

图 2-25　醋化股份日线级别 K 线图

2.3.4　吞没

K 线吞没形态就是后一根方向完全相反的 K 线包裹了前一根 K 线的区间。吞没代表的是后面 K 线反应的博弈力量更强大，把前面 K 线都给包裹住了。吞没形态分为阳包阴形态和阴包阳形态。阳包阴形态顾名思义就是一根大阳线把前面一根阴线 K 线包裹住了，市场多头力量强劲，也称看涨吞没。阴包阳形态顾名思义就是一根大阴线把前面一根阳线 K 线包裹住了，市场空头力量强劲，也称看跌吞没，如图 2-26 所示。

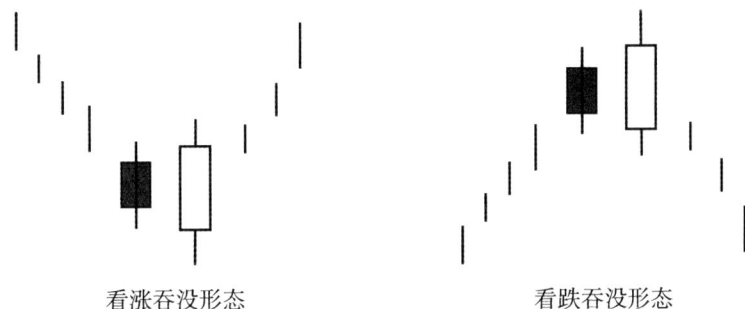

看涨吞没形态　　　　　　　　　　看跌吞没形态

图 2-26　吞没

吞没主要有以下三个重点：

①在看涨吞没形态之前，价格运动必须处在清晰可辨的下降趋势之中；在看涨跌没形态之前，价格运动必须处在清晰可辨的上涨趋势之中。

②看涨吞没形态必须由两条根线组成，其中第二根 K 线的实体必须覆盖第一根 K 线的实体（但不一定需要吞没第一条的上下影线）；看跌吞没形态必须由

两条根线组成，其中第二根 K 线的实体必须覆盖第一根 K 线的实体（但不一定需要吞没第一条的上下影线）。

③在吞没形态中，第二天的实体伴有超额的交易量，这种情形吞没的有效性会增加；在吞没形态中，第二天的实体向前吞没的实体不止一个，则吞没的有效性也会增加。

出现在行情底部的看涨吞没，往往预示后市即将反转上涨；出现在行情顶部的看跌吞没，往往预示后市即将反转下跌。

图 2-27 为达意隆日线级别 K 线图，行情时间跨度为 2015 年 8 月 12 日到 2016 年 8 月 2 日。图中所示，股价在底部形成看涨吞没形态，表明多头力量远远强于空头力量，后市价格将反转走高；股价在高位形成看跌吞没形态，表明空头力量远远强于多头力量，后市价格将反转下跌。

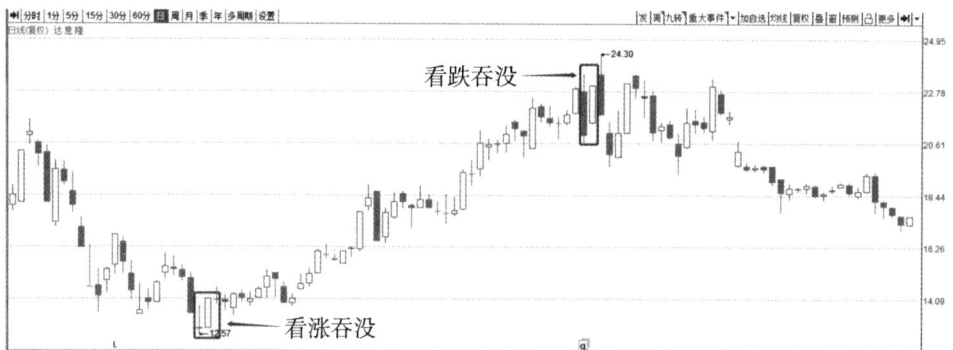

图 2-27　达意隆日线级别 K 线图

2.3.5　早晨之星和黄昏之星

1. 早晨之星

早晨之星又称黎明之星和希望之星，是由一根阴线、一根十字星（可以是类十字星 K 线，也可以有跳空）和一根阳线，三根 K 线有序排列形成的 K 线形态，如图 2-28 所示，其中阴线和阳线至少都是中等级别，越大越好，寓意着价格跌势将尽，处在拉升初期，行情即将摆脱阴影，走向光明。

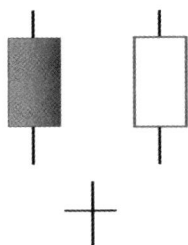

图 2-28　早晨之星

图 2-29 为日科化学日线级别 K 线图，行情时间跨度为 2018 年 1 月 3 日到 2018 年 3 月 23 日。图中所示，股价在低位形成早晨之星，随后价格大幅上升。

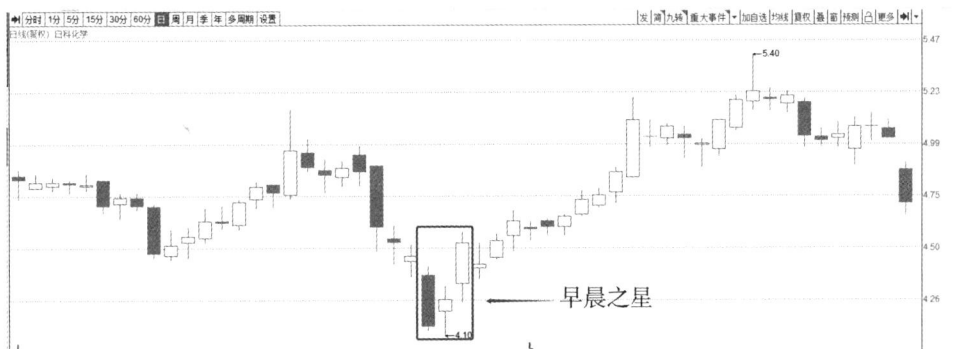

图 2-29　日科化学日线级别 K 线图

2. 黄昏之星

黄昏之星与早晨之星相反，是由一根阳线、一根十字星（可以是类十字星 K 线，也可以有跳空）和一根阴线，三根 K 线有序排列形成的 K 线形态，如图 2-30 所示，其中阴线和阳线至少都是中等级别，越大越好，寓意着价格涨势将尽，处在下跌初期，行情逐渐进入黑暗，步入空头。早晨之星和黄昏之星都是行情走势中非常明确的反转信号。

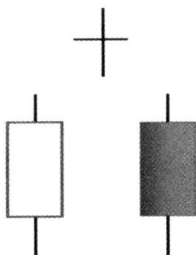

图 2-30　黄昏之星

图 2-31 为雪松发展日线级别 K 线图，行情时间跨度为 2021 年 7 月 19 日到 2021 年 10 月 8 日。图中所示，股价在高位形成黄昏之星，随后价格见顶持续下跌。

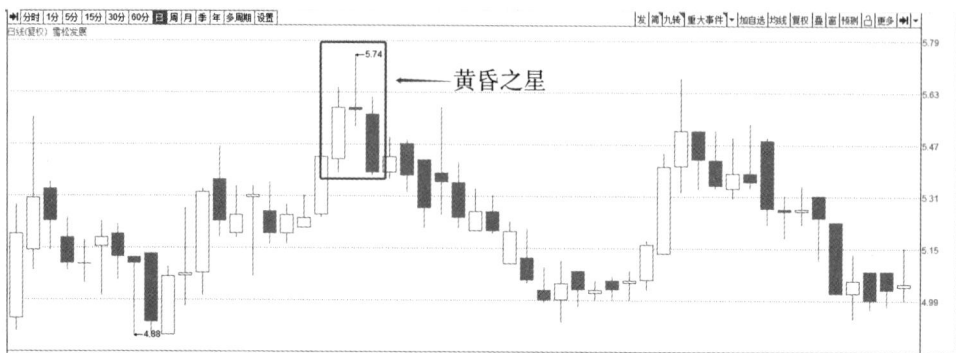

图 2-31　雪松发展日线级别 K 线图

2.3.6　红三兵和三只乌鸦

1. 红三兵

价格在底部区域，连续拉出三根阳线，且满足以下五个条件的形态称为红三兵，如图 2-32 所示。

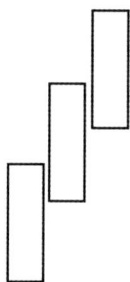

图 2-32　红三兵

①每天的收盘价高于前一天的收盘价。

②每天的开盘价在前一天阳线的实体之内。

③每天的收盘价在当天的最高点或接近最高点。

④三根阳线实体部位一般等长。

⑤第一根阳线的实体部分，最好高于上日的最低价位。

红三兵意味着价格连续地推升，是多头力量强大的表现。当股价经过一轮下跌之后，如果在低位形成红三兵形态，一般是市场强烈的反转信号；如果股价经过较长时间的盘整后，出现红三兵形态，并且伴随成交量的逐步放大，往往是股票启动的前奏。

图 2-33 为科隆股份日线级别 K 线图，行情时间跨度为 2018 年 12 月 11 日到 2019 年 4 月 3 日。图中所示，股价在低位，连续拉了三根阳线，虽然第二根阳线没有开盘在第一根阳线实体之内，我们一样认为是具有强烈看涨意义的红三兵。实际上，完全标准的形态是非常少见的，第二根阳线跳空上涨更能说明股价多头强劲，并且如果将三根阳线组合起来，就会形成一根大阳线，吞没了红三兵之前的大阴线，相当于完美的看涨突破，进一步提高了红三兵反转的概率。图中可见，股价随后连续上升。

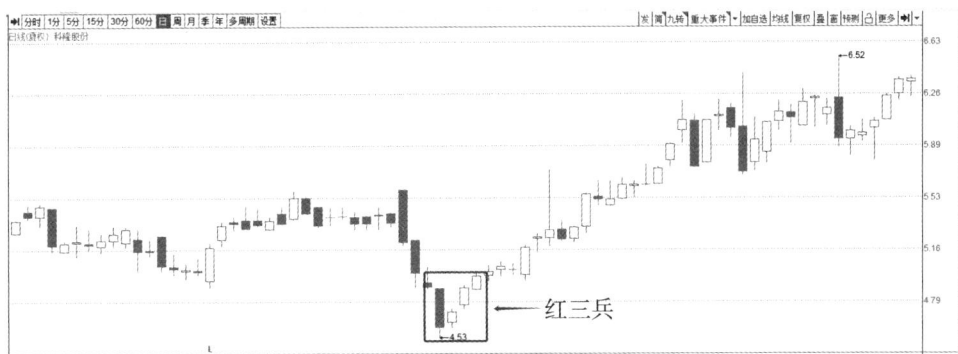

图 2-33 科隆股份日线级别 K 线图

2. 三只乌鸦

在顶部区域，价格开始下跌，连续拉三根阴线，且满足以下五个条件的形态称为三只乌鸦，如图 2-34 所示。

图 2-34 三只乌鸦

①每天收盘价都低于前一天收盘。

②每日的开盘价都在前一天阴线的实体部分之内。

③每天的收盘价在当天的最低点或接近最低点。

④三根阴线实体部位一般等长。

⑤第一根阴线的实体部分，最好低于上日的最高价位。

三只乌鸦意味着价格连续地打压，是空头力量强大的表现。当股价经过一轮上涨之后，如果在顶高位形成三只乌鸦形态，一般是市场强烈的反转信号。

图 2-35 为雷迪克日线级别 K 线图，行情时间跨度为 2020 年 10 月 26 日到 2021 年 1 月 7 日。图中所示，股价在高位，连续拉了三根阳线，形成三只乌鸦形态，随后股价持续下跌。

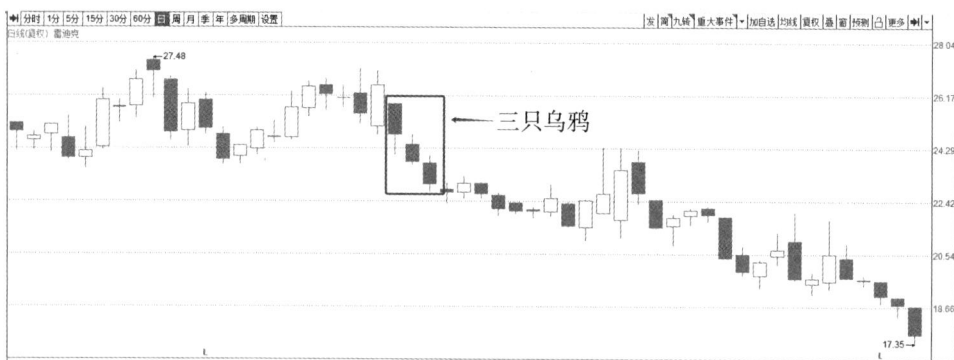

图 2-35　雷迪克日线级别 K 线图

第三章　K线形态

K线的走势形态是大型的 K 线组合形态，比小型 K 线组合形态的意义性更强，大型 K 线形态成立后，往往后市的波幅远远大于小型 K 线组合形态。我们说的小型 K 线组合形态是指上一章讲到的假阳线和假阴线、刺透、乌云盖顶、吞没、早晨之星和黄昏之星、红三兵和三只乌鸦等，而大型 K 线组合形态是指 V 形、弧形、W 形、头肩形和三角形等。

3.1　V　形

3.1.1　V形定义

V 形是指股价呈现像"V"字一样的走势，是价格快速来回运动而形成的一种形态。V 形可以分为正 V 形（也称 V 形底）和倒 V 形（也称 V 形顶），如图 3-1 所示，在 V 形顶形成过程中，成交量会急剧放大。正 V 形出现在市场底部时，是强烈的反转上涨信号；倒 V 形出现在市场顶部时，是强烈的反转下跌信号。V 形出现在市场中部一般意义不大，且 V 形越深反转力度会越强，V 形角度越小反转力度越强。

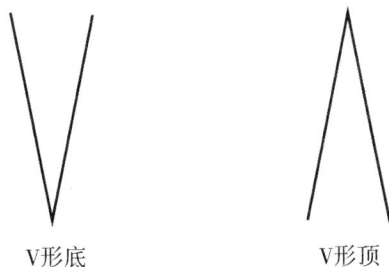

V形底　　　　　　　　　　V形顶

图 3-1　V 形

3.1.2　V形买卖原则

由 V 形底左边的高点，引一条水平线为 V 形底的颈线，当股价突破颈线时，为买入信号；由 V 形顶左边的低点，引一条水平线为 V 形顶的颈线，当股价跌破颈线时，为卖出信号。当颈线突破时，配合成交量放大，则形态的有效性更高。

图 3-2 为天奥电子日线级别 K 线图，行情时间跨度为 2019 年 11 月 19 日到 2020 年 6 月 10 日。图中所示，股价在行情底部形成 V 形底，当价格继续突破颈线，就可以买入，图中可见，股价随后继续上涨；股价在行情顶部形成 V 形顶，当价格继续跌破 V 形颈线，就应当及时卖出，图中可见，股价随后延续下跌。

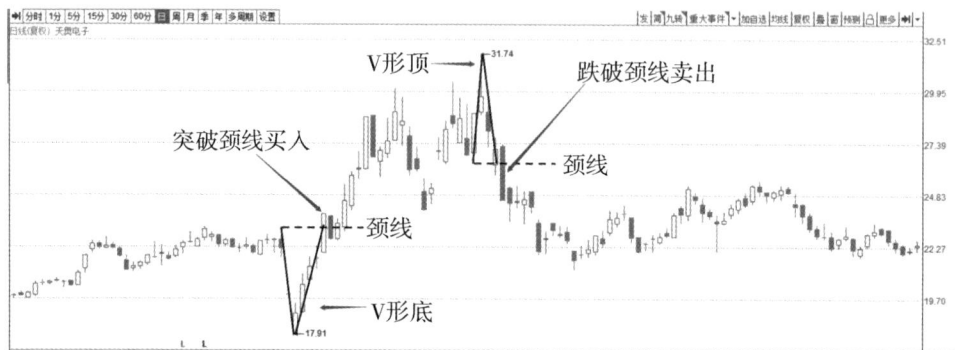

图 3-2　天奥电子日线级别 K 线图

3.2　弧　形

3.2.1　弧形定义

弧形是指股价在市场底部或顶部慢慢构建一个圆弧一样的形态，一般表示筑底或筑顶，后期大概率反转，弧形分为圆弧底和圆弧顶，如图 3-3 所示。股价在行情底部形成圆弧底时，是强烈的反转上涨信号；股价在行情顶部形成圆弧顶时，是强烈的反转下跌信号。当圆弧越圆时，则反转效果越好。

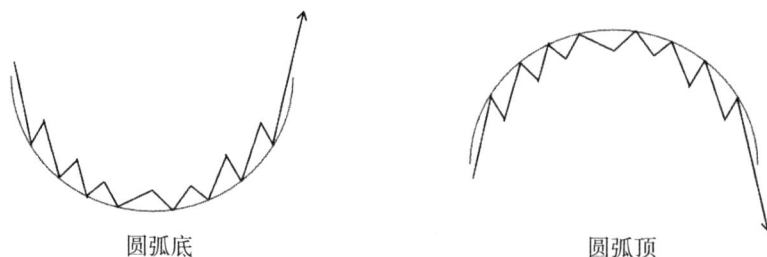

圆弧底　　　　　　　　　　圆弧顶

图 3-3　弧形

3.2.2　弧形买卖原则

由圆弧底左边的高点，引一条水平线为圆弧底的颈线，当股价突破颈线时，为买入信号；由圆弧顶左边的低点，引一条水平线为圆弧顶的颈线，当股价跌破颈线时，为卖出信号。当颈线突破时，配合成交量放大，则形态的有效性更高。

图 3-4 为力盛赛车日线级别 K 线图，行情时间跨度为 2020 年 11 月 3 日到 2021 年 5 月 13 日。图中所示，当股价跌破圆弧顶颈线时，应及时卖出，图中可见，股价随后连续跌停；当股价突破圆弧底颈线时，应该大胆买入，图中可见，股价随后震荡上升。

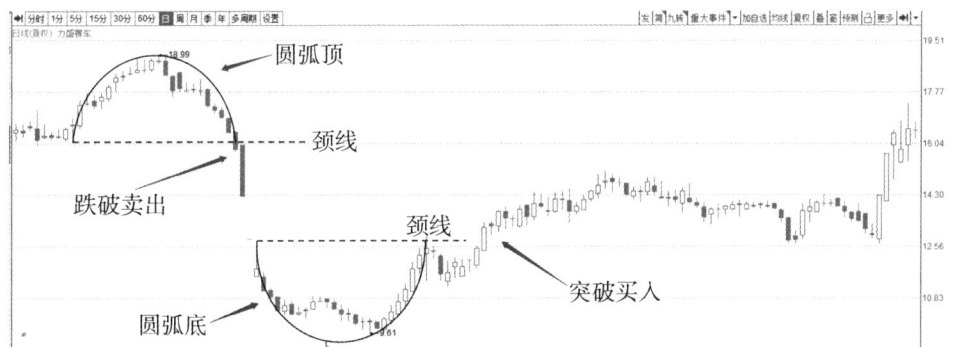

图 3-4　力盛赛车日线级别 K 线图

3.3　W　形

3.3.1　W 形定义

W 形是指股价像 W 或 M 一样的形态，W 形分为 W 底和 M 顶，如图 3-5 所示。股价在行情底部形成 W 底时，是强烈的反转上涨信号；股价在行情顶部形成 M 顶时，是强烈的反转下跌信号；W 底和 M 顶出现在中部时，一般意义不大。

当股价形成 W 底时，并没有继续上涨，而是再次回落至测试低点，然后再度反弹回升，这时就形成了三重底。同理，如果股价多次测试 W 的低点支撑不破，则会形成多重底，这相当于是一个底部箱体形态。

当股价形成 M 顶时，并没有继续下跌，而是再次反弹测试高点，然后再度受阻下跌，这时就形成了三重顶。同理，如果股价多次测试 M 的高点支撑不破，则会形成多重顶，这也相当于是一个顶部箱体形态。

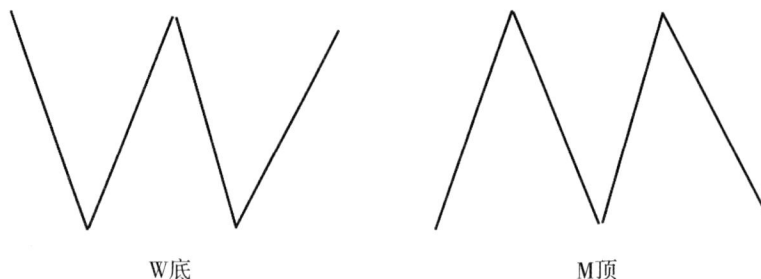

图 3-5　W 形

3.3.2　W 形买卖原则

由 W 底反弹的高点，引一条水平线为 W 底的颈线，当股价突破颈线时，为买入信号；由 M 顶回撤的低点，引一条水平线为 M 顶的颈线，当股价跌破颈线时，为卖出信号。

图 3-6 为维力医疗日线级别 K 线图，行情时间跨度为 2016 年 3 月 31 日到 2016 年 12 月 27 日。图中所示，当股价突破 W 底颈线时，应买入股票，图中可见，股价随后震荡上涨；当股价跌破 M 顶颈线时，应该快速卖出，图中可见，股价随后急速下跌。需要强调的是，图中的 W 底右边的低点比左边的低点要低一些，这种情形我们称为破底翻，W 底二次回撤的时候创了新低，这会吓跑一些意志不坚定的投资者。破底翻的效果往往会比普通 W 底更好。

图 3-6　维力医疗日线级别 K 线图

3.4 头肩形

3.4.1 头肩形定义

头肩形顾名思义就是像人的一个头和两个肩膀的 K 线形态。头肩形是由一个主跌势或主升势隔开两个不一定相同的弱跌势（肩部）或弱升势（肩部）所组成的形态，头肩形分为头肩底和头肩顶，如图 3-7 所示。股价在行情底部形成头肩底，是强烈的反转上涨信号；股价在行情顶部形成头肩顶，是强烈的反转下跌信号。头肩形的反转力度往往大于 W 形，其形态的成功率一般也会高于 W 形。

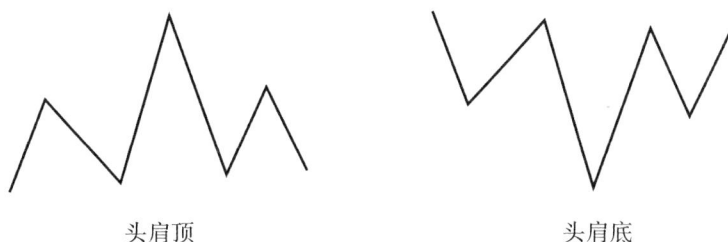

头肩顶 头肩底

图 3-7 头肩形

3.4.2 头肩形买卖原则

头肩底反弹的两个峰连接成的直线，为头肩底的颈线，当股价突破颈线时，为买入信号；头肩顶回撤的两个谷连接成的直线，为头肩顶的颈线，当股价跌破颈线时，为卖出信号。

图 3-8 为亚通股份日线级别 K 线图，行情时间跨度为 2020 年 11 月 6 日到 2021 年 5 月 18 日。图中所示，当股价突破头肩底颈线时，应果断买入股票，图中可见，股价随后大幅上升。

图 3-9 为康达新材日线级别 K 线图，行情时间跨度为 2020 年 5 月 13 日到 2022 年 1 月 30 日。图中所示，当股价突破头肩底颈线时，应果断买入股票，图中可见，股价随后强势上升。需要强调的是，图中的颈线是朝上的，表明股价在头肩形整理过程中，表现得比较强势，做多意愿较强，预示后市上涨概率较高，且上涨空间也会比较大。

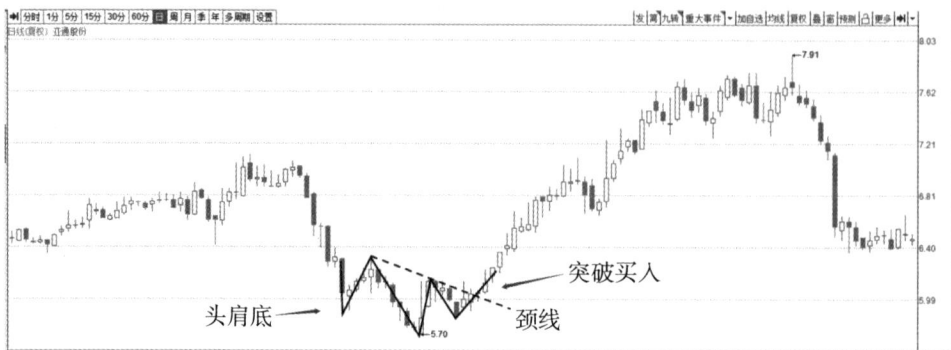

图 3-8　亚通股份日线级别 K 线图

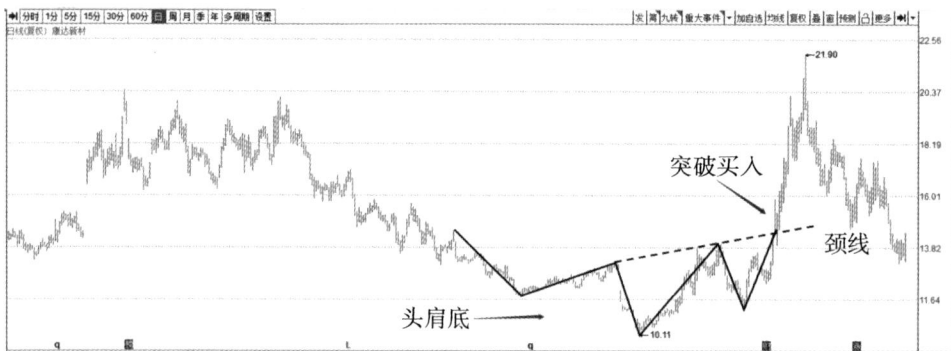

图 3-9　康达新材日线级别 K 线图

图 3-10 为锐奇股份日线级别 K 线图，行情时间跨度为 2021 年 1 月 18 日到 2022 年 1 月 30 日。图中所示，当股价突破头肩顶颈线时，应抛售股票，离场观望，图中可见，股价随后加速下跌。

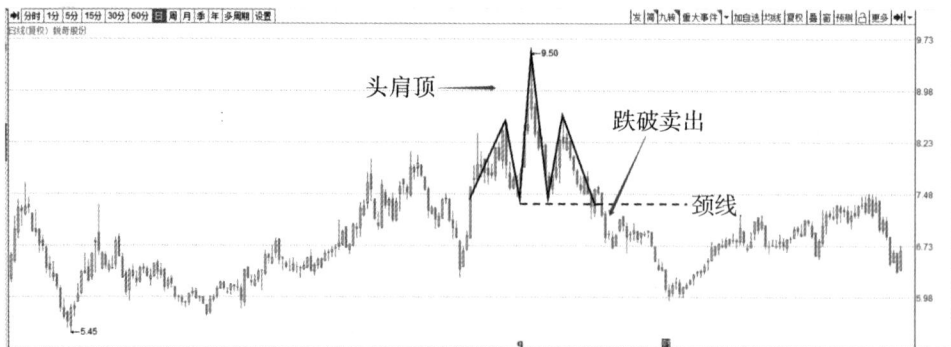

图 3-10　锐奇股份日线级别 K 线图

3.5　三角形

3.5.1　三角形定义

三角形态是一种收敛一点的中性整理形态，其有很多变体，比如三角旗形、对称三角形、下降三角形、上升三角形、楔形等。三角形一般出现在行情中部，往往会顺势突破，属于行情中继形态，当然有时候也会出现在行情顶部或底部，朝行情的反向突破。

还有一种整理形态是扩张的三角形，该形态是一种贪婪的表现，往往会下跌，因此扩张三角形大多处于行情的顶部或下跌途中，很少会出现在行情的底部或上涨途中，如图 3-11 所示。

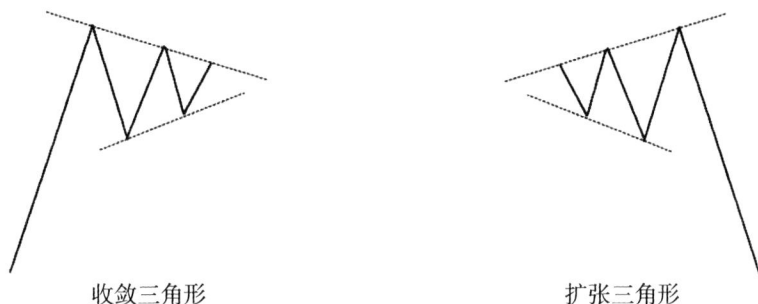

收敛三角形　　　　　　　　　　扩张三角形

图 3-11　三角形

3.5.2　三角形买卖原则

当股价突破收敛三角形时，顺势买入或卖出股票；当股票出现扩散三角形整理时，应提前卖出或减仓，规避下跌风险。

图 3-12 为美的集团日线级别 K 线图，行情时间跨度为 2018 年 5 月 23 日到 2019 年 8 月 13 日。图中所示，股价跌破左边三角形时，应该卖出股票，规避风险，图中可见，股价随后大幅下跌；突破右边三角形时，应积极入市，图中可见，股价跳空击穿三角形的上边线压力，然后高开高走，一买就赚。

图 3-13 为岳阳林纸日线级别 K 线图，行情时间跨度为 2021 年 1 月 15 日到 2022 年 1 月 28 日。图中所示，股价出现扩散三角形整理形态时，应当保持谨慎，不应盲目入市，这种形态往往最后都会下跌。图中可见，股价最后，见顶下跌。

图 3-12　美的集团日线级别 K 线图

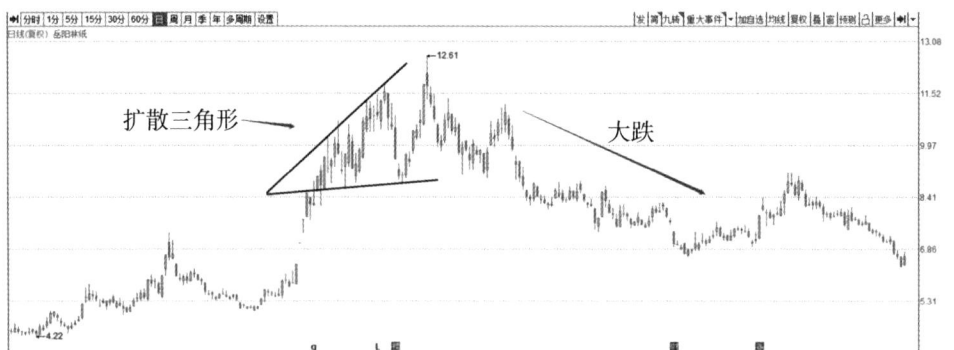

图 3-13　岳阳林纸日线级别 K 线图

本节重点提示：虽然每种 K 线形态，都有其预测意义，但是投资的最高境界没有预测，不带有任何关键点，尤其是在运用形态的时候，不应该提前进场，应该等形态突破颈线后再买入，这样更加稳妥。严格意义上说，形态没有一个确定的突破方向，W 底既可以朝上突破，也可以朝下突破，因此等行情出现明显突破的时候，再去参与，获胜概率会更高。因为市场才是最准确的方向，永远随市而行。要谨记，分析判断不一定准确，但是市场永远正确，追随市场，你就追随了高概率。

第四章　量能指标

4.1　成交量

4.1.1　成交量简介

成交量是股票供需的具体表现，指在一个时间单位内某只股票成交的数量。量是技术分析里面非常重要的指标，表示市场情绪的活跃程度，用于印证市场走势，其公式为：

$$VOL = \sum nV_i/N$$

其中，i=1，2，3，…，n；N= 选定的时间参数，如 10 或 30；V_i 为 i 日成交量。

投资者可以配合相对价格和结构进行分析。成交量的大小直接表明多空双方对市场某一时刻的技术形态最终的认同程度，成交量大就是需求和供给匹配的量大，成交量小就是需求和供给匹配的量小。

图 4-1　贵州茅台日线级别 K 线图

威科夫的基本交易方法就是使用价格、成交量和速度等元素，其认为市场的一切波动都是部分人人为的，这类人在市场上吸收筹码、派发筹码，价格的涨跌和震荡都与他们的操控密切相关。单纯地看量或者看价格参考意义是不大的，把量和价格结合起来就有了威力，把其变化和变化背后的原因挖掘出来供我们交易的时候参考，就能体现巨大的威力。

图 4-1 为贵州茅台日线级别 K 线图，行情时间跨度为 2021 年 6 月 3 日到 2022 年 1 月 31 日，图中箭头所示，即为成交量指标。

4.1.2 成交量的作用

（1）成交量能使股价上升，也能使股价下跌

在上升趋势中，成交量增加时，股价容易上涨；成交量减少时，股价容易产生回调。

图 4-2 为和顺电气日线级别 K 线图，行情时间跨度为 2021 年 1 月 18 日到 2022 年 1 月 28 日。图中所示，和顺电气股价在上涨趋势中，当成交量下跌时，股价也会跟着下跌；当成交量上涨时，股价也会跟着上涨。

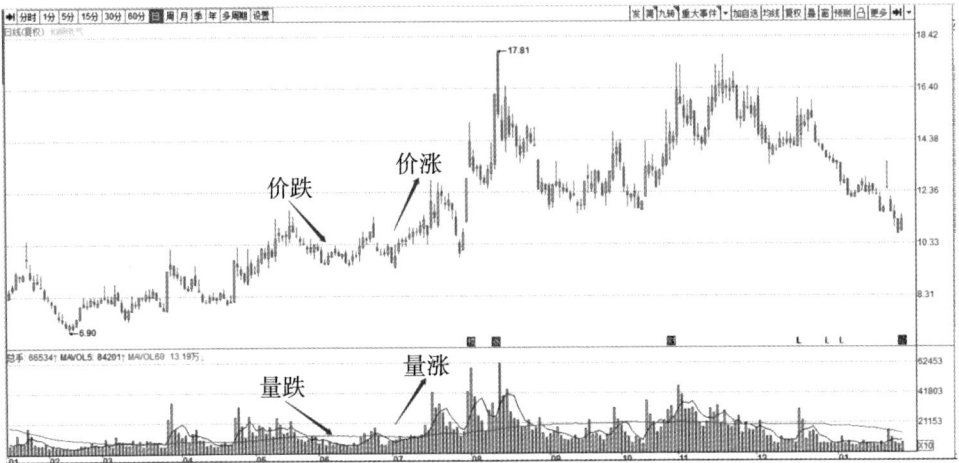

图 4-2　和顺电气日线级别 K 线图

（2）在下跌趋势中，成交量减少时，股价容易产生反弹

图 4-3 为潜能恒信日线级别 K 线图，行情时间跨度为 2021 年 1 月 18 日到 2022 年 1 月 28 日。图中所示，股价在每轮下跌过程中，成交量不断减少，股价之后都有不同程度的反弹，甚至反转。

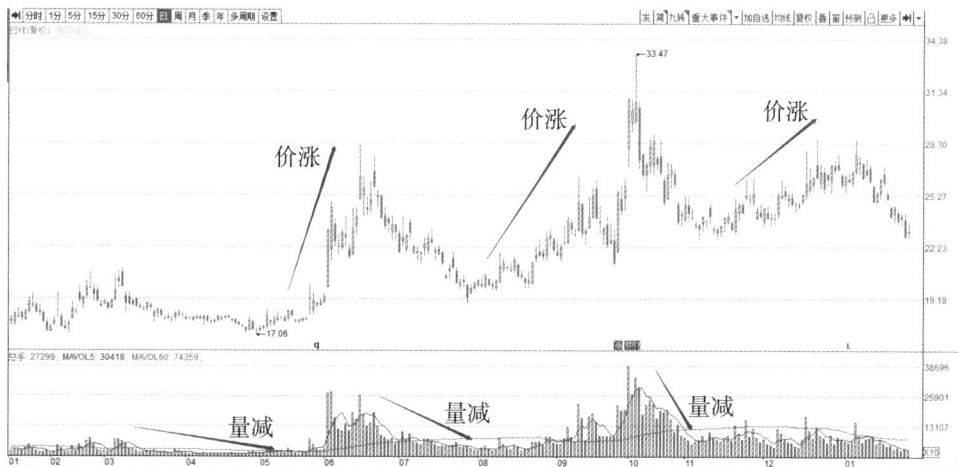

图4-3 潜能恒信日线级别K线图

（3）成交量变化八阶律

①量增价平，转阳信号。

股价在低位出现成交量增加而股价企稳的现象，一般是在底部积累上涨动力，很可能是有主力在吃货，可以适量买入待涨。

②量增价升，买入信号。

放量上涨是极其强烈的买入信号，也是中短线投资者的最爱，更是多头发力最常见的模式，此时应该积极进场。

③量平价升，持续买入。

成交量保持不变，股价温和上升，此时可以适当参与。

④量减价升，继续持有。

缩量上涨一般出现在上涨的中期，股价已经有了相当程度的涨幅，但仍有空间，有时候在上涨之初也会出现，可以继续持股。

⑤量减价平，警戒信号。

股价经过较长时间的上涨之后，涨幅已经很大，此时缩量横盘整理，是警戒出货的信号。

⑥量减价跌，卖出信号。

缩量下跌是强烈的卖出征兆，这种情况一般都是无量阴跌，底部的出现遥遥无期，一直会跌到多头彻底丧失信心斩仓认赔。

⑦量平价跌，继续卖出。

虽然成交量不再减少，但是股价加速下滑，此时应该继续卖出，千万不要想着抄底买入。

⑧量增价跌，弃卖观望。

股价经过长期大幅下跌之后，出现成交量增加的情况，此时的股价下跌很可能是庄家在利用恐慌杀跌，应该暂时持有观望股票、放弃卖出的想法。

（4）成交量的第二个作用是能使冷门股变热门股，热门股变冷门股

一只股票热门，大量人参与交易，成交量自然放大；一只股票冷门，无人问津，成交量自然很小。

冷门股票一般是那些交易量小、周转率低、流通性差、股价变动幅度小，无人问津的股票，通常横盘为主。一个股票之所以冷门，那肯定是其业绩有问题，所以存在较大风险。初涉股市者一般不要轻易投资冷门股。

但冷门和热门也不是绝对的，一个之前冷门的股票，也可以突然变得热门起来，这很可能是其业绩变好了，也可能是市场出现了利多消息，因此改变了投资者对它的预期，那么一旦其成交量变大，变得热门起来，我们就可以进场参与交易了。

图4-4为国民技术日线级别K线图，行情时间跨度为2020年9月2日到2021年9月28日。图中所示，国民技术之前股价一直处于极度窄幅波动之中，成交量极其萎靡，此时不应该参与其中，买进去也无法获利；而一旦看到其成交量突然变大，表明市场开始关注它了，说明该股票未来预期变好。图中可见，如果在它成交量急剧放大时买入，则可以快速大幅盈利。

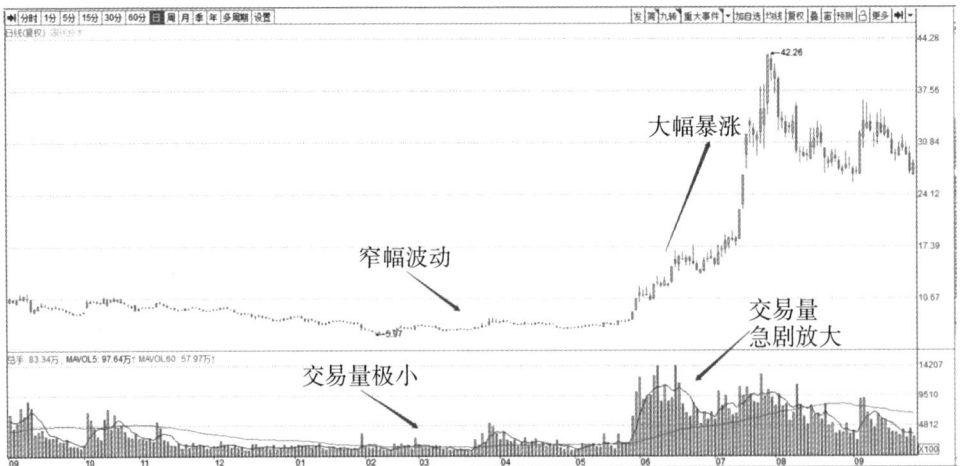

图4-4 国民技术日线级别K线图

（5）成交量的第三个作用是决定股价上升和下降的速度

成交量萎缩时，股价缺乏原动力，股价波动会很小；当成交量放大时，股价的波动速度也会随着快起来。

当股价波动很小时，获利是非常困难的，我们应该积极参与那些成交量大的股票，因为他们的流动性更好，波动性更大，获利机会更多，而不要把时间浪费在纹丝不动的股票上，那样会消耗你的耐性。

图 4-5 为翰宇药业日线级别 K 线图，行情时间跨度为 2021 年 1 月 18 日到 2022 年 1 月 28 日。图中所示，翰宇药业前期成交量很小，对应股价波动也很慢；近期翰宇药业成交量突然变得很大，对应股价波动也快速起来。

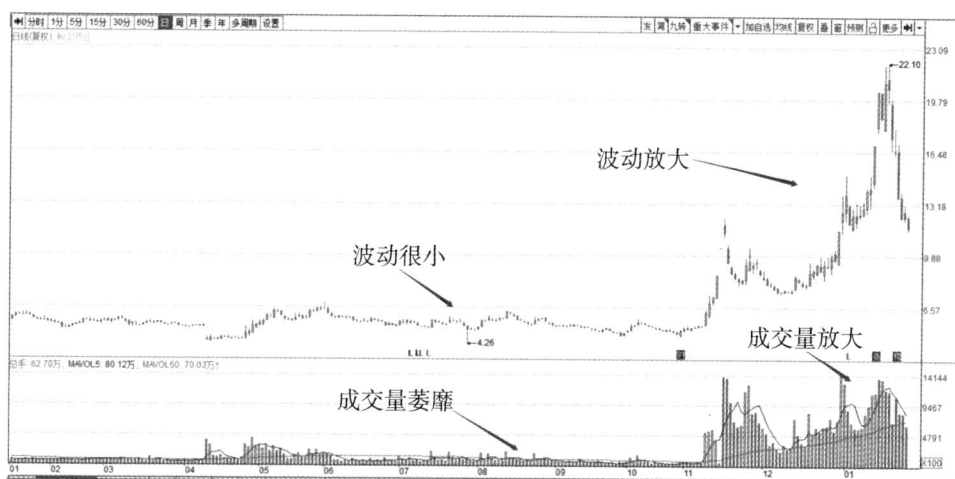

图 4-5　翰宇药业日线级别 K 线图

4.1.3　成交量的主要用法

股票市场有句话叫："股市中什么都可以骗人，唯有量不会骗人。"成交量是价格变化的原动力，其在实战技术分析中的地位不言自明。下面我们就介绍成交量三种主要的买卖技巧。

（1）地量见地价

一般情况下，在下跌行情末端，量能先放大，然后不断缩量。经过大幅的下跌，市场情绪低落，成交清淡，空头力量衰竭。当成交量极低的时候，往往是行情转折的时机，即所谓的地量见地价。

图 4-6 为天泽信息日线级别 K 线图，行情时间跨度为 2021 年 1 月 18 日到 2022 年 1 月 28 日。图中所示，天泽信息的成交量极其低迷之后，量能缩到了极致，价格也同时见底，随后连续涨停，成交量也随之急剧放大。一旦出现量能极

度萎靡的时候，投资者就要关注重要的入场机会，往往会抓到一大波牛市行情。

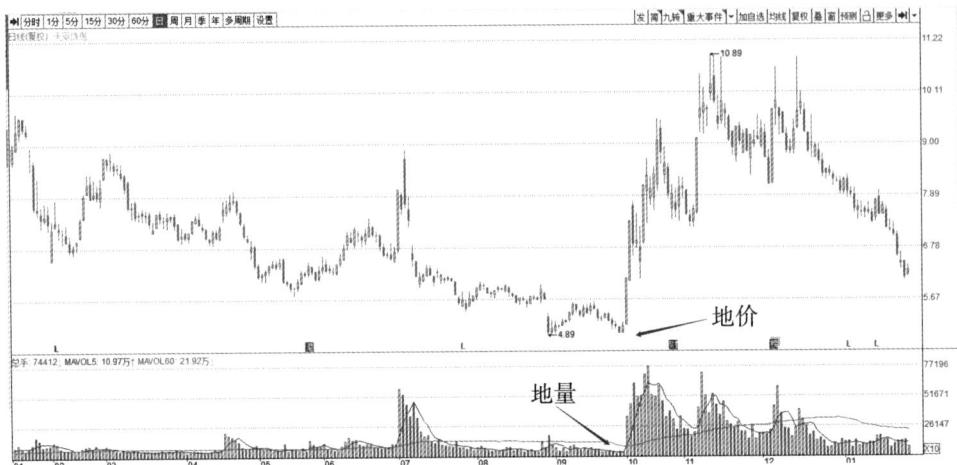

图 4-6 天泽信息日线级别 K 线图

（2）天量见天价

而上涨行情末端，经过了大幅上涨，市场情绪狂热，大量获利盘想要卖出，相对的大量投资者想要买进来，形成了极高的换手和密集成交区间。如果企业价值无法撑起股票相应的市场价值，投资者回归理性预期，必然出现卖盘力量大于买盘力量，股票供给量大，需求量小，造成价格下跌。当成交量极大的时候，往往是行情转折的时机，即所谓的天量见天价，且往往会形成非常尖的 V 形顶。

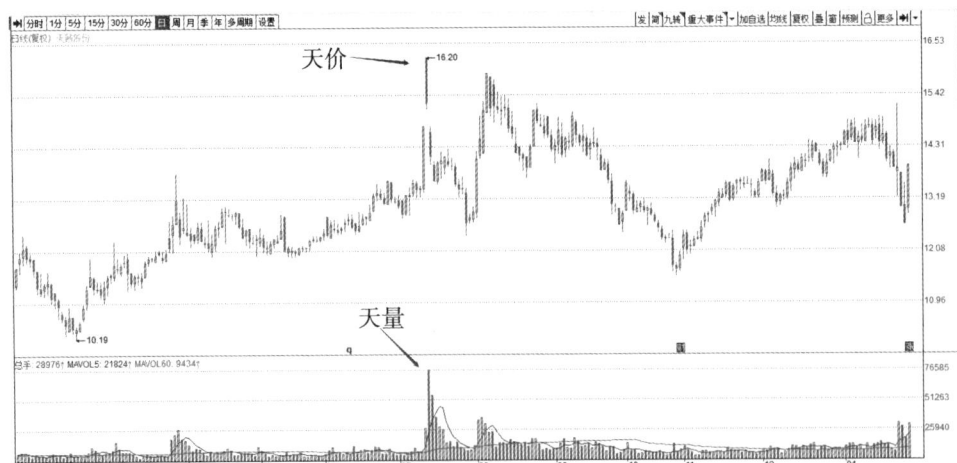

图 4-7 天鹅股份日线级别 K 线图

图 4-7 为天鹅股份日线级别 K 线图，行情时间跨度为 2021 年 1 月 18 日到

2022 年 1 月 28 日。图中所示，天鹅股份在上涨末端，成交量急剧放大，远远大于前期成交量，遇到这种情况一定要及时卖出，股价极有可能见顶，甚至后市很可能连续跌停，风险巨大。

（3）量价突破

量价突破是指成交量和价格同时突破的技术形态，具体表现为股价突破市场重要的支撑或阻力位，同时伴随成交量的放大。比如我们在第三章中讲的，当股价突破形态时，需要成交量放大来配合，以提高形态的成功率，这就是量价突破的一种应用。量价突破是最具有实际操作意义的一种成交量用法。

图 4-8 为新天药业日线级别 K 线图，行情时间跨度为 2021 年 5 月 10 日到 2022 年 1 月 28 日。图中所示，新天药业在上涨过程中，先是进行三角形整理（严格意义上讲是三角旗整理），然后股价大阳拉升突破整理形态，且成交量也急剧放大（形成突破），此时就是量价突破，表明多头对突破的坚决，一般成交量放大的突破，多为真实突破，概率比较高，预示后市将展开一轮反攻行情。

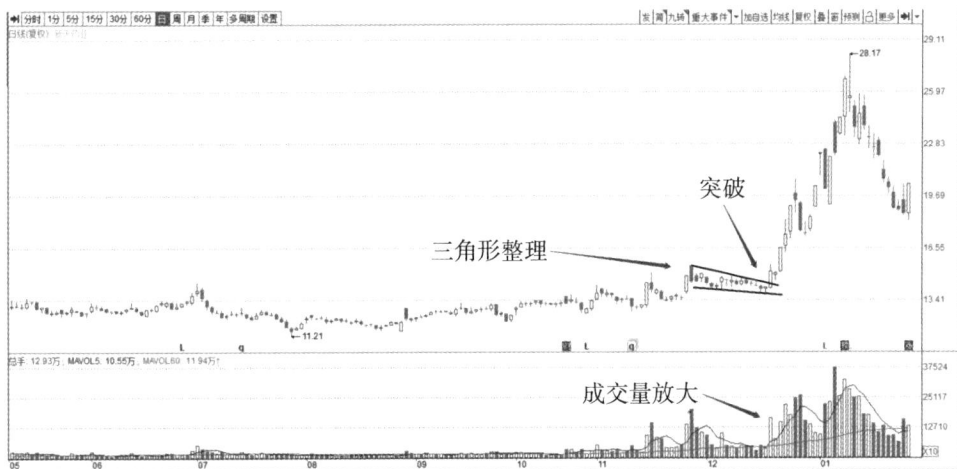

图 4-8　新天药业日线级别 K 线图

当行情出现量价突破时，有两种入场方式。第一种，是股价一直运行于压力附近，表现为对压力跃跃欲试的状态，当大阳拉升击穿压力，形成突破后，如果突破超过 5%，当天即可买入。第二种，是股价距离压力稍远，价格是第一次冲击压力，此时应该等第二天开盘确认，即如果第二天价格开盘在压力之上，表明突破有效，可买入；否则，继续观望。因为价格就算盘中突破，也有可能虚破，快速回撤下来，盲目建仓则容易造成不必要的亏损。

图 4-9 为保利联合日线级别 K 线图，行情时间跨度为 2021 年 7 月 27 日到

2022 年 1 月 28 日。图中所示，股价在矩形顶部附近运行，突破大阳拉升击穿形态，且成交量急剧放大，则当天股价突破超过 5%，即可买入。图中可见，量价突破为真实有效突破，建仓后，股票一路高升，不到 3 个月就大涨近 70%。

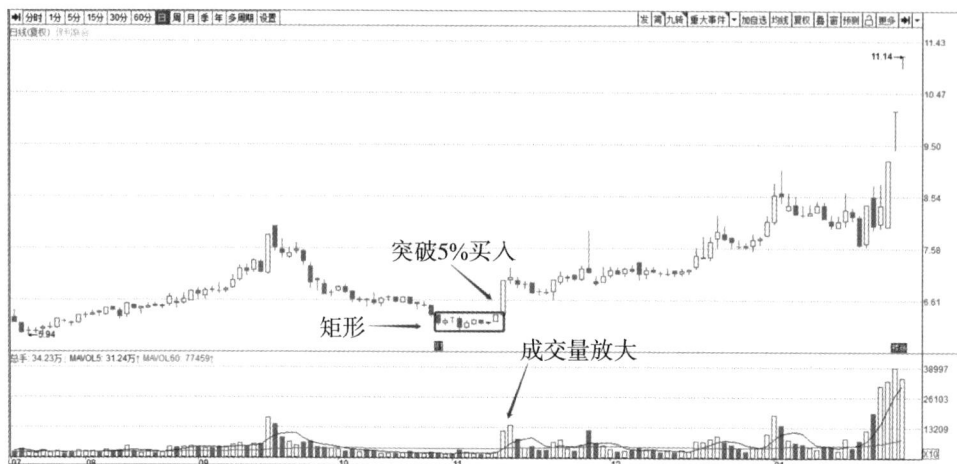

图 4-9　保利联合日线级别 K 线图

图 4-10 为贵绳股份日线级别 K 线图，行情时间跨度为 2020 年 12 月 28 日到 2021 年 9 月 27 日。图中所示，股价从矩形底部附近，快速拉升突破矩形高点压力，同时成交量急剧放大，此时应该等次日开盘确认真实突破后，再买入股票。图中可见，贵绳股份次日开盘高于矩形高点压力，则可立马建仓买入，股价随后继续快速拉升，大幅获利。

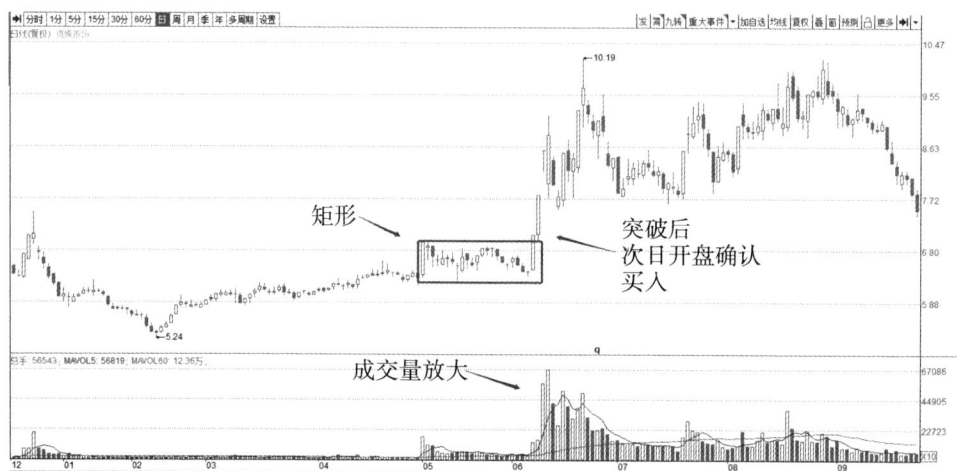

图 4-10　贵绳股份日线级别 K 线图

4.2 换手率

4.2.1 换手率简介

换手率也称周转率，指在一定时间内市场中股票转手买卖的频率，是反映股票流通性强弱的指标之一，其公式为：

换手率＝某一段时期内的成交量 ÷ 发行总股数 ×100%

一般情况下，大多股票每日换手率在 1% ～ 2.5%，大部分股票的换手率基本在 3% 以下，所以 3% 就成为一种分界线。

换手率在 3% ～ 7% 时，说明股价进入相对活跃状态；在 7% ～ 10% 时，说明股价处于高度活跃当中，股价强势，颇受市场青睐；在 10% ～ 15% 时，可能是大庄密切操作；持续多日超过 15% 时，预示该股可能成为市场的黑马股。不过新股的换手率一般会非常高。

图 4-11 为奥锐特日线级别 K 线图，行情时间跨度为 2021 年 6 月 1 日到 2022 年 1 月 28 日，图中箭头所示为换手率。

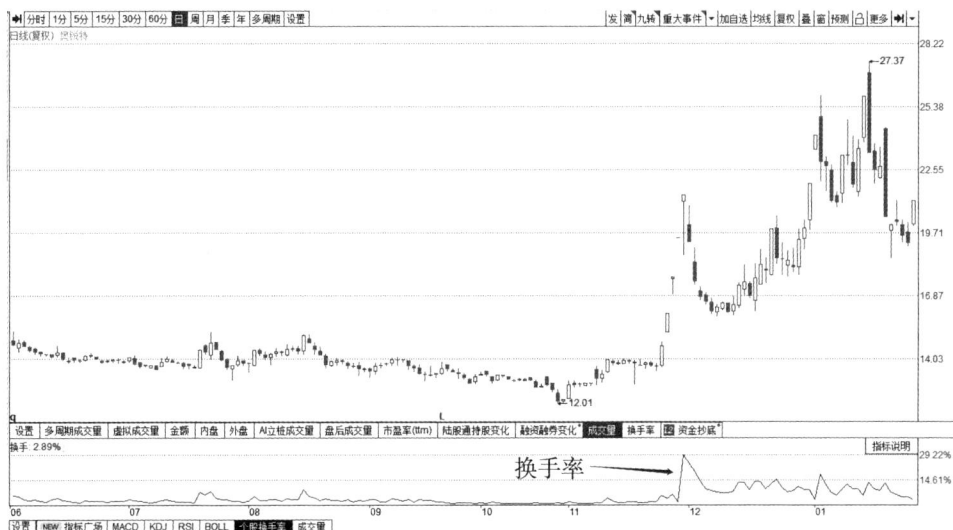

图 4-11　奥锐特日线级别 K 线图

4.2.2　换手率的作用

股票换手率高意味着成交活跃，有部分股票换手率高，在很长一段时间都是市场的宠儿，股票的流通性非常好，投资者交易频繁。但高换手率的股票不一定涨幅大和成交量大，换手率的高低用股票自身不同时间段的比较更具有意义。

将换手率与股价走势相结合，可以对未来的股价做出一定的预测和判断。如果某只股票的换手率突然上升，成交量放大，说明可能有投资者在大量买进，股价可能很快上涨；如果某只股票持续上涨了一段时机后，换手率又迅速上升，则可能意味着一些获利者要套现，股价可能会下跌，尤其是单日换手率超过 10% 以上时，更要警惕。

4.2.3　换手率的主要用法

（1）低位高换手率

股价经过长期的下跌之后，盘面开始稳定，底部放量，换手率高，表明资金大规模建仓的可能性较大，主力开始介入，悄悄地进行吸筹操作，未来的上涨空间相对较大，越是底部换手充分，之后上行中的抛压会越轻，因为大部分意志不坚定的投资者，在底部高换手率的过程中都交出了筹码。

具体操作方法是，当股价在底部形成 W 底、头肩底、圆弧底等形态，换手率至少在 3% ～ 7%（具体到不同的股票，应与其自身各个不用时段比较，以得出相对高换手率的数值），后市一旦股价放量突破底部形成，就可以积极参与，往往能抓到一波较大的涨幅。之所以要配合底部形态，是因为市场在底部进行大型形态整理时，主力有充足的时间吸收筹码，对后市拉升更有利。

图 4-12 为华致酒行日线级别 K 线图，行情时间跨度为 2021 年 2 月 23 日到 2022 年 1 月 31 日。图中所示，华致酒行在底部形成 W 底形态，成交量温和放大，换手率持续在 3% ～ 7% 之上，一旦股价突破 W 底颈线时，应果断买入。图中所示，股价随后跳空大涨近 60%。

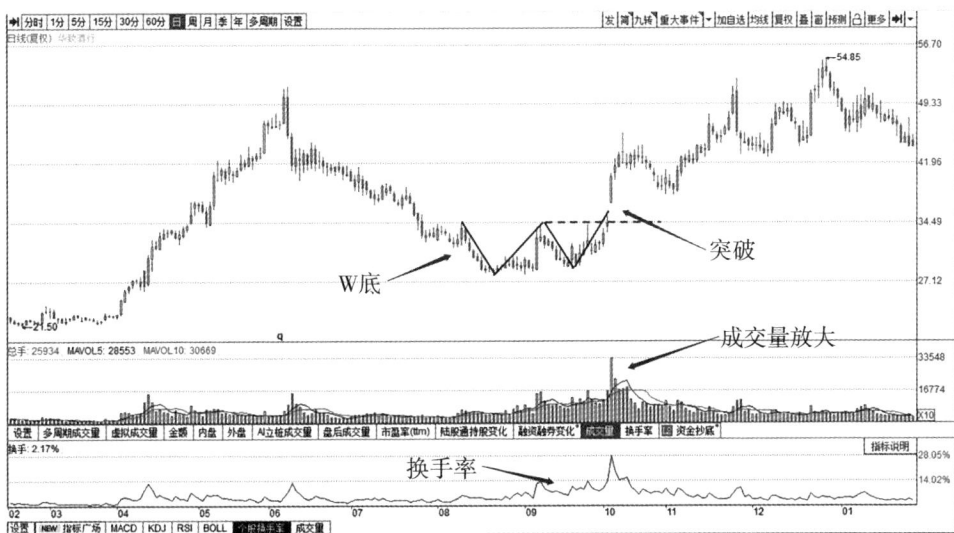

图 4-12　华致酒行日线级别 K 线图

（2）高位低换手率

股价经过一轮上涨之后，在高位换手率较低，且形成量价背离，股价保持一种高位横向缩量整理形态，这往往是高控盘的特征，表明庄家短期内并不急于出局，后市将会有一轮更大的上涨趋势。

具体操作方法是，当股价在高位进行横盘整理，形态越收敛越好，比如高位紧密旗形、收敛性较强的三角形等，换手率在 1% 以下（具体不同的股票，与其自身各个不用时段比较，以得出相对低换手率的数值）时，后市一旦出现量价突破就可以顺势买进，通常能吃到一波不错的利润，这个阶段的行情往往是快速拉升。

图 4-13 为宁德时代日线级别 K 线图，行情时间跨度为 2019 年 10 月 28 日到 2021 年 5 月 28 日。图中所示，宁德时代大涨之后，股票在高位形成紧密旗形，换手持续在 1% 左右，成交量也在缩小，表明股价后市可能再度拉升，一旦股价突破旗形，则可以大胆介入。图中可见，股价随后继续强劲拉升，一月不到大涨逾 70%。

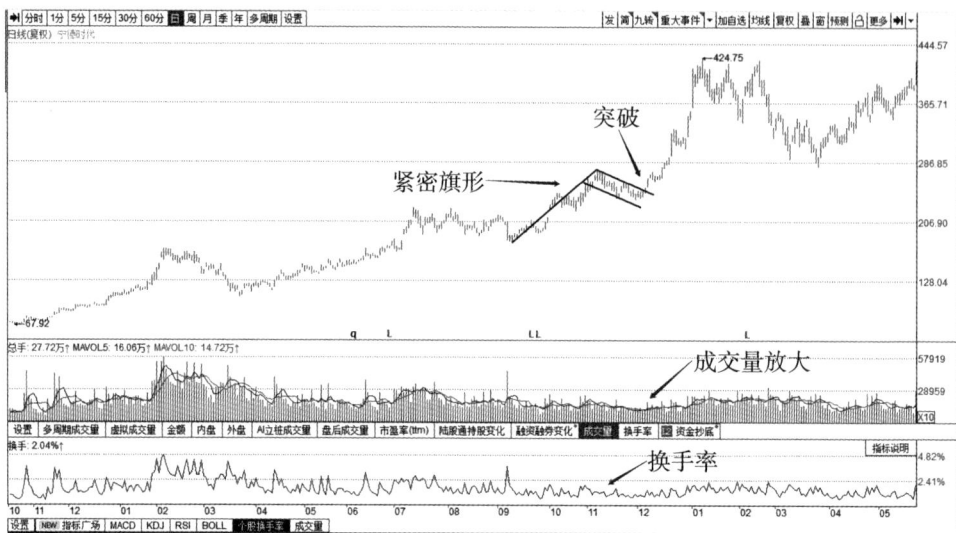

图 4-13 宁德时代日线级别 K 线图

（3）高位高换手率

高位高换手率是指在股票的高位出现较大的换手率，个股当天的成交量较大，这可能是主力经过吸筹、洗盘、拉升之后，股价进入高位区，手中的筹码出现了大幅盈利，受市场的利空消息影响，主力开始在高位派发筹码，进行出货操作，等出货完之后，股价会开启下跌趋势，这时投资者需要谨慎操作，以防被套在高位。

具体操作方法是，当股价在高位振幅加大，表明投资者分歧开始急剧，出现了较高的换手率，一般至少在 15% 以上（具体到不同的股票，应与其自身各个不同时段比较，以得出相对低换手率的数值），一旦跌破某种技术形态或市场支撑位置（比如头肩顶颈线、M 顶颈线、60 日均线等），且成交量放大，则应该及时卖出股票，避免产生大面积的亏损。

图 4-14 为每日互动日线级别 K 线图，行情时间跨度为 2021 年 2 月 23 日到 2022 年 1 月 31 日。每日互动短期强势上涨后，在高位换手率高达 25.8%，当天成交量也急剧放大，则说明出现了大量获利套现抛盘的现象，股价短期下跌风险大，应该快速卖出。图中可见股价迅速向下回撤，大幅回落。

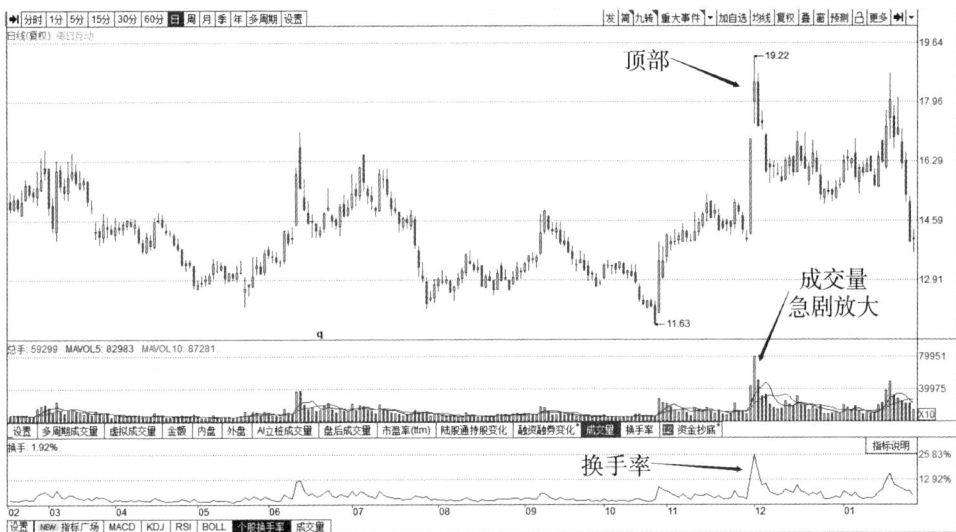

图 4-14　每日互动日线级别 K 线图

（4）持续高换手率

高换手率代表的是个股中的投资者意见存在较大的分歧，一些投资者大量地抛出手中的股票，而一些投资者大量地买入。只要不是历史高价位区，一旦某只股票长时间维持高换手率，表明看好该股的人数众多，持续高换手率有增加趋势的效应，这类股票发动行情时，涨幅往往比较大。

具体操作方法是，股价并不是历史高价位区，出现了连续 10 个交易日超过 15% 的换手率（具体到不同的股票，应与其自身各个不同时段比较，以得出相对低换手率的数值），一旦股价突破某种技术形态或市场压力位置（比如矩形高点、三角形上边线、旗形上边线等），且成交量放大，则可以积极建仓买入，往往能抓住市场大黑马股。

注意不是两天之内换手率较高的股票。有的股票在高位时，可能借助某些市场消息，两天之内换手率较高，这说明主力有所行动了，想瞒天过海，借消息出货，这种情况要相当小心，主力随时都可能砸盘，若买入这类股票风险较大。

图 4-15 为国民技术日线级别 K 线图，行情时间跨度为 2021 年 3 月 10 日到 2021 年 11 月 8 日。图中所示，国民技术在上涨中部，换手率连续 10 个交易日大于 15%（读者可以复盘对照），成交量比前期积极放大，表明该股开始变得非常活跃，大量投资者看好，并且股价突破整理期的高点，则此时就是入市良机。

图中可见股价随后迅速飙升至 42 元附近，一个月左右就可以获利 200%，妥妥的大黑马。

图 4-15　国民技术日线级别 K 线图

第五章　趋势指标

5.1　均线指标

5.1.1　均线指标简介

均线简称 MA，即移动平均线，是指将一定时期内的证券价格（指数）加以平均，并把不同时间的平均值连接起来，形成一根 MA 均线，用以观察证券价格变动趋势的一种技术指标。均线是某一时间段的收盘价之和除以该周期（如日线 MA10 指 10 日内的收盘价除以 10）所得的数值在图中的连线。

均线代表一段时期内的市场平均成本变化。在技术分析中，市场成本原理非常重要，它是趋势产生的基础，市场中的趋势之所以能够维持，是因为市场成本的推动。例如，在上升趋势中，市场的成本是逐渐上升的；在下降趋势中，市场的成本是逐渐下降的。成本的变化导致了趋势的延续。均线是当今使用最普遍的技术指标之一，是重要的技术分析基础，它帮助投资者确认现有趋势，判断将出现的趋势，发现过度延伸而即将反转的趋势。

股票技术分析中的移动平均线常用的参数有 5 日、10 日、20 日、30 日、60 日、120 日和 240 日，其中 5 日、10 日和 20 日是短期均线，30 日和 60 日是中期均线，120 日和 240 日是长期均线。对于均线，参数太小、线路不规则会增加错误率；参数太大、线路过于平滑、无明显转折点，基本没有交易机会。对于股票投资者来说，尽量以 60 日线作为进出场标准是比较适中的，可以减少错误概率，又不至于长期处于等待之中。

图 5–1 为贵州茅台日线级别 K 线图，行情时间跨度为 2021 年 6 月 3 日到 2022 年 1 月 31 日，图中箭头所示，平滑的曲线即为贵州茅台股价 60 日均线。

图 5–1　贵州茅台日线级别 K 线图

5.1.2　均线指标的作用

1. 追踪趋势方向

均线具有追踪趋势的特性。如果从价格的图表中能够找出上升或下降的趋势线，那么均线将保持与趋势线方向一致，能消除中间价格在这个过程中出现的起伏。原始数据的价格图表不具备保持追踪趋势的特性。

图 5-2 为贵州茅台日线级别 K 线图，行情时间跨度为 2021 年 6 月 3 日到 2022 年 1 月 31 日。图中箭头所示，平滑的曲线即为贵州茅台股价 60 日均线。图中箭头所示，虽然行情在下跌趋势中有涨有跌，有些时候与趋势反向运行，但 60 日 MA 移动的方向基本与股价下降趋势线保持同步，起到跟踪趋势发展的作用。

图 5–2　贵州茅台日线级别 K 线图

2. 揭示趋势强弱

均线的斜率大小可以揭示股价趋势的强弱。均线斜率为负时，表明是朝下的，股价往往处于下跌趋势中，且斜率越小，下跌趋势越猛；均线斜率接近零时，表明均线是趋于水平的，股价往往处于震荡趋势中；均线斜率为正数时，表明均线是朝上的，股价往往处于上涨趋势之中，且斜率越大，上涨趋势越强。

图 5-3 为华海药业日线级别 K 线图，行情时间跨度为 2017 年 5 月 31 日到 2022 年 1 月 31 日。图中所示，均线的斜率和股价的趋势强度密切相关，均线斜率越大，股价的上涨趋势越强；均线斜率越小，股价往往越容易下跌。

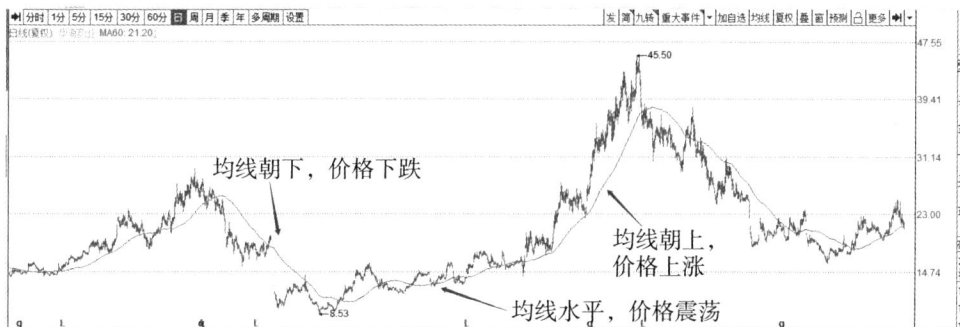

图 5-3　华海药业日线级别 K 线图

3. 成本推动效应

均线的成本推动效应，也即是助涨助跌性。当价格突破均线时，无论是向上突破还是向下突破，价格有向突破方向继续运行的规律，这就是 MA 的成本推动效应。

价格从均线下方向上突破，均线也开始向右上方移动，可以看作是多头支撑线，价格回跌至均线附近，自然会产生支撑力量。短期均线向上移动速度较快，中长期均线向上移动速度较慢，但都表示一定期间内平均成本增加，空方力量若稍强于多方，价格回跌至均线附近，便是买进时机，这是均线的向上推动效应。直到股价上升缓慢或回跌，平均线开始减速走平，价格再回至均线附近，均线失去推动功能，股价将有重返平均线下方的迹象，最好不要买入股票。

图 5-4 为中天科技日线级别 K 线图，时间跨度为 2020 年 1 月 3 日到 2020 年 12 月 15 日。如图所示，当价格从均线下方向上突破之后，均线就形成了支撑线；当价格再次回落至均线附近时，受到支撑，重新上涨。当价格被均线向上推动一轮后，开始下跌且均线开始减速走平，此时不应做多。图中可见，股票价格再次跌穿均线继续向下运行。

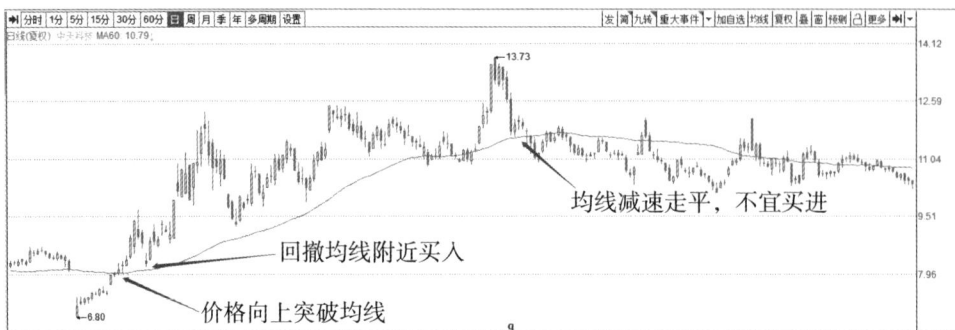

图5-4 中天科技日线级别 K 线图

反过来，价格从均线上方向下突破，均线也开始向右下方移动，成为阻力线；价格回升至均线附近，就产生了阻力，因此均线往下走时，价格回升至均线附近便是卖出时机，这是均线的向下推动效应。直到价格下跌缓慢或回升，均线开始减速走平，价格若再与均线接近，均线便失去了推动功能，将有重返平均线上方的迹象，应当重点关注买入机会，一旦股价向上越穿均线，则将形成新的建仓时机。

图 5-5 为莫高股份日线级别 K 线图，时间跨度为 2020 年 9 月 16 日到 2021 年 8 月 27 日。如图所示，当价格从均线上方向下突破之后，均线就形成了阻力线；当价格再次回升到均线附近之后，受到阻力，再次下跌。当价格经过一轮助跌之后，价格开始反弹并且均线开始减速走平，此时不应卖出股票，应暂时持有。图中可见，股票价格再次升穿均线继续向上运行。

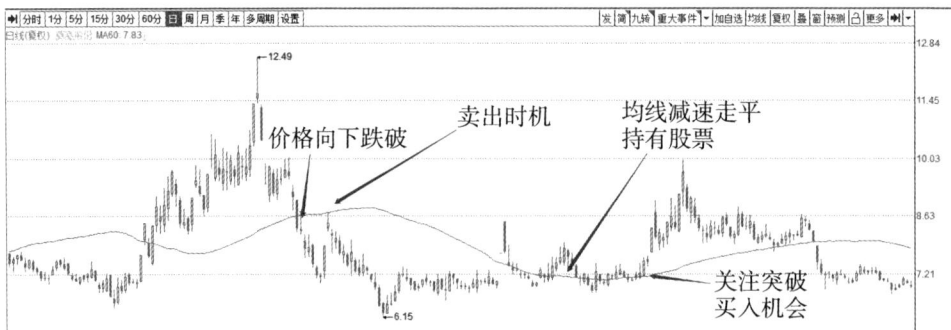

图5-5 莫高股份日线级别 K 线图

4. 提供支撑阻力

均线在价格走势中起重要的支撑阻力作用。股价从低位反弹触及均线时，往往都会回落；股价从高位回落触及均线时，往往都会反弹。

图 5-6 为山煤国际日线级别 K 线图，时间跨度为 2020 年 7 月 13 日到 2022 年 1 月 28 日。如图中箭头所示，股价从高位回落触及均线时，多数是受支撑上涨；股价从低位反弹触及均线时，多数是受阻而下跌；并且可以看到股价一旦对均线有穿越动作（上穿或下穿），就会发生支撑阻力转换，均线先前对价格是阻力作用就会变成支撑，先前是支撑作用就会变成这阻力。

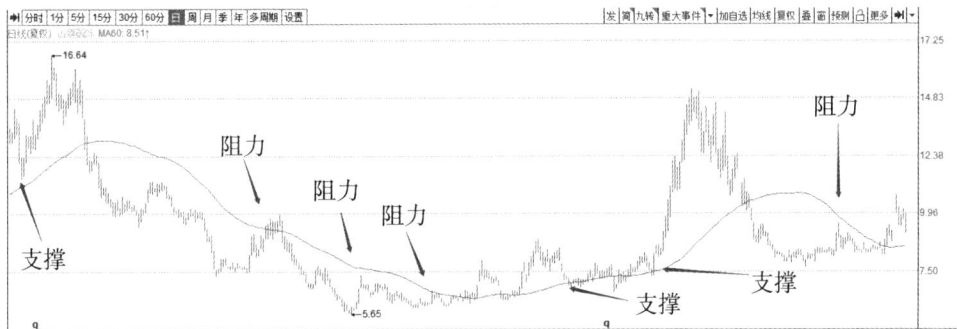

图 5-6 山煤国际日线级别 K 线图

5.1.3 均线指标的主要用法

在均线中，美国投资专家格兰维尔创造的八项法则可谓其中的精华，历来的均线使用者无不视其为技术分析中的至宝。格兰维尔八大法则中四条是用来研判买进时机，四条是研判卖出时机。

①均线从下降逐渐走平且略向上方抬头，而股票价格从均线下方向上方突破时，为买入信号。

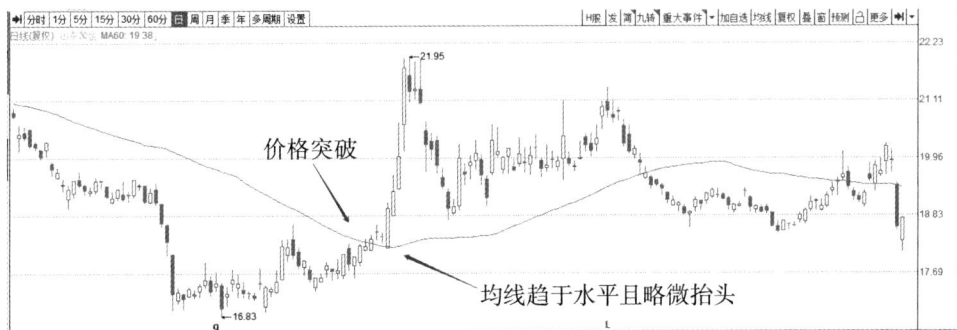

图 5-7 山东黄金日线级别 K 线图

图 5-7 为山东黄金日线级别 K 线图，时间跨度为 2021 年 6 月 3 日到 2022 年 1 月 31 日。如图所示，股票价格经过一轮大跌之后，开始从均线下方向上突破，均线开始从下降逐渐走平并且微微向上抬头，此时为买入建仓信号。图中可见，股票价格再次回落均线附近，进场做多，立刻就能大幅获利。

②股票价格位于均线之上运行，回档时未跌破均线，随后又再度上升时，为买入信号。

图 5-8 为深高速日线级别 K 线图，时间跨度为 2021 年 6 月 3 日到 2022 年 1 月 31 日。如图所示，股票价格一直处于均线之上运行，价格回落并未跌破均线，此时即为买入信号。图中可见，股价在均线附近反弹回升，短线可轻松获利一波。

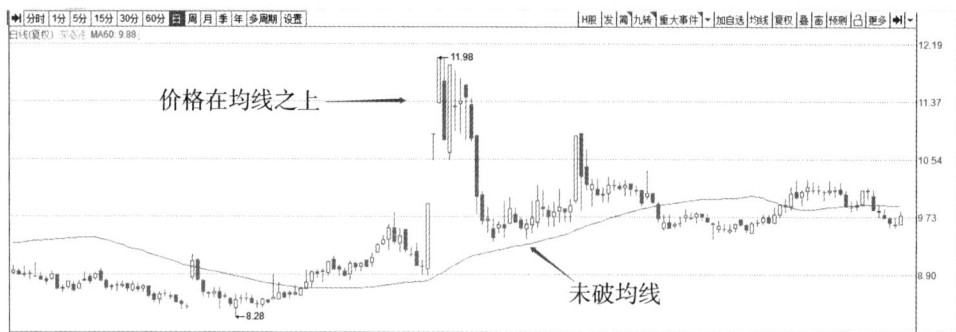

图 5-8　深高速日线级别 K 线图

③股票价格位于移动平均线之上运行，回档时跌破移动平均线，但短期移动平均线继续呈上升趋势，此时为买入时机。

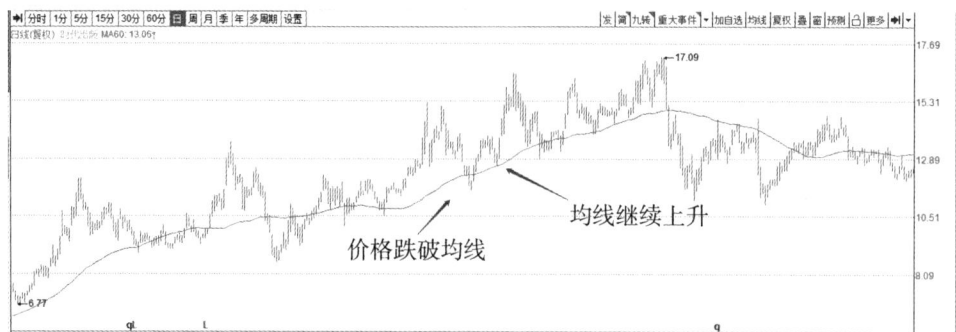

图 5-9　时代出版日线级别 K 线图

图 5-9 为时代出版日线级别 K 线图，时间跨度为 2009 年 3 月 6 日到 2010 年 10 月 12 日。股票价格之前一直处于均线之上运行，回调跌穿均线，但是均线继

续上升，此时为买入信号。图中可见，股票价格迅速翻到均线之上，沿着均线继续大涨。

④股票价格位于移动平均线以下运行，突然下跌，距离移动平均线太远，此时股价往往会处于超卖区域，极有可能向移动平均线靠近，可建仓买入。

图 5-10 为天下秀日线级别 K 线图，时间跨度为 2020 年 9 月 29 日到 2021 年 9 月 9 日。如图所示，股票价格在均线之下小碎步下跌，随后突然快速下跌，远离均线，此时极有可能向均线靠近，出现反弹，可建仓买入。图中所示，股价随后，震荡反弹，再次回归均线附近。

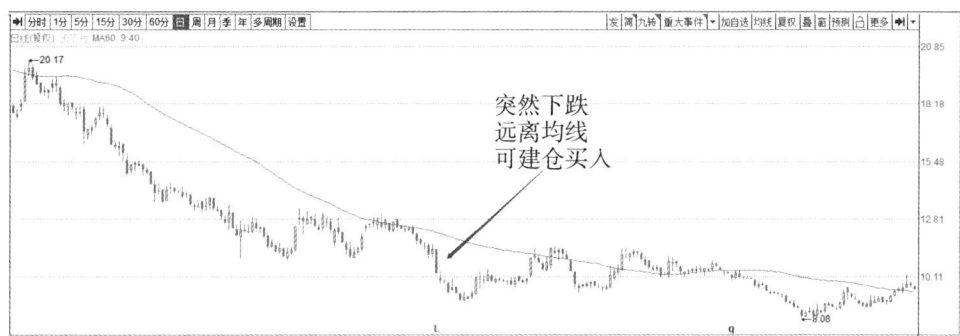

图 5-10　天下秀日线级别 K 线图

⑤股票价格位于移动平均线之上运行，连续数日大涨，离移动平均线愈来愈远，说明做多者获利丰厚，随时都会产生获利回吐的情况，此时应该卖出股票。

图 5-11 为康缘药业日线级别 K 线图，时间跨度为 2021 年 6 月 3 日到 2022 年 1 月 31 日。如图所示，股票价格在均线之上连续大涨，价格远离均线，极有可能向均线靠近，出现回落，此时应该卖出股票，落袋为安。

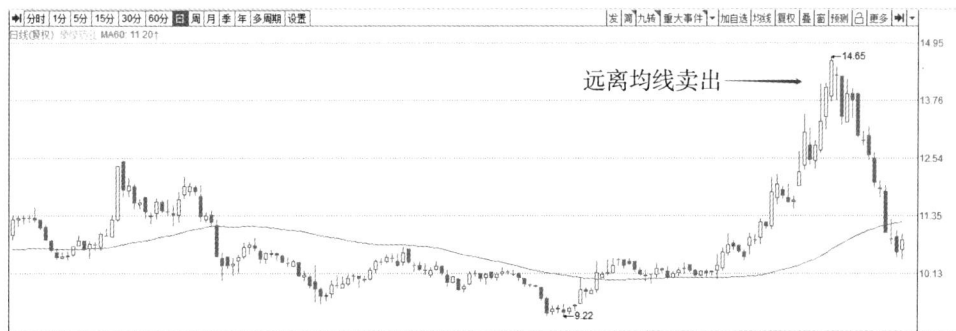

图 5-11　康缘药业日线级别 K 线图

⑥移动平均线从上升逐渐走平且略向下拐头，而股票价格从移动平均线上方向下跌破移动平均线，为卖出信号。

图5-12为八一钢铁日线级别K线图，时间跨度为2021年6月3日到2022年1月31日。如图所示，股票价格经过一轮大涨之后，开始从均线上方向下突破，均线开始从上升逐渐走平并且微微向下拐头，此时为卖出信号。图中可见，股价随后大幅下跌。

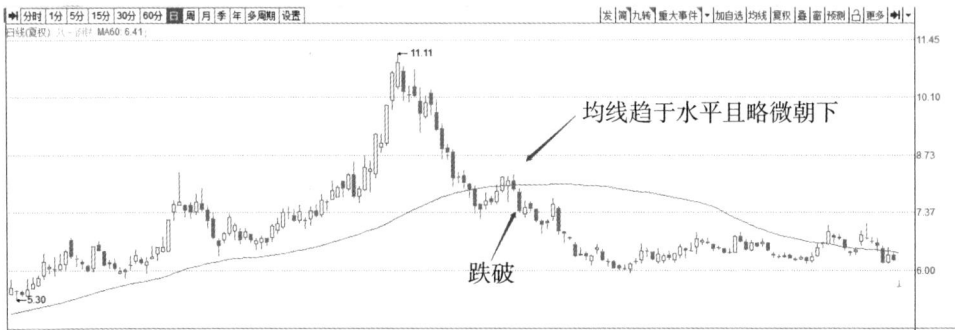

图5-12　八一钢铁日线级别K线图

⑦股票价格位于移动平均线下方运行，反弹时未突破移动平均线，且移动平均线跌势减缓，趋于水平后又出现下跌趋势，此时为卖出信号。

图5-13为陆家嘴日线级别K线图，时间跨度为2021年6月3日到2022年1月31日。股票价格一直处于均线之下运行，价格反弹并未升穿均线，此时即为卖出信号。图中可见，股价随后继续下跌。

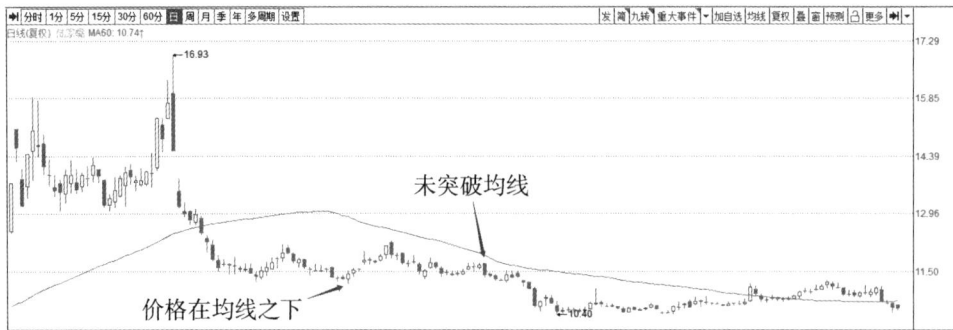

图5-13　陆家嘴日线级别K线图

⑧股票价格位于移动平均线之下运行，回档时跌破移动平均线，但短期移动平均线继续呈下跌趋势，此时为卖出信号。

图 5-14 为外服控股日线级别 K 线图，时间跨度为 2021 年 6 月 3 日到 2022 年 1 月 31 日。如图所示，股票价格之前一直处于均线之下运行，反弹升穿均线，但是均线依旧呈下跌趋势，此时为卖出信号。图中可见，股价迅速重新跌到均线之下，沿着均线继续一路大跌。

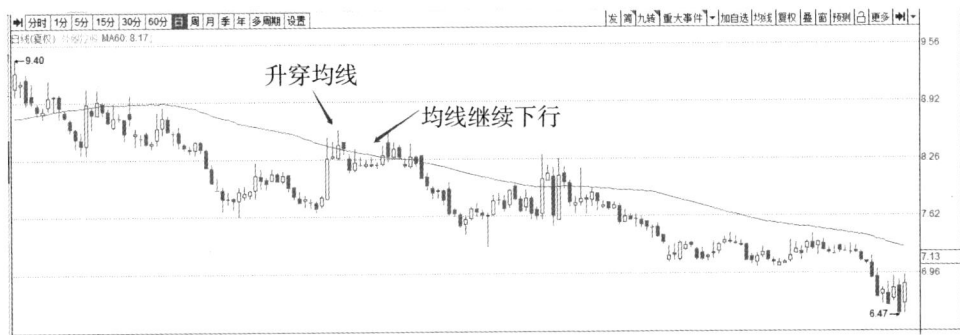

图 5-14　外服控股日线级别 K 线图

5.2　MACD 指标

5.2.1　MACD 指标简介

MACD 是指数平滑异同移动平均线，利用收盘价的短期（常用为 12 日）指数移动平均线与长期（常用为 26 日）指数移动平均线之间的聚合与分离状况，对买进、卖出时机做出研判的技术指标，该指标有三个参数值：MACD（红绿柱）、快线 DIFF、慢线 DEA。

图 5-15 为哈药股份日线级别 K 线图，时间跨度为 2021 年 6 月 3 日到 2022 年 1 月 31 日。DIFF 曲线（软件中一般显示绿色）、DEA 曲线（软件中一般显示紫色）、0 轴线（软件中一般显示虚线）、0 轴线上方柱体（软件中一般显示红色）和下方柱体（软件中一般显示绿色）一起组成了 MACD 指标图。

DIFF 线上穿 DEA 线，称为金叉。DIFF 线下穿 DEA 线，称为死叉。MACD（红绿柱）绝对值连续变小而后变大，DIFF 趋向 DEA 后又离开，称为拒绝交叉。

MACD 是均线变异过来的指标，比均线更滞后。我们理解 MACD 的时候，可以把快线和慢线近似理解为速度和加速度的关系，而 MACD 数值（红绿柱）可以理解为加速度的极限阈值区间。如果 DEA 脱离了阈值区间，一般为进入了趋势性行情，此时才是适合 MACD 指标应用的行情阶段。

图 5-15　哈药股份日线级别 K 线图

5.2.2　MACD 指标的作用

1. 指示趋势方向

①当 DIF 和 DEA 处于 0 轴以上时，属于多头市场；当 DIF 和 DEA 处于 0 轴以下时，属于空头市场。

图 5-16 为哈药股份日线级别 K 线图，时间跨度为 2021 年 6 月 3 日到 2022 年 1 月 31 日。图中所示，DIF 和 DEA 处于 0 轴以上时，哈药股份价格震荡上涨；DIF 和 DEA 处于 0 轴以下时，哈药股份价格震荡下行。

②在空头市场中，DIF 线自下而上穿越 DEA 线时（即金叉），MACD 会从负数转向正数，表明价格从下降趋势中开始反弹，但是趋势不一定反转；在多头市场中，DIF 线自上而下穿越 DEA 线时（即死叉），MACD 会从正数转向负数，表明价格从上涨趋势中开始回落，但是趋势不一定反转。

图 5-17 为哈药股份日线级别 K 线图，时间跨度为 2021 年 6 月 3 日到 2022 年 1 月 31 日。图中所示，在多头市场中，MACD 出现死叉，股价只是发生了一小段回调，而趋势并未发生转变，随后再次上涨创新高；在空头市场中，MACD 出现金叉，股价只是发生了一小段反弹，而趋势并未改变，随后再次下跌。

图5-16 哈药股份日线级别 K 线图

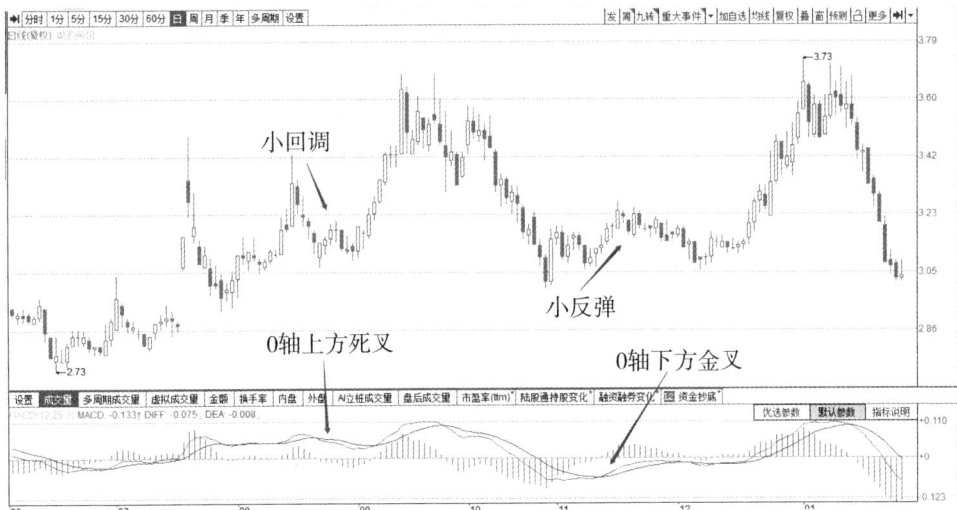

图5-17 哈药股份日线级别 K 线图

③在 MACD 指标中，MACD 在 0 轴上方为正值，0 轴下方为负值。红色能量柱和绿色能量柱的长短，分别代表了多头和空头能量的强弱盛衰。一般来说，柱状线的持续收缩表明趋势运行的强度正在逐渐减弱，柱状线的持续扩张表明趋势运行的强度正在逐渐加强。且当 MACD 的快慢线以大角度变化时，表示快的移动平均线和慢的移动平均线的差距非常迅速地拉开，代表一个市场大趋势的转变。

图 5-18 为哈药股份日线级别 K 线图，时间跨度为 2021 年 6 月 3 日到 2022 年 1 月 31 日。图中所示，MACD 的快慢线以大角度展开后，股价也随后快速上涨；MACD 柱在 0 轴上升先增后降，股价的上涨速度也是先增后降。图中所示，在多头市场中，出现死叉，股价只是发生了一小段回调，而趋势并未发生转变，随后再次上涨创新高；在空头市场中，出现金叉，股价只是发生了一小段反弹，而趋势并未改变，随后再次下跌。

图 5-18　哈药股份日线级别 K 线图

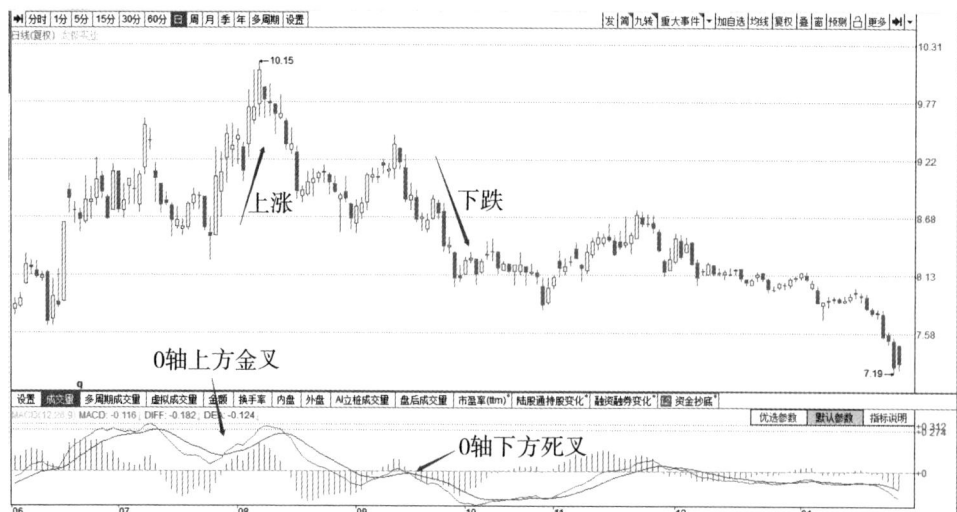

图 5-19　太极实业日线级别 K 线图

④在多头市场中，DIF 线自下而上穿越 DEA 线时，表明多头趋势正在增强，是买入信号；在空头市场中，DIF 线自上而下穿越 DEA 线时，表明空头趋势正在加强，是卖出信号。

图 5-19 为太极实业日线级别 K 线图，时间跨度为 2021 年 6 月 3 日到 2022 年 1 月 31 日。图中所示，MACD 在 0 轴上方金叉，表明上涨趋势正在加仓，可以买入，图中可见，股价快速上升一波；MACD 在 0 轴下方死叉，表明下跌趋势正在加强，应赶快卖出，规避风险，图中可见，股价快速下跌一波。

2. 提示趋势背离

当 MACD 出现背离时，是提示趋势即将回档的信号，背离分为顶背离和底背离。当顶背离时，行情短期有回落需求，甚至会发生反转；出现底背离时，行情短期有反弹需求，甚至会发生反转。

MACD 指标的背离就是指 MACD 指标图形的走势和 K 线图的走势方向正好相反。当价格持续升高，而 MACD 指标走出一波比一波低的走势时，意味着顶背离出现；当价格持续降低，而 MACD 指标却走出一波高于一波的走势时，意味着底背离现象的出现。

（1）顶背离

顶背离是价格与 DIF 线发生的顶背离。

图 5-20　东阳光日线级别 K 线图

图 5-20 为东阳光日线级别 K 线图，时间跨度为 2021 年 6 月 3 日到 2022 年

1月31日。图中所示，DIFF线走低，而股价再创新高，则出现了顶背离，预示股价即将回调，甚至反转。图中可见，股价立马向速回落，在高位震荡后，持续大跌。

（2）底背离

底背离是价格与DIFF线发生的底背离。

图5-21为川投能源日线级别K线图，时间跨度为2018年7月13日到2019年3月19日。图中所示，DIFF线走高，而股价在创新低，则出现了底背离，预示股价即将反弹，甚至反转。图中可见，股价立刻反弹走高，且随后持续上涨。

图5-21　川投能源日线级别K线图

在实践中，MACD指标的背离一般出现在强势行情中比较可靠，股票价格在高价位时，通常只要出现一次背离的形态即可确认股票价格即将反转；而股票价格在低位时，一般要反复出现几次背离后才能确认。因此，MACD指标顶背离研判的准确性要高于底背离。

5.2.3　MACD指标的主要用法

MACD效果最好的用法是低位二次金叉和高位二次死叉用法，其实在图形上MACD表现为W和M形态，所以也可以称为MACD的形态用法。

1.低位二次金叉

MACD连续二次金叉，是指MACD第一次出现红柱后死叉出现绿柱，还未等绿柱放大就迅速再次金叉翻红放大其红柱。如果股票价格前期下跌时间长、幅度大，那么一旦出现MACD连续二次金叉形态，买入股票将出暴利机会。

图5-22为国联证券日线级别K线图，时间跨度为2020年11月12日到2021年7月15日。图中所示，股票价格在MACD低位，形成二次金叉之后，直线上涨。一旦出现这样的机会，投资者一定要参与，往往能迅速带来不菲的利润。

图5-22 国联证券日线级别K线图

低位二次金叉用法，需要注意以下几点：

①第二次金叉与第一次金叉距离越近越好；

② MACD第二次金叉的位置高于第一次金叉比较好；

③ MACD第二次金叉时与其他指标产生共振（比如突破趋势线、突破区间等），可增加成功率。如图5-22所示，出现MACD二次金叉后，股价大涨突破底部的小震荡区间，这时是可靠的买入信号，应当积极把握。

④运用MACD指标低位金叉进场做多之后，由于MACD指标的滞后性，不宜等死叉之后出场，因为这时很可能要大幅回吐利润，应运用追踪止损出场（追踪市场的支撑阻力位，支撑阻力详解见第十章），往往能抓到巨大的行情。

2. 高位二次死叉

MACD连续二次死叉，是指MACD第一次出现绿柱后金叉出现红柱，还未等红柱放大就迅速再次死叉翻绿放大其绿柱。如果股票价格前期上涨时间长、幅度大，那么一旦出现 MACD 连续二次死叉形态，应当不计成本地卖出股票以规避风险或融券做空股价将出暴利机会。

图 5-23 为国联证券日线级别 K 线图，时间跨度为 2021 年 3 月 1 日到 2021 年 11 月 2 日。图中所示，股票价格在 MACD 高位，形成二次死叉之后，迅速暴跌。一旦出现这样的机会，投资者一定要躲得远远的，或者采用融券做空，往往能快速大幅盈利。

图5-23　国联证券日线级别 K 线图

高位二次金叉的用法，需要注意以下几点：

①第二次死叉与第一次金叉距离越近越好；

② MACD 第二次死叉的位置低于第一次死叉比较好；

③ MACD 第二次死叉时与其他指标产生共振（比如突破趋势线，突破区间等），可增加成功率；

④如果运用 MACD 指标高位死叉进行融券做空之后，由于 MACD 指标的滞后性，不宜等金叉之后出场，如果这样很可能要大幅回吐利润，应运用追踪止损出场，往往能抓到下跌行情。

第六章 摆动指标

6.1 RSI 指标

6.1.1 RSI 指标简介

RSI 又叫相对强弱指标，是根据一定时期内上涨点数和下跌点数之和的比率制作出的一种技术曲线，能反映市场在一定时期内的景气程度。RSI 是一种超买指标，非常适合在震荡市场中的短线操作。RSI 的值永远介于 0 ~ 100。大于 50 时，表示行情处于强势市场；小于 50 时，表示行情处于弱势市场；大于 80 时，表示行情进入超买区域；小于 20 时，表示行情进入超卖区域。RSI 向上交叉穿越时，称为金叉；RSI 向下交叉穿越时，称为死叉。RSI 形成金叉时，表示行情短期可能走强；RSI 形成死叉时，表示行情短期可能走弱。

图 6-1 为宁德时代日线级别 K 线图，时间跨度为 2021 年 6 月 3 日到 2022 年 1 月 31 日，图中箭头所指的就是 RSI 指标。

图6-1 宁德时代日线级别 K 线图

6.1.2 RSI 指标的作用

1. 指示行情超买超卖

当 RSI 大于 80 时，显示市场已到达超买状态，价格大概率会回落调整，一旦 RSI 高位向下穿越形成死叉，是卖出信号；当 RSI 小于 20 时，显示市场已经达到超卖状态，价格大概率会反弹回升，一旦 RSI 低位向上穿越形成金叉，是买入信号。

图 6-2 为西安饮食日线级别 K 线图，时间跨度为 2021 年 6 月 3 日到 2022 年 1 月 31 日。图中所示，RSI 在 20 下方回升，并形成金叉，此时为买入信号，图中可见，股价随着 RSI 的走高，反弹了一波不错的短线行情；随后 RSI 在 80 附近回落，并形成死叉，此时为卖出信号，图中可见，股价随后一路下行。

图 6-2 西安饮食日线级别 K 线图

需要注意的是，投资者在应用 RSI 超买超卖的作用是，当行情出现超卖后，不要急于抄底，应该等 RSI 形成金叉时再买入，以避免 RSI 钝化的情况。一旦发生 RSI 钝化的情况，RSI 可以持续显示超卖，股价也会跌跌不休，如果过早抄底，会有较大的风险。但即使这样，RSI 还具有滞后效应，很多时候，金叉出现时，投资者刚买进股票，行情可能马上又开始回落，造成买在最高点的窘况。因此 RSI 指标一般不能单独使用，可以配合趋势指标、K 线形态等一起使用，以增加准确率。

2.提示行情背离

当 RSI 出现背离时，是提示行情短期即将回档的信号。当出现顶背离时，表示行情短期有回落需求，应及时卖出股票；当出现底背离时，表示行情短期有反弹需求，可以买入股票。一般而言，RSI 的背离实用性，明显会高于超买超卖。

（1）顶背离

图 6-3 为大东方日线级别 K 线图，时间跨度为 2021 年 6 月 3 日到 2022 年 1 月 31 日。图中所示，RSI 下跌，股价走高，形成了顶背离。图中可见，股价随后震荡下行。一旦股价出现顶背离，应该及时卖出股票，规避风险。

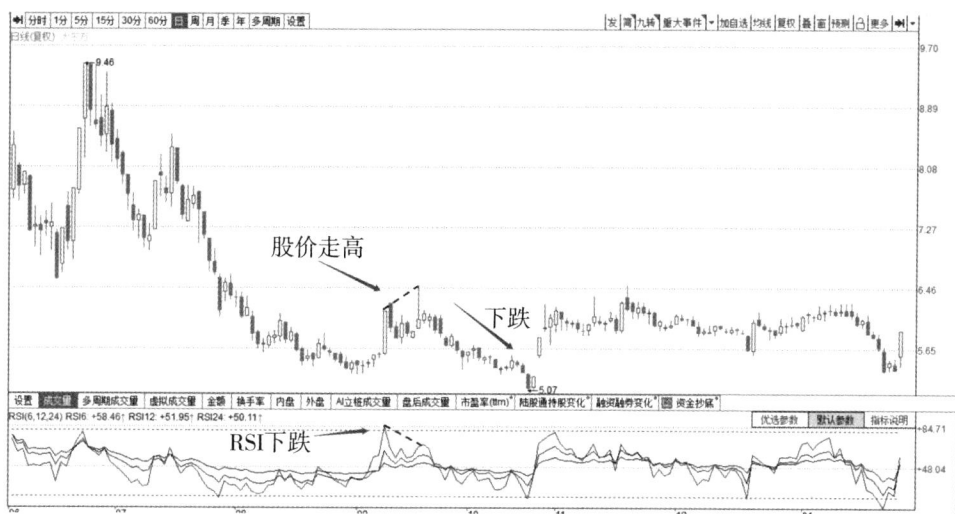

图 6-3　大东方日线级别 K 线图

（2）底背离

图 6-4 为青海春天日线级别 K 线图，时间跨度为 2021 年 6 月 3 日到 2022 年 1 月 31 日。图中所示，RSI 上涨，股价走低，形成了底背离。图中可见，股价随后反弹大涨。一旦股价出现底背离，可以适当买入，一般都能有一波短期的获利。

图6-4 青海春天日线级别 K 线图

6.1.3 RSI 指标的主要用法

RSI 也可以像股价一样使用形态来预判股价未来可能运行的方向，且成功率往往高于 K 线形态。RSI 一般出现最多的形态是 M 顶和 W 底，在使用 RSI 形态时，一般是看变化最快的那条线，其他两条线一般变化较趋近，形态不明显。

1.M 顶形态战法

当 RSI 指标在超买区域出现 M 顶后，一旦 RSI 指标向下穿越形成死叉，则应卖出股票。

图 6-5 为德生科技日线级别 K 线图，时间跨度为 2021 年 6 月 3 日到 2022 年 1 月 31 日。图中所示，RIS 在高位形成了 M 顶形态，往往预示股价后市大概率下跌，甚至反转，一旦 RSI 向下穿越形成死叉，则应及时抽身，否则可能蒙受巨大的损失。图中可见，股价随后，单边下跌。

RSI 的 M 顶用法，需要注意以下几点：

① RSI 两顶之间的下跌，没有向下穿越（形成死叉）最好。因为如果向下穿越形成了死叉，那么表明股价有了相对充分的调整，超买程度将会有所缓和，不利于 M 顶看跌。

② M 顶必须在高位形成，即 M 的两个顶点至少要在超买区域 80 附近，越高越好。

图6-5　德生科技日线级别 K 线图

③M 顶的第二个顶点比第一个顶点低一些更好，因为这样有机会形成顶背离，更能增强股价下跌的概率，如图 6-5 所示，行情就是形成了顶背离（股价走高，而 RSI 走低）。

④与其他指标产生共振（比如突破趋势线、突破区间等），可增加成功率。如图 6-5 所示，M 顶跌破时，股价刚好也跌破了震荡期的低点支撑。

2.W 底形态战法

当 RSI 指标在超卖区域出现 W 底后，一旦 RSI 向上穿越形成金叉，则应买入股票。

图 6-6 为德生科技日线级别 K 线图，时间跨度为 2021 年 6 月 3 日到 2022 年 1 月 31 日。图中所示，RIS 在底位形成了 W 顶形态，往往预示股价后市大概率上涨，甚至反转，一旦 RSI 向上穿越形成金叉，则可积极入市。图中可见，股价随后，大幅上涨。

RSI 的 W 底用法，需要注意以下几点：

①RSI 两底之间的上涨，没有向上穿越（形成金叉）最好，如果穿越表明股价有了相对充分的调整，超买程度会有所缓和，将不利于 W 底看涨。

②W 底必须在低位形成，即 W 的两个低点至少要在超卖区域 20 附近，越低越好。

③W 底的第二个低点比第一个低点高一些更好，因为这样有机会形成底背

离，更能增强股价上涨的概率，如图 6-6 所示，行情就是形成了底背离（股价走低，而 RSI 略微走高）。

④与其他指标产生共振（比如突破趋势线、突破区间等），可增加成功率。如图 6-6 所示，W 底突破时，股价明显突破了下降趋势线。

图 6-6　德生科技日线级别 K 线图

6.2　KDJ 指标

6.2.1　KDJ 指标简介

KDJ 指标又叫随机指标，是根据统计学原理，通过一个特定周期（常为 9 日、9 周等）内出现过的最高价、最低价和最后一个计算周期的收盘价及这三者之间的比例关系，来计算最后一个计算周期的未成熟随机值 RSV，然后根据平滑移动平均线的方法来计算 K 值、D 值与 J 值，并绘成曲线图来研判股票走势。KDJ 指标在设计过程中主要是研究最高价、最低价和收盘价之间的关系，同时也融合了动量观念、强弱指标和移动平均线的一些优点，因此，能够比较迅速、快捷、直观地研判行情。KDJ 也是一种超买超卖指标，是一种指导短线操作的指标，尤其在震荡市场中应用最佳。

K 值与 D 值永远介于 0 ～ 100；J 取值可以在 0 ～ 100，也可以低于 0 或者超过 100。

①K线是快速确认线，其数值在 90 以上时为超买，数值在 10 以下时为超卖。

②D 线是慢速主干线，其数值在 80 以上时为超买，数值在 20 以下时为超卖。

③J 值反应 K 值和 D 值的乖离程度，其数值在 0 ~ 100 时属于价格正常区域，低于 0 和超过 100 时都属于价格的非正常区域，超过 100 时为超买，低于 0 时为超卖。

根据 KDJ 的取值范围，可以将其划分为三个区域：KDJ 三值同时在 80 以上时为超买区，KDJ 三值同时在 20 以下时为超卖区，其余为徘徊区。

KDJ 三者的值都位于 50 以上时，为多头市场，行情容易上涨；KDJ 三者的值都位于 50 以下时，为空头市场，行情容易下降；KDJ 三者的值都位于 50 附近时，表示多空双方力量均衡，行情可能进入震荡期。就敏感性而言，J 值最强，K 值次之，D 值最差；就安全性而言，J 值最差，K 值次之，D 值最稳健。

J 线为方向敏感线，当 J 值大于 90，特别是连续数天大于 90 时，价格往往会形成短期头部；而当 J 值小于 10，特别是连续天数小于 10 时，价格往往会形成短期底部。KDJ 向上交叉穿越时，称为金叉；KDJ 向下交叉穿越时，称为死叉。KDJ 形成金叉时，表示行情短期可能走强；KDJ 形成死叉时，表示行情短期可能走弱。

图 6-7 为天津普林日线级别 K 线图，时间跨度为 2021 年 6 月 3 日到 2022 年 1 月 31 日，图中箭头所指的就是 KDJ 指标。

图 6-7　天津普林日线级别 K 线图

6.2.2　KDJ 指标的作用

1. 指示行情超买超卖

当 KDJ 三值同时大于 80 时，显示市场已到达超买状态，价格大概率会回落调整，一旦 KDJ 高位向下穿越形成死叉，是卖出信号；当 RSI 三值同时小于 20 时，显示市场已经达到超卖状态，价格大概率会反弹回升，一旦 KDJ 低位向上穿越形成金叉，是买入信号。

图 6-8 为天津普林日线级别 K 线图，时间跨度为 2021 年 6 月 3 日到 2022 年 1 月 31 日。图中所示，KDJ 三值在 20 下方回升，并形成金叉，此时为买入信号，图中可见，股价随着 KDJ 的走高，快速上涨。随后 KDJ 三值在 80 上方回落，并形成死叉，此时为卖出信号，图中可见，股价随后快速向下调整。

图 6-8　天津普林日线级别 K 线图

需要注意的是，在应用 KDJ 超买超卖的作用时，当行情出现超卖后，不要急于抄底，应该等 KDJ 形成金叉时再买入，以避免 KDJ 钝化的情况，一旦发生这样的情况，KDJ 可以持续显示超卖，股价也会一直下跌，如果过早地抄底，会有较大的风险。但即使这样，KDJ 还具有滞后效应，很多时候，金叉出现时，投资者刚买进股票，行情可能马上又开始回落，容易套在最高点。因此 KDJ 指标一般也不能单独使用，可以配合趋势指标、K 线形态等一起使用，以增加准确率。

2. 指示行情背离

当 KDJ 出现背离时，是提示行情短期即将回档的信号。当 KDJ 出现顶背离时，表示行情短期有回落需求，应及时卖出股票；当出现底背离时，行情短期有反弹需求，可以买入股票。一般而言，RDJ 的背离实用性，明显会高于超买超卖。

（1）顶背离

图 6-9 为天津普林日线级别 K 线图，时间跨度为 2021 年 6 月 3 日到 2022 年 1 月 31 日。图中所示，KDJ 下跌，股价走高，形成了顶背离。图中可见，股价随后快速下跌。一旦股价出现顶背离，应该及时卖出股票，减少损失。

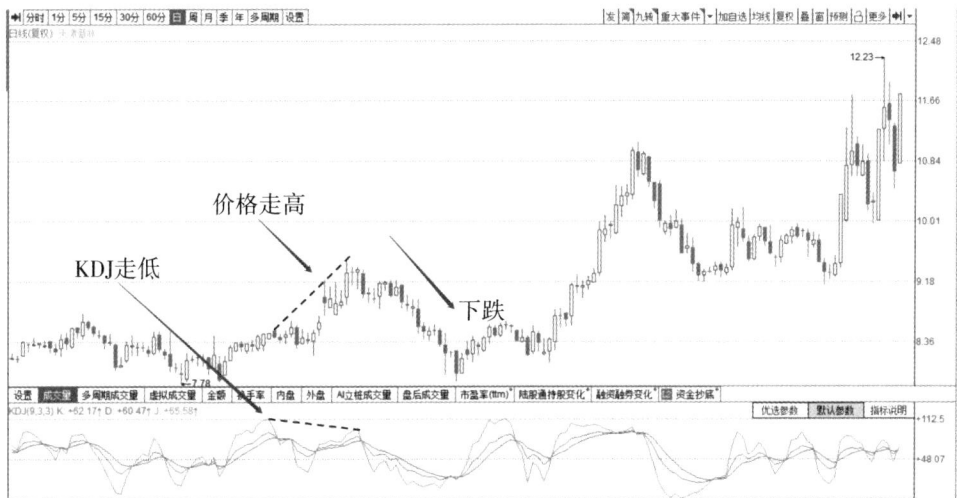

图 6-9　天津普林日线级别 K 线图

（2）底背离

图 6-10 为青海春天日线级别 K 线图，时间跨度为 2021 年 6 月 3 日到 2022 年 1 月 31 日。图中所示，KDJ 上涨，股价走低，形成了底背离。图中可见，股价随后震荡上涨。一旦股价出现底背离时，可以建仓买入，对于短线操作来说，一般都会有一波不错的收获。

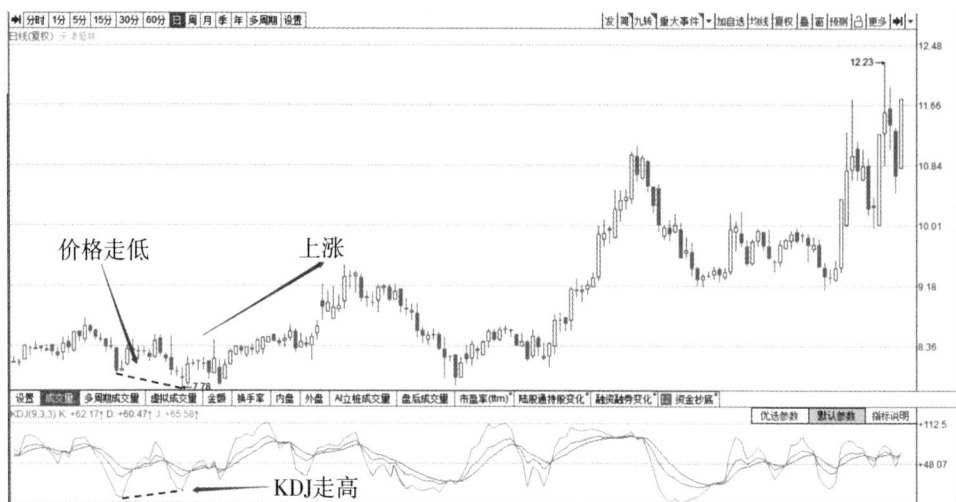

图 6-10　青海春天日线级别 K 线图

6.2.3　KDJ 指标的高级战法

KDJ 也可以像股价一样使用形态来预判股价未来可能运行的方向，且成功率往往高于 K 线形态。RSI 一般出现最多的形态是 M 顶和 W 底，在使用 KDJ 形态时，一般是看变化最快的线，其他两条线一般变化较趋近，形态不明显。

1.M 顶形态战法

当 KDJ 指标在超买区域出现 M 顶后，一旦 KDJ 指标向下穿越形成死叉，则应卖出股票。

图 6-11 为沐邦高科日线级别 K 线图，时间跨度为 2021 年 6 月 3 日到 2022 年 1 月 31 日。图中所示，KDJ 在高位形成了 M 顶形态，往往预示股价后市大概率下跌，甚至反转，一旦 KDJ 向下穿越形成死叉，则应快速逃离，否则将可能产生较大的损失。图中可见，股价随后强势下跌，连跌 12 个交易日。

RSI 的 M 顶用法，需要注意以下几点：

① KDJ 两顶之间的下跌，没有向下穿越（形成死叉）最好，因为如果向下穿越形成了死叉，那么表明股价有了相对充分的调整，超买程度将会有所缓和，将不利于 M 顶看跌。

② M 顶必须在高位形成，即 M 的两个顶点的 J 线，至少要在 100 附近，越高越好。

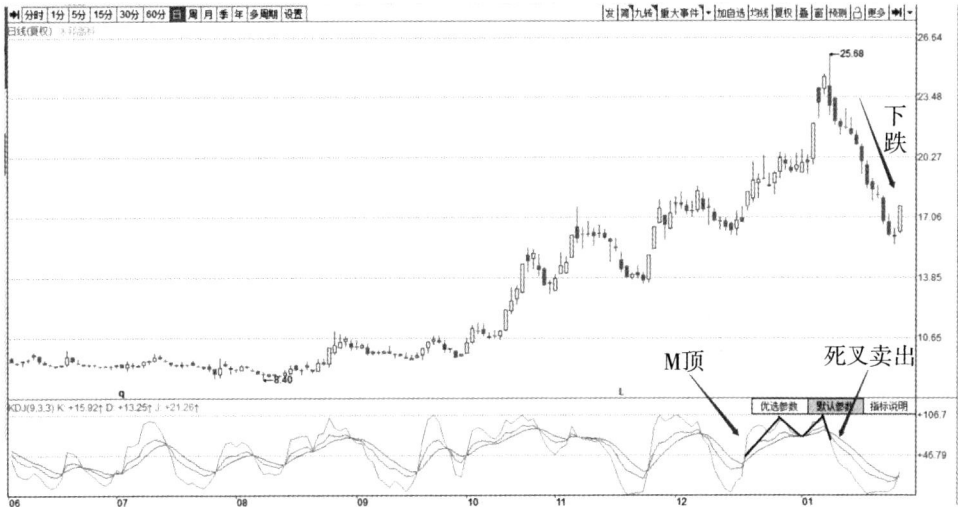

图6-11 沐邦高科日线级别K线图

③M顶的第二个顶点比第一个顶点低一些更好，因为这样有机会形成顶背离，更能增强股价下跌的概率，如图6-11所示，行情就是形成了明显的顶背离（股价大幅走高，而KDJ走平）。

④与其他指标产生共振（比如突破趋势线、突破区间等），可增加成功率。如图6-11所示，M顶跌破时，股价刚好也跌破了前期跳空缺口的支撑。

2.W底形态战法

当KDJ指标在超卖区域出现W底后，一旦KDJ向上穿越形成金叉，则应大胆买入股票。

图6-12为豪森股份日线级别K线图，时间跨度为2021年6月3日到2022年1月31日。图中所示，KDJ在底位形成了W顶形态，往往预示股价后市大概率上涨，甚至反转，一旦KDJ向上穿越形成金叉，则可大胆买入。图中可见，股价随后，强劲上升。

KDJ的W底用法，需要注意以下几点：

①KDJ两底之间的上涨，没有向上穿越（形成金叉）最好，因为如果向上穿越形成了金叉，那么表明股价有了相对充分的调整，超卖程度将会有所缓和，将不利于W底看涨。

②W底必须在低位形成，即W的两个低点至少要在0附近，越低越好。

③W底的第二个低点比第一个低点高一些更好，因为这样有机会形成底背

离，更能增强股价上涨的概率，如图 6-12 所示，行情就是形成了底背离（股价走低，而 KDJ 略微走高）。

④与其他指标产生共振（比如突破趋势线、突破区间等），可增加成功率。

图 6-12　豪森股份日线级别 K 线图

第七章　中性指标

7.1　布林指标（BOLL）

7.1.1　布林带简介

布林带指标是根据统计学中的标准差原理设计出来的一种非常实用的技术指标，其利用统计原理，求出价格的标准差及其信赖区间，从而确定价格的波动范围及未来走势，如果脱离了股价信道，则意味着行情处在极端的状态下。

布林带指标由三条轨道线组成，其中上下两条线分别可以看作价格的压力线和支撑线，在两条线之间是一条价格平均线。一般情况下，80% 的价格线能落在布林带之内，而且随价格的变化自动调整轨道的位置。这条带状区的宽窄，随着价格波动幅度的大小而变化，价格涨跌幅度加大时，带状区变宽；价格涨跌幅度小时，带状区则变窄。布林线的指标参数一般设置为（20，2）。

绝大多数技术分析指标都是通过数量的方法构造出来的，它们本身不依赖趋势分析和形态分析，而 BOLL 指标却与股价的形态和趋势有着密不可分的联系。BOLL 指标中的股价通道概念正是股价趋势理论的直观表现形式。当股价波动很小，处于盘整时，股价通道就会变窄，这可能预示着股价的波动处于暂时的平静期；当股价波动超出狭窄的股价通道上轨时，预示着股价异常激烈地向上波动即将开始；当股价波动超出狭窄的股价通道下轨时，同样也预示着股价异常激烈地向下波动将开始。因此布林带是一种双性指标，既可以指示震荡行情，也可以指示单边趋势行情。

图 7-11 为星湖科技日线级别 K 线图，时间跨度为 2021 年 6 月 3 日到 2022 年1 月 31 日。图中所示带状通道即为布林带，通道上线为布林带上轨，通道下线为布林带下轨，通道中线为布林带中轨，价格基本在布林带内部运行。

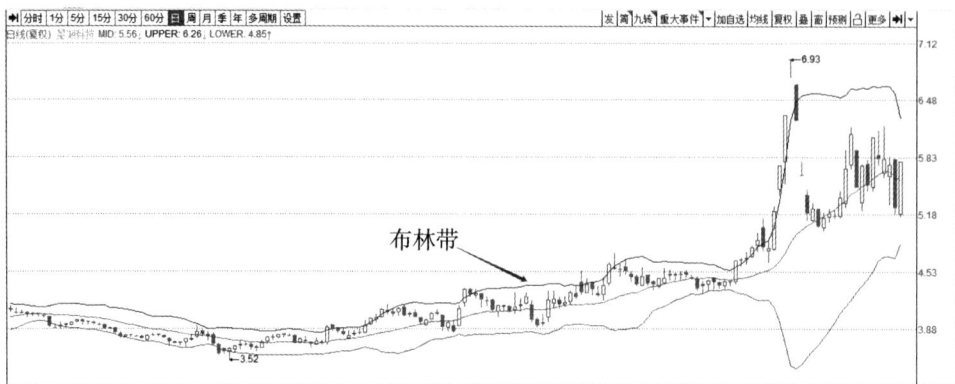

图7-1　星湖科技日线级别K线图

7.1.2　布林带的作用

布林带是最简单且最实用的指标之一，其主要有7种作用，对交易具有极其重要的作用。

1. 指示行情震荡

当布林带开口走平，三轨走平时，价格处于震荡时期，无趋势。

图7-12为星湖科技日线级别K线图，时间跨度为2021年6月3日到2022年1月31日。图中所示，布林带趋于水平，股价在布林带内上下震荡，毫无趋势。

图7-2　星湖科技日线级别K线图

2. 指示行情趋势

当布林带开口向下，三轨朝下运行时，价格处于下降趋势。

当布林带开口向上，三轨朝上运行时，价格处于上升趋势。

图 7-3 为桂林旅游日线级别 K 线图，时间跨度为 2021 年 6 月 3 日到 2022 年 1 月 31 日。图中所示，布林带开口向下，三轨朝下运行时，价格单边下跌，处于下降趋势；布林带开口向上，三轨朝上运行时，价格强劲拉升，处于上升趋势。

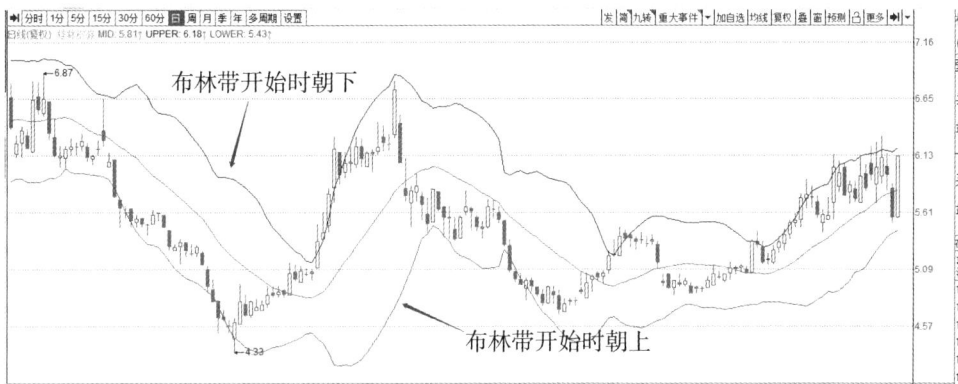

图 7-3　桂林旅游日线级别 K 线图

3. 揭示趋势强度

布林带不但可以指示趋势方向，还可以揭示趋势的强度。布林带开始时越朝上，表明上涨趋势越强；布林带开始时越朝下，表明下跌趋势越猛。

图 7-4 为方润科技日线级别 K 线图，时间跨度为 2021 年 6 月 3 日到 2022 年 1 月 31 日。图中所示，箭头 2 处的布林带朝上的程度明显大于 1，行情也是 2 处的上涨趋势强度明显大于 1。1 处的行情小幅上冲之后便下跌，而 2 处的行情强劲大涨。

图 7-4　方润科技日线级别 K 线图

4. 反映成交意愿的强弱

布林带窄口时，表明股价波动变小，成交意愿不足，往往处于行情下跌的底部期，或上涨途中的调整期；布林带宽口时，表明股价波动变大，成交意愿强烈，往往处于明显的趋势中或行情顶部。在行情的顶部，多空分歧加剧，会使得行情上下巨震，从而导致布林带变宽；而在行情上涨或下跌中期，价格持续上涨或下跌，往往会使得布林带张口且变宽。

图 7-5 为德生科技日线级别 K 线图，时间跨度为 2021 年 6 月 3 日到 2022 年 1 月 31 日。图中所示，布林带缩口期，成交量异常萎靡，表示人气不足，成交意愿不强；布林带张口和变宽时，成交量明显剧增，表明成交意愿强烈，反应趋势要么会加强，要么将结束。

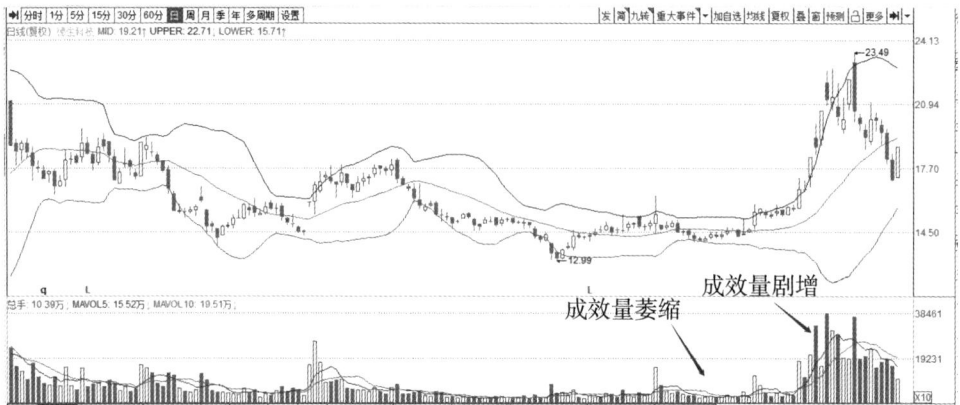

图 7-5　德生科技日线级别 K 线图

5. 显示超买超卖

价格一般都是在布林带之内运行的，价格升穿布林带上轨，运行在布林带之上，处于超买区域，预示价格随时都有回调至布林带之内的可能；价格跌破布林带下轨，运行在布林带之下，处于超卖区域，预示价格随时都有反弹至布林带之内的可能。

图 7-6 为德生科技日线级别 K 线图，时间跨度为 2021 年 6 月 3 日到 2022 年 1 月 31 日。图中所示，价格越过布林带上轨时，价格总是会很快下跌，有的是小幅回撤，有的则是直接反转大跌；价格跌破布林带下轨时，价格总是会很快上涨，有的是小幅反弹，有的则是直接反转大涨。

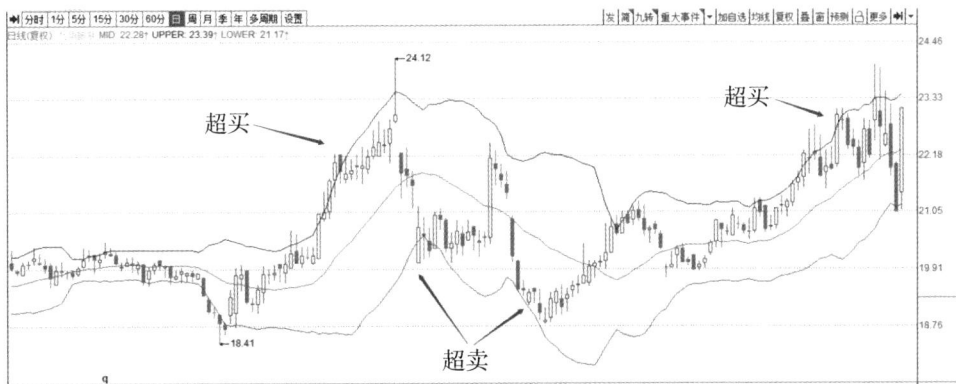

图 7-6 德生科技日线级别 K 线图

6. 提供支撑阻力

由于布林带上下轨可以显示超买超卖作用，所以当价格在布林带内运行时，布林带上轨对价格起到压力作用，布林带下轨对价格起到支撑作用。而布林中轨是多空分水界，当价格运行于布林带中轨之上时，属于多头阵地，布林带中轨起支撑作用；当价格运行在布林带中轨之下，属于空头阵地，布林带中轨起到压力作用。

图 7-7 为华翔股份日线级别 K 线图，时间跨度为 2021 年 6 月 3 日到 2022 年 1 月 31 日。图中所示，股价在布林上轨运行时，容易受压下跌；价格在布林下轨运行时，容易受支撑上涨；价格在布林中轨下方运行时，价格反弹触及中轨，容易承压下跌；价格在布林中轨上方运行时，价格回落触及中轨，容易受支撑反弹。

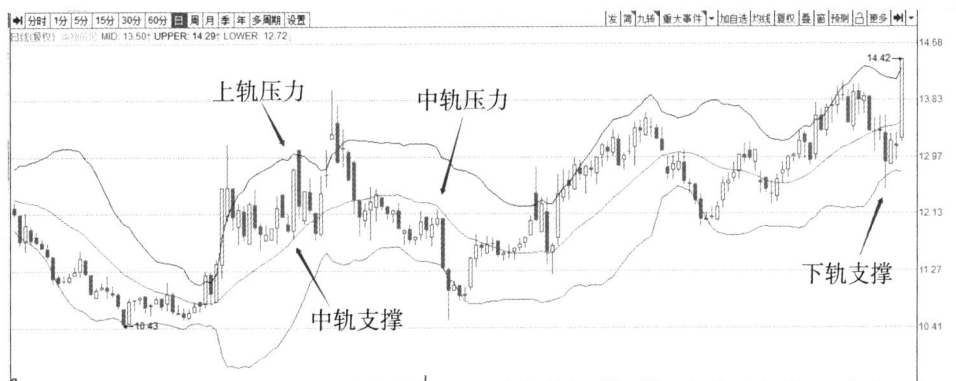

图 7-7 华翔股份日线级别 K 线图

重点提示：如果笼统地讲，那就是布林上轨对股价具有压力作用，布林下轨对股价具有支撑作用，布林中轨为股价的多空分水界，既可以提供支撑也可以提供压力。而事实上，读者如果仔细观察，会发现价格很多时候触及布林上轨时，还会继续上涨，若早早卖出股票，则将错过后市巨大的利润；价格很多时候触及布林下轨时，也会持续下跌，若买进股票，很容易产生巨大的亏损；而中轨也会经常被股价来回越穿，多空分水界的作用并不明显。

其实，布林带上轨的压力作用、下轨的支撑作用，以及中轨的多空分界作用，只有在其特定的条件下才会高概率发挥作用，这个特点是布林带的新规律。布林带的新规律一共有四条，这是布林带的精华所在，布林带所有的赚钱能力，基本都聚集在这四条新规律之上，我们称布林带这四条新规律为布林四定律。笔者在《买在起涨点》一书中介绍的布林带撒手锏正是建立在布林四定律基础之上的布林带最强战法。多数投资者使用布林带时，总是感觉很不好用，最大的原因是没有发现这四条新规律。

新规律一：只有上轨斜率大幅度朝下时，才会产生强劲而精准的压力，且越朝下压力越大。

图7-8为幸福蓝海日线级别K线图，时间跨度为2020年7月13日到2022年1月28日。图中可见，当布林上轨朝下时，无一例外都对股价产生了精准的压力，每次股价反弹触及上轨时，都是精准下跌，若依此作为出场条件往往都能卖在最高点。

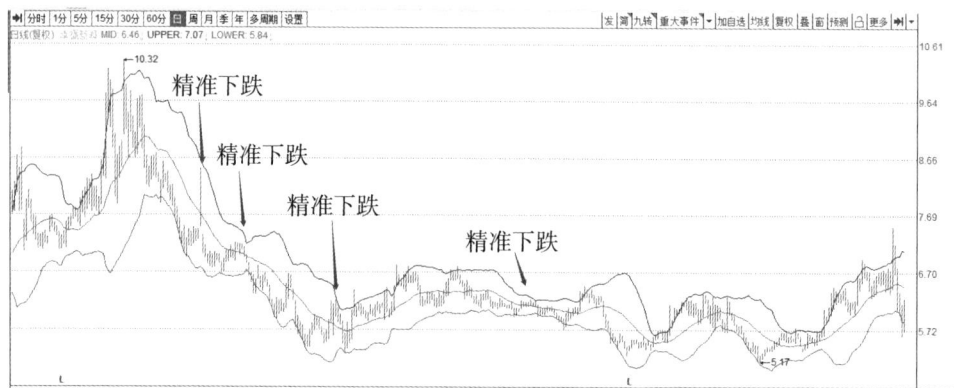

图7-8　幸福蓝海日线级别K线图

新规律二：只有下轨斜率大幅度朝上时，才会产生强劲而精准的支撑，且越朝上支撑越强。

图 7-9 为通威股份日线级别 K 线图，行情时间跨度为 2019 年 12 月 4 日到 2021 年 9 月 13 日。图中箭头所示，当布林下轨朝上时，股价都是回落触及下轨时，精准地反弹上涨。

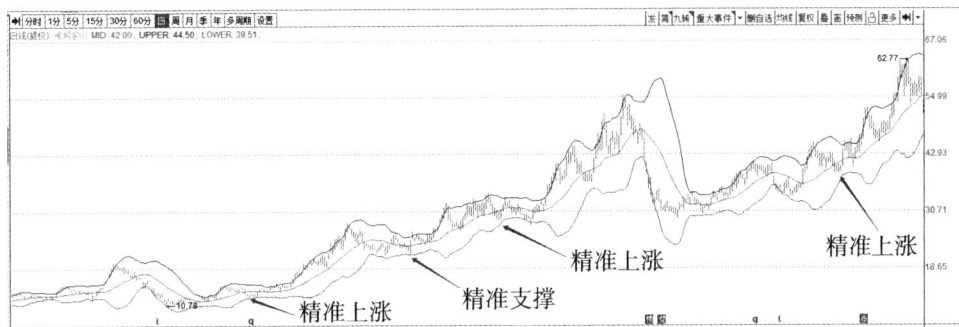

图 7-9　通威股份日线级别 K 线图

新规律三： 只有中轨斜率大幅度朝下时，才会产生强劲而精准的压力，且越朝下压力越强。

图 7-10 为普门科技日线级别 K 线图，行情时间跨度为 2020 年 7 月 14 日到 2022 年 1 月 28 日。图中箭头所示，当布林中轨大幅度朝下时，股价几乎每次反弹触及中轨时，都精准地承压下跌。

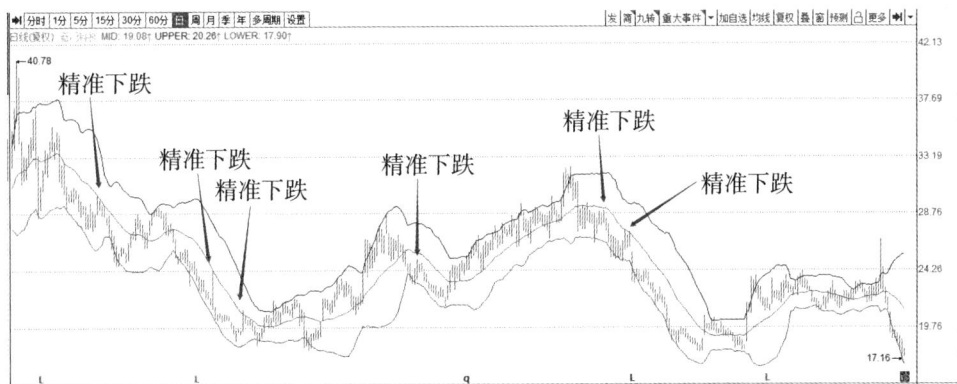

图 7-10　普门科技日线级别 K 线图

新规律四： 只有中轨斜率大幅度朝上时，才会产生强劲而精准的支撑，且越朝上支撑越强。

图 7-11 为固德咸日线级别 K 线图，行情时间跨度为 2021 年 4 月 2 日到 2021 年 12 月 3 日。图中箭头所示，当布林中轨大幅度朝上时，股价几乎每次回

落触及中轨时，都精准地受支撑上涨。

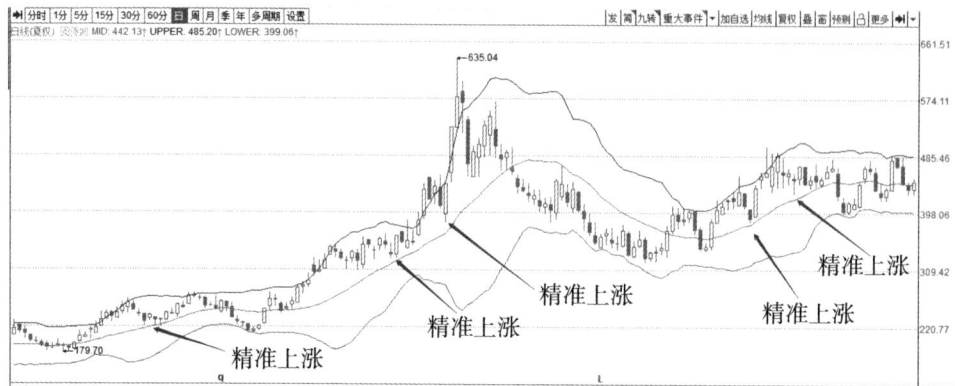

图 7-11　固德咸日线级别 K 线图

7. 成本推动效应

成本推动效应是指当布林带中轨的斜率极大时，都会不可避免地推动股价的上涨或下跌。成本推动效应是从数字运动规律上总结出来的，当中轨朝下斜率极大时，股价往往都会不可避免地被打压下降；当中轨朝上的斜率极大时，股价往往都会不可避免地被推升上涨。因此追踪布林中轨的斜率，往往就能准确把握趋势的方向。

图 7-12 为康众医疗日线级别 K 线图，时间跨度为 2020 年 7 月 13 日到 2022 年 1 月 28 日。图中所示，股价在中轨附近下跌，将中轨大幅拉下来，此时斜率朝下巨大的布林中轨会对股价起推动效应，后市行情极容易继续被推动而下跌，即使不跌，也会非常难涨。图中可见，股价随后持续下行。

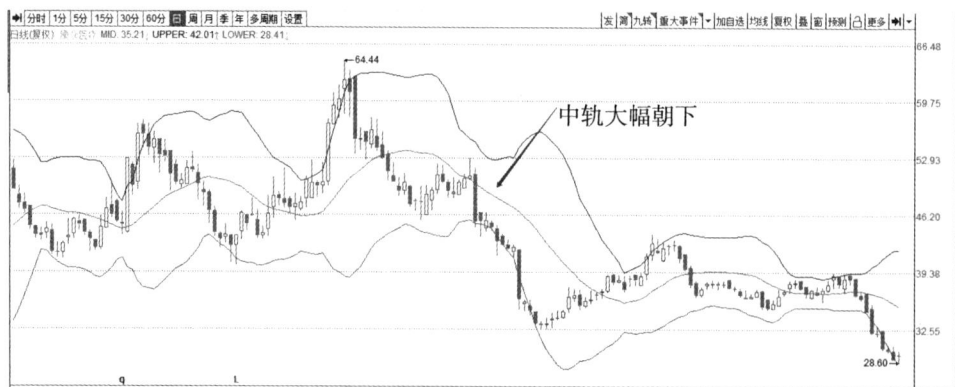

图 7-12　康众医疗日线级别 K 线图

图 7-13 为赛特新材日线级别 K 线图，时间跨度为 2020 年 7 月 13 日到 2022 年 1 月 28 日。图中所示，股价快速上涨，将布林中轨拉上来之后，此时斜率朝上巨大的布林中轨会对股价起推动效应，后市行情极容易继续被推动而上涨，即使不涨，也会非常难跌。图中可见，股价随后继续上涨，再创新高。

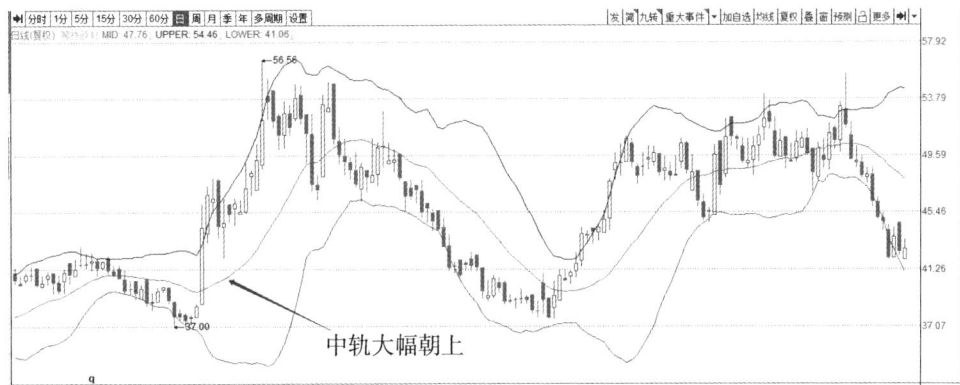

图 7-13　赛特新材日线级别 K 线图

7.1.3　布林指标的基本用法

本节我们将介绍布林带的三种基本方法，如果要学习布林带杀手锏，可以阅读研究笔者《买在起涨点》这本书。

1. 震荡用法

震荡用法是布林带使用最多的一种方法。因为行情总是会落在布林带之内运行，所以短线操作者喜欢在布林带下轨买入股票，然后在布林带上轨卖出股票。注意震荡用法的前提是，只适用在震荡行情中短线操作，在趋势行情中，往往会容易亏钱。所以使用震荡用法时，必须先查看布林带是否趋于水平，因为趋于水平的布林带，往往就预示着行情震荡。

图 7-14 为九联科技日线级别 K 线图，时间跨度为 2020 年 7 月 13 日到 2022 年 1 月 28 日。图中箭头所示，当在布林下轨买入，然后等布林上轨卖出，一般都能短线获利。

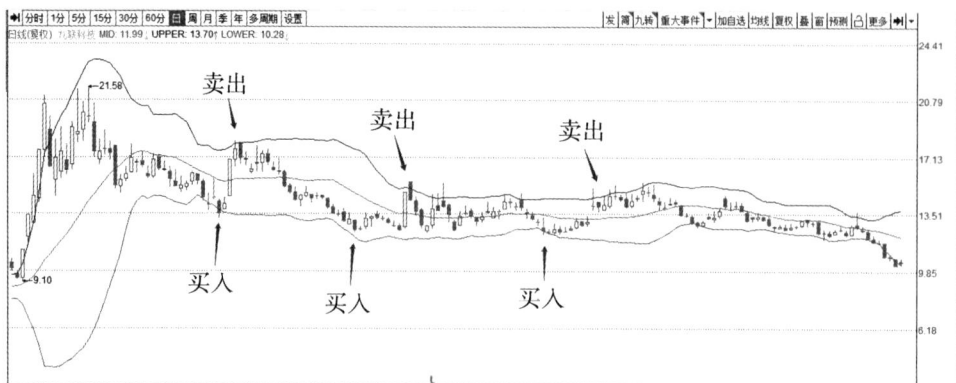

图 7-14　九联科技日线级别 K 线图

2. 趋势用法

布林带趋势用法是当布林带朝上开口，且三线朝上时，买入股票；当布林带朝下开口，且三线朝下时，一定不能碰这只股票，手上有持仓的，应该尽量卖出，规避下跌的风险。趋势用法的前提是，只适用于趋势行情中操作，在震荡期错误会较多。布林带的趋势用法有两种具体入场方法：

（1）当布林带朝上开口，等股价突破重要压力（形态颈线、前期高点等）时买入

图 7-15 为杭州柯林日线级别 K 线图，时间跨度为 2020 年 7 月 13 日到 2022 年 1 月 28 日。图中可见，布林带朝上开口，且三轨朝上，股价强势拉升突破前期整理的高点时买入股票，就能快速获利；当布林带朝下开口，且三轨朝下时，无条件卖出股票，避免长期套牢。

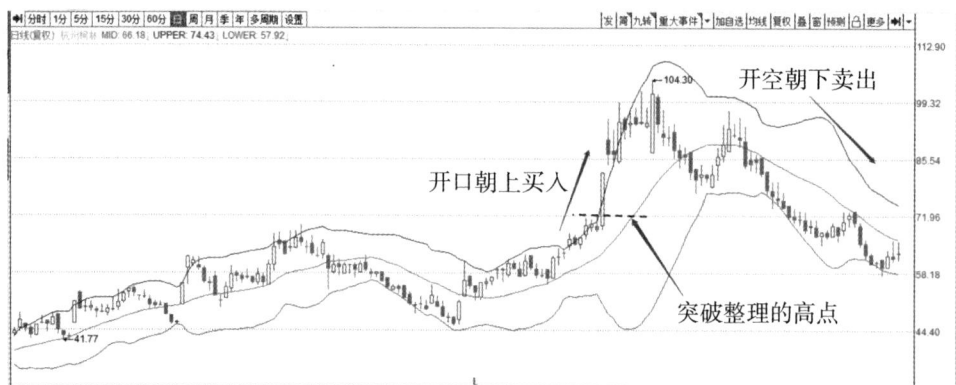

图 7-15　杭州柯林日线级别 K 线图

（2）布林带朝上开口，等股价回撤触及斜率朝上的中轨时买入

图 7-16 为阳光诺和日线级别 K 线图，时间跨度为 2020 年 7 月 13 日到 2022 年 1 月 28 日。图中所示，布林带开口朝上，且中轨大幅朝下，则可以等股价回落至中轨时买入。图中可见，行情在中轨附近立刻起涨，入场的位置就是阶段行情的最低点。

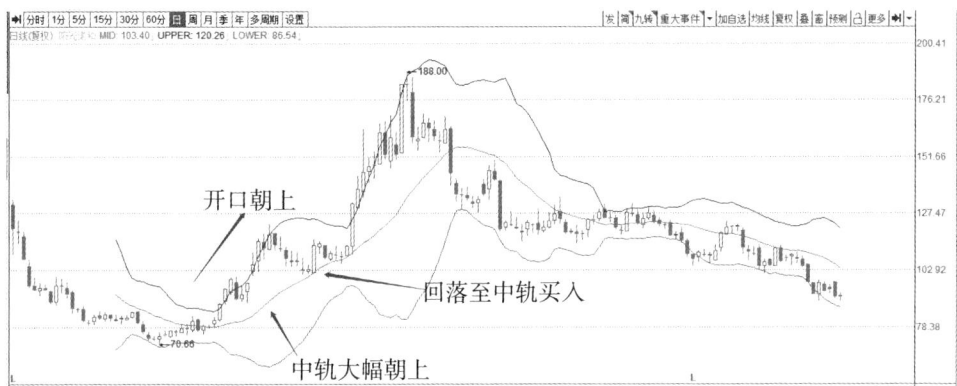

图 7-16　阳光诺和日线级别 K 线图

3. 突破用法

突破用法是布林带用法中相对比较高效的一种方法，是指当股价突破布林带缩口区域时顺势跟进。

突破用法是当布林带朝上开口，且三线朝上时，买入股票；当布林带朝下开口，且三线朝下时，一定不能碰这只股票，手上有持仓的，应该尽量卖出，规避下跌的风险。突破用法的前提是，只适用于趋势行情中操作，在震荡期错误会较多。

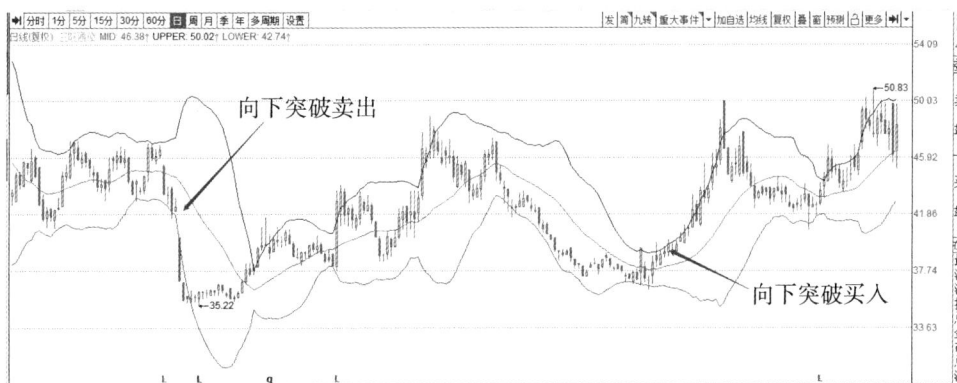

图 7-17　三旺通信日线级别 K 线图

图 7-17 为三旺通信日线级别 K 线图，时间跨度为 2021 年 2 月 26 日到 2022 年 1 月 28 日。图中可见，行情跌破缩口布林带时，应该快速卖出，可避免被套；行情突破缩口布林带时，建仓入场，可以快速获利。

7.2 CCI 指标

7.2.1 CCI 指标简介

CCI 指标又叫顺势指标，是专门用于测量价格是否已超出常态分布范围的指标。与大多数单一利用股票的收盘价、开盘价、最高价或最低价而发明的各种技术分析指标不同，CCI 指标是根据统计学原理，引进价格与固定期间的股价平均区间偏离程度的概念，强调股价平均绝对偏差在股市技术分析中的重要性，是一种比较独特的技术指标。

CCI 属于超买超卖类指标中较特殊的一种，因为它的波动值处于正无穷大和负无穷大之间（一般的超买超卖指标波动值都是一个既定的区间），且不需要以 0 为中轴线（一般正无穷大和负无穷大的指标波动值需要以 0 为中轴），所以 CCI 结合两类指标的优点，使它成为一个比较优越的超买超卖指标。

因为一般的超买超卖指标，像 KDJ、WR 等大多数超买超卖型指标都有 0 ~ 100 上下界限，因此，它们对待一般常态行情的研判比较适用，而对于那些短期内上涨下跌的股票的价格走势，就可能发生指标钝化的现象。而 CCI 指标正是因为它波动于正无穷大到负无穷大之间，因此它的独特之处是不会出现指标钝化现象，这样就有利于投资者更好地研判行情，特别是那些短期内上涨下跌的非常态行情。所以 CCI 既不属于震荡指标，也不属于趋势指标，只为研判剧烈的易懂行情而设计。CCI 指标能抓住 RSI 指标和 KDJ 指标中的极度超买或极度超卖行情，而 RSI 指标和 KDJ 指标对于这样的行情往往都会失效。CCI 指标在实战过程中的特点是，力求速战速决，胜负瞬间即可见晓，一旦方向对了，则短期能获利丰盛；但一旦方向错了，则必须快速撤退，因为短期下跌往往是非常凶猛的。

图 7-18 为科汇股份日线级别 K 线图，时间跨度为 2021 年 6 月 16 日到 2022 年 1 月 28 日，图中箭头所示为 CCI 指标。

图 7-18　科汇股份日线级别 K 线图

7.2.2　CCI 指标的作用

1. 捕捉极端行情

CCI 指标一般在 +100 到 –100 之间，代表行情震荡区，–100 以下和 +100 以上分别为超卖区和超买区。在 +100 到 –100 之间的震荡区，该指标基本上没有意义，不能够对大盘及个股的操作提供明确的建议；当指标处于 –100 以下或者 +100 以上时，表明价格已经脱离常态，进入极端行情之中。

图 7-19 为奥普特日线级别 K 线图，时间跨度为 2021 年 6 月 16 日到 2022 年 1 月 28 日，图中箭头所示为 CCI 指标。图中所示，CCI 升穿 +100 时，股价加速上涨；CCI 跌破 –100 时，股价跳空，断崖式下跌。

当 CCI 指标从下向上突破 +100 线时，表明市场价格已经脱离常态，进入极强的多头之中，应及时进场买入，成功赚钱的效应比较大；而当 CCI 指标从上向下突破 +100 线时，表明市场价格的极端上涨阶段可能结束，将进入一个比较长时间的震荡整理阶段，应及时卖出股票。

图 7-20 为银河微电日线级别 K 线图，时间跨度为 2021 年 6 月 16 日到 2022 年 1 月 28 日。图中所示，CCI 指标向上突破 +100 时后，股价进入极度强势状态，半个月左右赚 70%，如果及时介入，则获利丰厚；CCI 指标向下跌破 +100 后，一定要快速卖出股票，这是因为前期股价无厘头上涨，一旦价格开始回归理性，

则调整幅度往往也是会非常大的，图中可见，股价随后持续大跌。

图 7-19　奥普特日线级别 K 线图

图 7-20　银河微电日线级别 K 线图

当 CCI 指标曲线从上向下突破 –100 线时，表明市场价格已经脱离常态，进入极强的空头之中，应不计成本地卖出股票，切不可留在手中，因为行情往往都会断崖式下跌；当 CCI 指标曲线从下向上突破 –100 线时，表明市场价格的探底阶段可能结束，有可能进入一个盘整阶段，可以尝试买入。

图 7-21 为艾为电子日线级别 K 线图，时间跨度为 2021 年 8 月 16 日到 2022 年

4 月 22 日。图中所示，当 CCI 跌破 –100 时，一定要果断卖出股票，图中可见，股价随后大阴下跌；CCI 升穿 –100 时，表明极端下跌的行情已经结束，股价有可能见底，此时可以少量建仓买入，注意不能大举建仓，CCI 指标最好的入场机会，只能是其向上突破 +100 的时候，因为此时代表的是行情最强阶段。

图 7–21　艾为电子日线级别 K 线图

2. 指示行情背离

当 CCI 出现背离时，是提示极端行情即将结束的信号。当出现顶背离时，表示行情将会下跌，回归常态，一旦 CCI 指标跌破 +100 时，应迅速卖出股票；当出现底背离时，提示极端下跌行情即将结束，股价短期有可能见底，一旦 CCI 指标突破 –100 时，可以尝试性买入股票。

（1）顶背离

图 7-22 为银河微电日线级别 K 线图，时间跨度为 2021 年 6 月 16 日到 2022 年 1 月 28 日。图中所示，CCI 走低，价格一直上涨，出现了强劲的顶背离，当 CCI 跌破 +100 后，就要火速卖出股票。图中可见，股价随后大幅下跌。

图7-22　银河微电日线级别 K 线图

（2）底背离

图 7-23 为九号公司 -WD 日线级别 K 线图，时间跨度为 2021 年 6 月 16 日到 2022 年 1 月 28 日。图中所示，CCI 走高，价格一直在创新低，出现了底背离，当 CCI 突破 -100 后，就可以尝试买入股票。图中可见，股价随后见底，短线反弹逾 20%。

图7-23　九号公司 -WD 日线级别 K 线图

7.2.3　CCI 指标的高级战法

CCI 指标也可以像股价一样使用形态来预判股价未来可能运行的方向，且成功率往往高于 K 线形态。CCI 指标出现最多的形态是 M 顶和 W 底。

1.M 顶形态战法

当 CCI 指标在极端超买区域出现 M 顶后，一旦向下穿越 +100 时，则应火速卖出股票。

图 7-24 为上港集团日线级别 K 线图，时间跨度为 2021 年 6 月 3 日到 2022 年 1 月 31 日。图中所示，CCI 指标在高位形成了 M 顶形态，往往预示极度强势的行情难以为继，股价随时都可能见底，一旦 CCI 指标向下穿 +100 时，应快速出场，不可恋战。图中可见，股价随后强势下跌。

图 7-24　上港集团日线级别 K 线图

CCI 指标的 M 顶用法，需要注意以下几点：

① CCI 指标两顶之间的下跌，没有向下穿越 +100 最好，因为如果向下穿越了 +100，那么表明股价有了相对充分的调整，极端超买程度将会有所缓和，将不利于 M 顶看跌。

② M 顶必须在高位形成，即 M 的两个顶点要在 +100 之上，越高越好。

③ M 顶的第二个顶点比第一个顶点低一些更好，因为这样有机会形成顶背离，更能增强股价下跌的概率，如图 7-24 所示，行情就是形成了明显的顶背离（股价大幅持续创新，而 CCI 指标并未与股价同步创新高）。

④与其他指标产生共振（比如突破趋势线，突破区间等），可增加成功率。

2.W 底形态战法

当 CCI 指标在超卖区域出现 W 底后，一旦 CCI 指标向上穿越 –100 时，则可以建仓买入。

图 7–25 为浙江东日日线级别 K 线图，时间跨度为 2021 年 6 月 3 日到 2022 年 1 月 31 日。图中所示，CCI 指标在底位形成了 W 顶形态，往往预示极端下跌行情很快结束，后市很可能反弹，甚至反转。一旦 CCI 指标向上穿越 –100 时（注意 CCI 指标穿越 –100 之后，不宜上升过快，极快上升往往上涨难以持续，很可能刚进场，就再度掉头下跌，被套在短期顶部），则可大胆买入。图中可见，股价随后，一路震荡上涨。

图 7–25　浙江东日日线级别 K 线图

CCI 指标的 W 底用法，需要注意以下几点：

① CCI 指标两底之间的上涨，没有向上穿越 –100 最好，因为如果向上穿越了 –100，那么表明股价有了相对充分的调整，超卖程度将会有所缓和，将不利于 W 底看涨。

② W 顶必须在低位形成，即 W 的两个低点要在 –100 之下，越低越好。

③ W 顶的第二个低点比第一个低点低一些更好，因为这样有机会形成底背离，更能增强股价上涨的概率，如图 7–25 所示，行情就是形成了底背离（股价走低，而 CCI 指标略微走高）。

④与其他指标产生共振（比如突破趋势线，突破区间等），可增加成功率。

第八章 支撑与阻力

在实际操作过程中，至关重要的一步是选择买入点，就像利弗莫尔所说的一样，"真正从投机买卖中赚得的利润，其实都是来自那些从开始就一直盈利的头寸"。一旦入场点非常好，买进就开始赚，那么前期的利润储备，就能提升你的勇气和耐心持有仓位，不会让你因为市场短期的来回波动而干扰心态。在交易过程中，如果能保持良好的心态，其实就等于已经成功了一大半；而一旦心态受损，则无论使用的技术有多强，知识储备有多丰富，基本注定必败无疑。所以买入点的重要程度不言而喻。

市场中有句话叫作"会买的是徒弟，会卖的才是师傅"，这句话颇富哲理性。买点很好，但是不知道好的卖出时机，那么也很难盈利，甚至经常会发生浮盈变成浮亏的现象，所以选择好的卖点更加重要。

一个投资者对买卖点的把握，往往比看对趋势更加重要。当你趋势看对时，但是入场点不好，买进就开始浮亏，就很容易损伤你的心态，给自己平添心理压力，而压力是正确决策的天敌。所以很多投资者总说，我看对了方向，但就是没赚钱，多数是因为入场点选错了的原因，入场点不好，浮亏吓跑了手中正确的头寸。卖点事关盈利和风险控制，重要程度强过一切。假如你看对了趋势，但是早早卖出，一样赚不到什么钱；一旦你看错了趋势，如果你迟迟舍不得卖出，则会让你蒙受巨额损失。

总的来说，买点和卖点是投资过程中的重要枢纽，交易过程中无法避开。而想要选准买卖点则需要精通市场的支撑阻力知识，因为价格在市场的支撑阻力位置反转的概率非常大，如果我们依据支撑阻力交易往往能获得高胜率，尤其对于短线交易者来说，支撑阻力可谓是成功的唯一筹码。

8.1 支撑阻力定义

当市场上的股价达到某一水平位置时，似乎产生了一条对股价起到推升作用，影响股票价格继续下跌的抵抗线，我们称为支撑线或是支撑位。在价格的支撑位置，实际或潜在的买盘，其数量足以暂时阻止价格的下跌趋势，如图 8-1 所示。

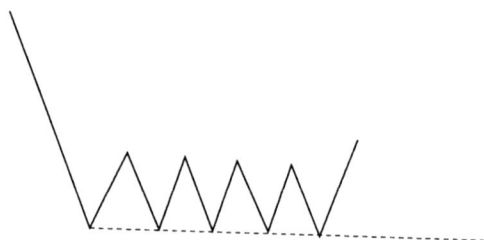

图8–1　支撑位

图 8–2 为联美控股日线级别 K 线图，时间跨度为 2021 年 2 月 26 日到 2022 年 1 月 31 日。图中所示，联美控股在 8.26 元附近多次反弹，所以 8.26 元就是支撑位。

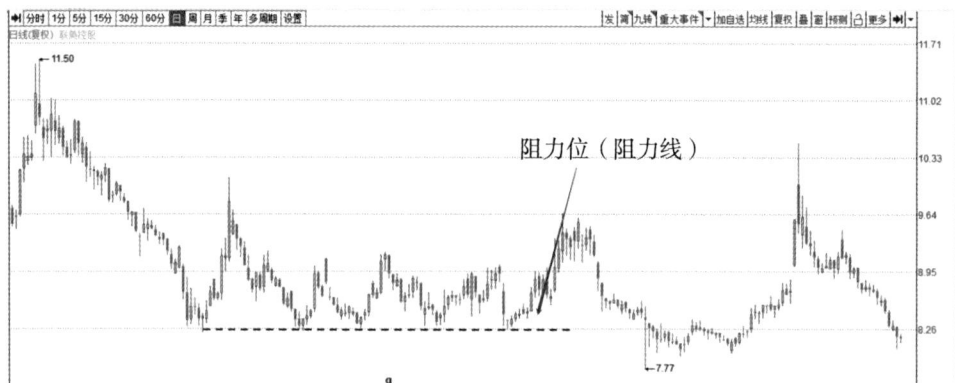

图8–2　联美控股日线级别 K 线图

当市场上的股价达到某一水平位置时，似乎产生了一条对股价起到压制作用、影响股价继续上涨的抵抗线，我们称之为阻力线或是阻力位。在价格的支撑位置，实际或潜在的卖盘，其数量可以满足当时价位的所有买盘并暂时阻止价格上升，如图 8–3 所示。

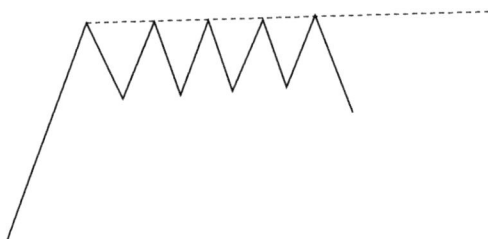

图8–3　阻力位

图 8-4 为泉阳泉日线级别 K 线图，时间跨度为 2021 年 2 月 26 日到 2022 年 1 月 31 日。图中所示，股价多次在虚线位置受阻下跌，那么虚线即为阻力线。

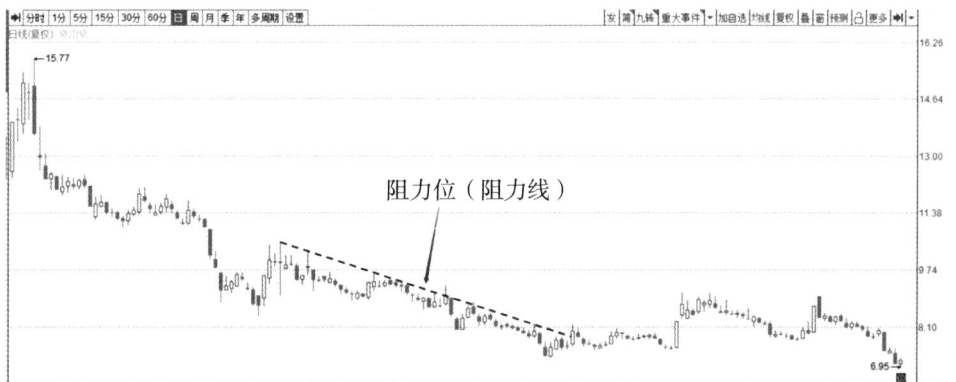

图 8-4　泉阳泉日线级别 K 线图

需要注意的是，支撑阻力可以是一个价格点，也可以是一条线，比如第三章中我们讲的 K 线形态的颈线，实质就是支撑阻力线。支撑阻力更可以是一个价格区域，比如当价格在某个狭窄的区域整理时，那么这个区域就会构成支撑阻力，在后期的行情运动中，会对价格产生支撑或阻力作用。再比如，股价产生跳空缺口时，该缺口的整个区域会对股价产生支撑阻力作用。

8.2　支撑阻力原理

8.2.1　供需原理

波浪是市场价格的永恒定律，价格是上涨和下跌的不断重复，没有只涨不跌的行情，也没有只跌不涨的行情。只要是波浪，那么我们找出市场短线规律，采用短线交易就可实现稳定复利收益，并且短线复利收益往往在相同时间内，能收到中长线的数倍乃至数十倍。

在任何一个商品市场里，供求关系都决定市场的变化和方向。市场之所以会出现波浪走势，是因为在某些特定的价位，市场买方和卖方会不断争夺。当价格下跌到某个特定位置时，买方觉得很便宜，买方变多就会把价格推升，阻止了价格下跌；当价格上升到另一个特定位置时，卖方觉得有利可图，卖方就会大量抛售，阻止了价格上升。我们称这种特定的价格为支撑与阻力。

实际上，支撑位代表需求的集中区域，而阻力位则代表供给的集中区域。我们强调集中区域的观念是因为需求和供给永远处于平衡状态，它们的相对强度或集中程度将决定价格趋势的发展。

8.2.2　心理原理

锚定效应是形成支撑阻力重要的原因。锚定效应是一个心理学名词，指的是人们在对某人某事作出判断时，易受第一印象或第一信息的支配，就像沉入海底的锚一样把人们的思想固定在某处。作为一种心理现象，沉锚效应普遍存在于生活的方方面面，第一印象和先入为主是其在社会生活中的表现形式。而在股票市场中也不例外，当多数人锚定同一位置买进或卖出时，买盘或卖盘的积压，会容易推升价格上涨或下跌，那么对该位置的表现就产生了强大的支撑和阻力。

例如，当市场从先前的某个成本价大涨之后，再次跌回该成本区域，往往会吸引大量的买盘，从而支撑价格反弹。因为有大量投资者在先前市场成本价减仓获利，一旦价格再次回到起始建仓价格，他们都会锚定自己的成本价，根据思维惯性，投资者希望能在同样的价位二次赚到利润，所以倾向于再次买入。而在先前市场成本价位置建仓的投资者往往是很多的，所以逢低回补的需求很大，巨大的买盘力量就会阻止价格下跌，促使价格回升。那么先前的市场成本价在技术上体现的就是支撑作用。

当市场从某个成本价大跌之后，再次回到该成本区域，大部分投资者会因为亏损而懊恼，这就是我们经常听到某某被套的股民说："后悔买错了，只要给我保本机会，我一定卖掉。"被套的股民往往都会锚定自己的成本价，一旦市场回升至保本位置，他们会迅速卖出。而在市场成本价被套的投资者往往是很多的，所以在股价回升先前的市场成本价的时候，就会遭受强劲的抛盘压力，从而导致股价下跌。因此先前的市场成本价在技术上体现的就是阻力作用。

在某一价格点的支撑阻力的强度，取决于在该价位的锚定人数和投资者的感受强度，也就是说在某一个价位认同感人数越多，认同感越深，那么支撑阻力的强度就越大。比如在某一个市场成本价参与的人越多，那么支撑阻力就越强；在某一个价位投资者的希望和懊恼程度越深，那么支撑阻力就越强。比如市场大量投资者在某个价位巨亏或者巨赚，那么对该位置的希望和懊恼程都就会很大，当市场再度触及该价位时，就会表现出强烈的回档效应，也就是支撑阻力更强。

8.3 支撑阻力转换

支撑阻力转换是指股价突破原来的支撑位或阻力位后，该价位就反过来变成了阻力位或支撑位，这种由支撑变成阻力或阻力变成支撑的现象就称为支撑阻力转换。

我们可以从供需原理和心理原理两个方面来解释支撑阻力互换的现象。

（1）供需原理

通常情况下，供需拉锯的作用会导致价格在一个区间上下震荡，也就是说正常情况下，波动不会超越所有人的成本线太远。利弗莫尔早期在对赌行的交易方式就是抓住这种震荡方式，进行多空双向交易。

而在极端情况下，比如某公司因技术革新推出了新产品，新产品的品质更加优越，给买方带来了更高的价值感，那么买方就会愿意接受更高的价格，这会导致不可逆的改变，也就是价格趋势的彻底改变。一方面，研发新技术的过程提高了卖方的成本，当价格试图跌回原先的区间时，卖方价值减少，会减少供应；另一方面，买方由于价格的下跌，剩余价值感会增加，因此会增加买入。这样在供需的拉锯下，就阻止了价格重新跌回原先的价格区间。

（2）心理原理

当震荡区间高点被突破之后，代表技术上出现了积极信号。一方面，会导致卖盘减少；另一方面，会吸引新的买盘，尤其是当价格回撤到区间高点时，前期逢高获利卖出的投资者，倾向于锚定区间高点重新买入。这样前期高点压力就转换成了支撑，如图 8-5 所示。

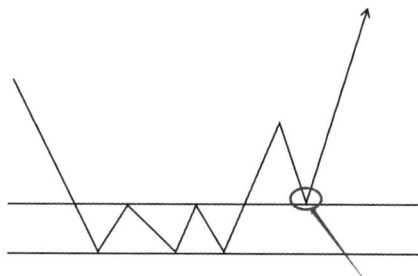

图 8-5　阻力转换为支撑

图 8-6 为中牧股份日线级别 K 线图，时间跨度为 2021 年 6 月 3 日到 2022 年 1 月 31 日。图中所示，中牧股份原先的高点压力被突破后，在后期就变成了支

撑，精准地推动股价上涨。

图 8-6 中牧股份日线级别 K 线图

当震荡区间低点被跌破之后，代表技术上出现了消极信号。一方面，会削弱买方力量；另一方面，亏损的增加会导致卖盘的加重，尤其是当价格反弹到区间低点时，前期区间低位买进的投资者，倾向于锚定区间低点回本卖出。这样前期低点支撑就转换成了压力，如图 8-7 所示。

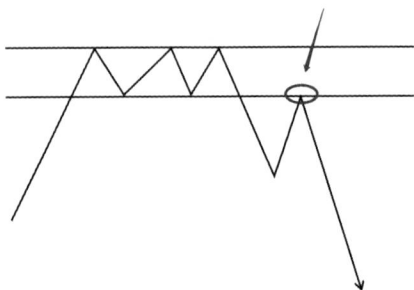

图 8-7 支撑转换为阻力

图 8-8 为派斯林日线级别 K 线图，时间跨度为 2021 年 6 月 3 日到 2022 年 1 月 31 日。图中所示，派斯林原来的低点压力被跌破后，在后期就变成了阻力，精准地打压股价下跌。

发生支撑阻力转换主要取决于以下三个因素：

①原来价格在支撑位或阻力位的成交量越大，在这个区间发生支撑阻力转换的可能性越大。

②原来价格在支撑位或阻力位持续的时间越长，发生支撑阻力转换的可能性越大。

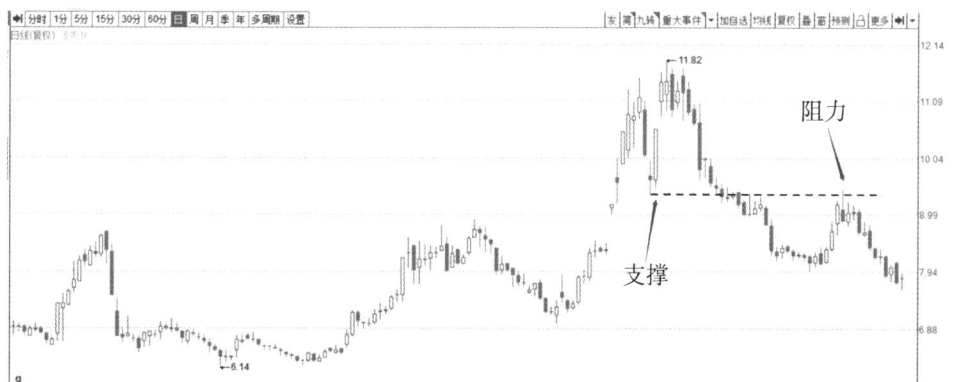

图 8-8　派斯林日线级别 K 线图

③行情触及某一价位次数越多，那么在这一价位上，发生支撑阻力转换的可能性越大。

8.4　判断支撑与压力的方法

本节我们将介绍市场常见的十三种判断支撑阻力的方法，在实际买卖中，入场、止损、追踪止损以及出场整个交易过程都会将支撑阻力作为重要依据。

8.4.1　高低点

前期最高和最低价格是两个极端价格，通常是交易者心里不认可的价格，也不能作为平常价格的代表。但交易者认为这些价格是一天中买进卖出的好价格，一旦价格到达这些高位或低位区，获利了结和反向开设的新头寸同时作用而将价格打压回去。而一旦前期高低点被突破后，往往价格就会继续顺势大幅运行。因此，最高最低价格能够提供有效的支撑和阻力作用。

图 8-9 为返利科技日线级别 K 线图，时间跨度为 2021 年 6 月 3 日到 2022 年 1 月 31 日。图中所示，股价下跌到前期低点附近后精准反弹，说明前期低点对股价起到了支撑作用；股价上涨到前期高点附近后精准下跌，说明前期高点对股价起到了阻力作用。

图 8-10 为返利科技日线级别 K 线图，时间跨度为 2020 年 12 月 14 日到 2021 年 8 月 18 日。图中所示，股价的前期高点被突破后，就变成了支撑，价格连续三次回落前期高点附近后精准反弹；股价的前期低点被跌破后，就变成了压

力，价格连续两次反弹前期低点附近后精准受阻下跌。

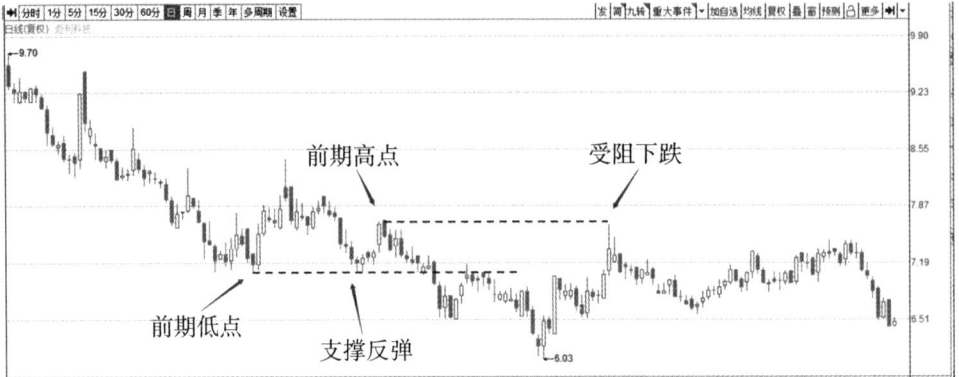

图 8-9　返利科技日线级别 K 线图

图 8-10　返利科技日线级别 K 线图

8.4.2　形态颈线

股价在 K 线形态的颈线位置通常会形成强劲的支撑阻力，这也是在实际操作过程中，必须等形态颈线突破后才能顺势买入的原因。因为一旦形态颈线被突破，则表示颈线发生了支撑阻力转换，股价很难再回到形态之内，代表整理期的结束，新趋势的开始。

图 8-11 为联瑞新材日线级别 K 线图，时间跨度为 2020 年 8 月 13 日到 2021年 7 月 26 日。图中所示，虚线为 W 底形态的颈线。股价在形态突破颈线前，连续两次在颈线位置精准受阻回落。当价格突破颈线后，发生了支撑阻力转换，颈线就由阻力变成了支撑，连续两次精准支撑股价反弹。

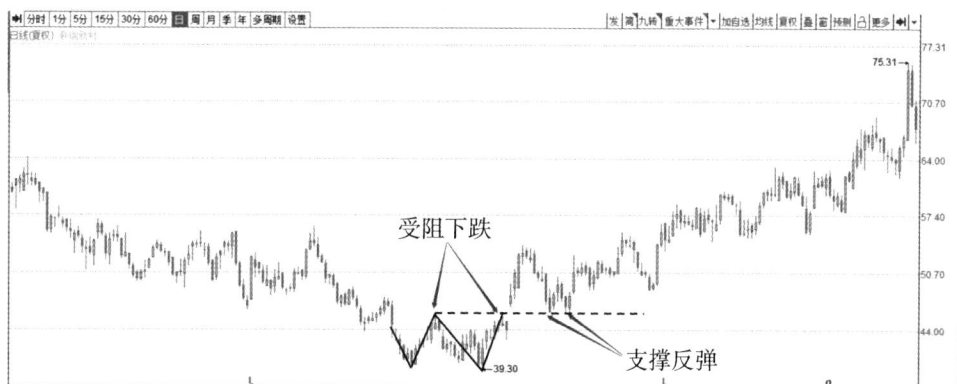

图 8-11 联瑞新材日线级别 K 线图

图 8-12 为迈得医疗日线级别 K 线图，时间跨度为 2020 年 9 月 30 日到 2021 年 9 月 9 日。图中所示，虚线为矩形态的颈线（矩形的高低点可以看作是颈线）。股价在形态突破颈线前，在颈线位置精准受阻下跌。当价格突破颈线后，发生了支撑阻力转换，颈线就由阻力变成了支撑，连续两次精准支撑股价反弹。

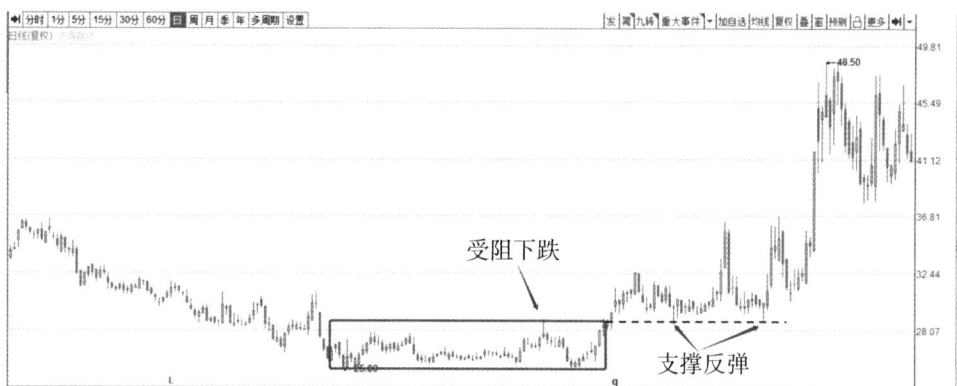

图 8-12 迈得医疗日线级别 K 线图

8.4.3 跳空缺口

根据上一节跳空形态的讲解，我们可以知道除普通缺口外，股价出现其他跳空缺口时，必定有一部分资金是未有效成交的，也就表示有很多投资者踏空了行情。在后续的行情中，当股价回调时，这些踏空资金很有可能进行买入或卖出，导致在缺口附近产生回档，因此跳空缺口就表现出对股价具有支撑阻力的作用。当股价回补上升缺口时，往往会产生巨大的支撑；当股价回补下跌缺口时，往往会产生巨大的阻力；而一旦缺口短时间内被快速回补并越过，则行情反向运动的可能性极大，且一般会发生巨大的反转行情，那么就会发生支撑阻力转换，突破后的缺口会对股价的回档行为产生巨大的阻挡力。

图 8-13 为迈得医疗日线级别 K 线图，时间跨度为 2020 年 1 月 6 日到 2020 年 6 月 30 日。图中所示，股价反弹至前期下降缺口附近两次受阻回落，当下降缺口被突破后，发生了支撑阻力转换，下降缺口就由阻力变成了支撑，连续两次精准支撑股价反弹。要注意的是，缺口是一个价格区域，是整个缺口区域对股价产生了支撑阻力，而不是某个价格点。

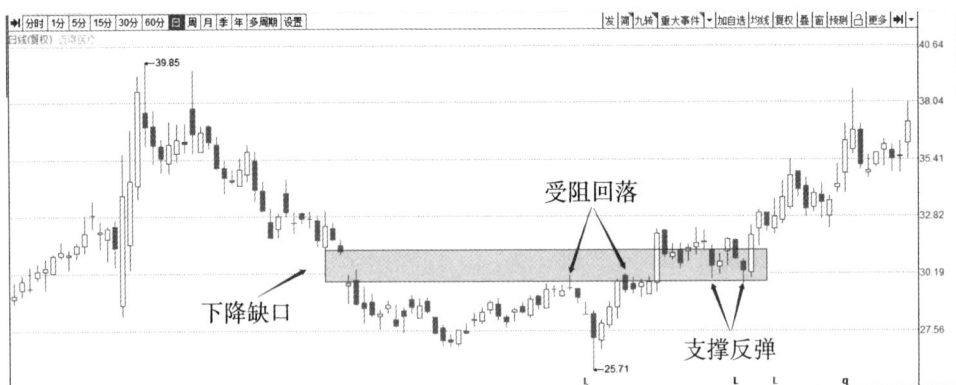

图 8-13　迈得医疗日线级别 K 线图

图 8-14 为艾隆科技日线级别 K 线图，时间跨度为 2021 年 3 月 29 日到 2021 年 11 月 30 日。图中所示，股价回撤至前期上升缺口附近两次精准受支撑反弹，当上升缺口被跌破后，发生了支撑阻力转换，上升缺口就由支撑变成了阻力，连续两次精准打压股价回落。

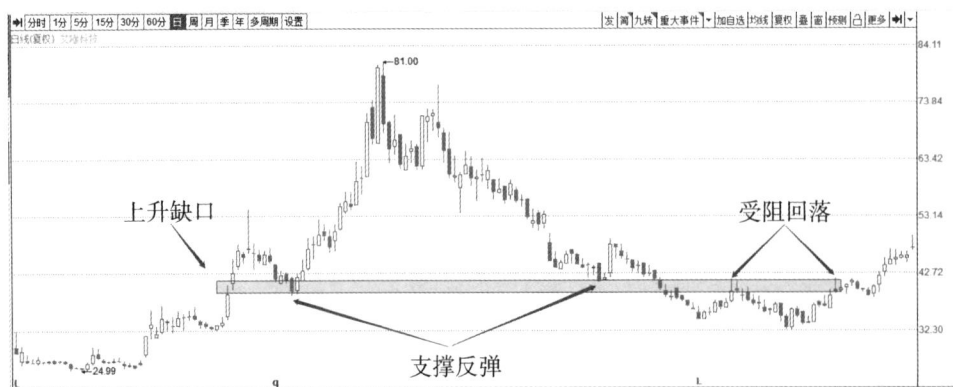

图 8-14　艾隆科技日线级别 K 线图

如图 8-15 所示，2022 年 2 月 7 日是新年开盘的第一条，大盘跳空大涨，跳空的幅度和 2021 年 7 月 29 日跳空上涨的幅度一样，我们可以看到前期上升缺口给股价持续提供了强劲支撑。

第一次支撑：2021 年 7 月 29 日，跳空上涨后，向下回撤，股价回撤至跳空缺口下沿受到支撑，随后强劲上涨。

第二次支撑：2021 年 8 月 20 日，股价下探跳空缺口上沿支撑，迅速回升，大涨 300 多点。

第三次支撑：股价年前触及前期突破缺口的下沿支撑，2022 年 2 月 7 日从支撑位置，精准向上跳空大涨。

图 8-15 为上证指数日线级别 K 线图，行情时间跨度为 2021 年 5 月 26 日到 2022 年 2 月 27 日。

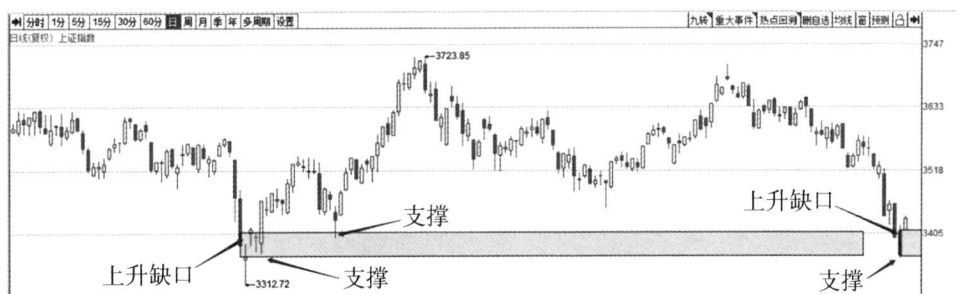

图 8-15　上证指数日线级别 K 线图

8.4.4　黄金分割线

黄金分割线的原理是斐波那契数列，是指价格极为容易在黄金分割线处产生支撑和阻力，其中 0.382 线和 0.618 线支撑阻力意义最强。

图 8-16 为中信建投日线级别 K 线图，时间跨度为 2018 年 9 月 12 日到 2019 年 8 月 26 日。使用黄金分割工具，连接一段局部行情的高低点就可以得到黄金分割线，图中所示，虚线就是黄金分割线。黄金分割的每条线都对股价起着精准的支撑作用，而一旦被跌破后，又会转换成精准的压力。

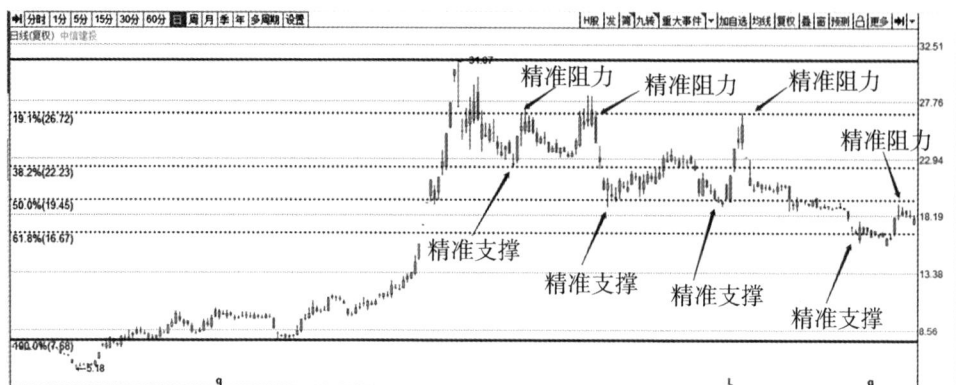

图 8–16　中信建投日线级别 K 线图

　　图 8-17 为林洋能源日线级别 K 线图，时间跨度为 2021 年 2 月 22 日到 2022 年 1 月 27 日。图中所示，股价在黄金割线的 0.382 线和 0.618 线位置精准反弹。一般而言，在一轮上涨行情中，选择行情回调至 0.382 线和 0.618 线两个位置买入，赚钱的概率最高。

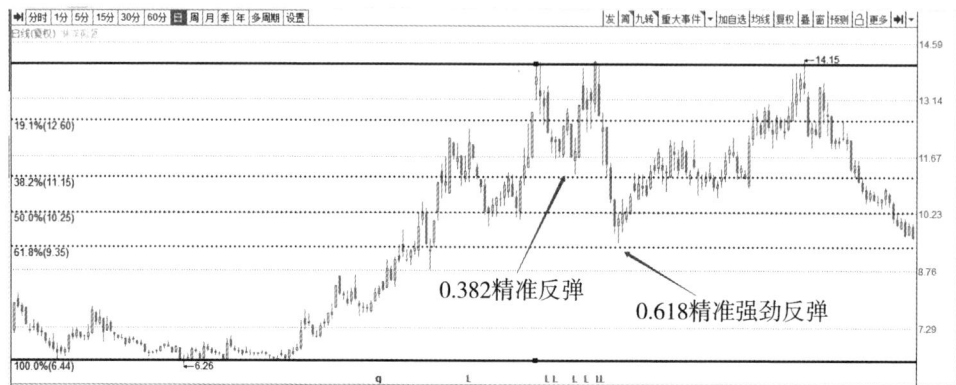

图 8–17　林洋能源日线级别 K 线图

8.4.5　长影线

　　长影线的二分之一处及长上影线的最高点或长下影线的最低点容易形成支撑阻力。从蜡烛图的形成来分析，可以知道长影线是趋势受到强力的阻扰而形成，因此影线价格区域本身就具有强压力或强支撑作用。

　　行情出现长上影线后，通常当价格反弹，接近影线高点时，一方面，低位买进的投资者倾向会获利套现；另一方面，先前在高位区开仓被套的交易者，当价格再次反弹，到达他们的盈亏平衡区时，他们也会急于卖出解套。这几种投资者为了共同的利益，会一起把价格打压下去，从而在这里形成强大的阻力。

行情出现长下影线后，通常当价格回撤，接近影线低点时，一方面，高位卖出的投资者倾向会再重新买进；另一方面，看好后市的投资者会加仓买入。这几种投资者为了共同的利益，会一起把价格推上去，从而在这里形成强大的支撑。

图 8-18 为环旭电子日线级别 K 线图，时间跨度为 2018 年 5 月 4 日到 2018 年 9 月 17 日。图中所示，环旭电子股价在长下影线的 1/2 处精准受到支撑，快速回升。

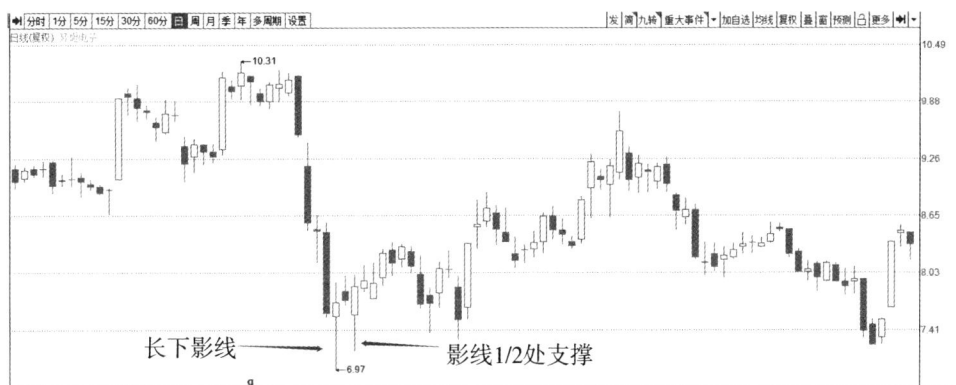

图 8-18　环旭电子日线级别 K 线图

图 8-19 为桐昆股份日线级别 K 线图，时间跨度为 2015 年 3 月 25 日到 2015 年 8 月 19 日。图中所示，桐昆股份股价在长上影线的 1/2 处精准受到阻力，快速下跌。

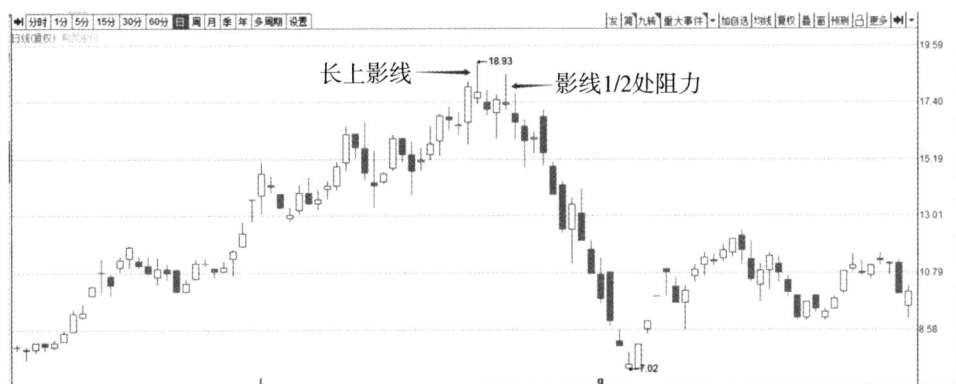

图 8-19　桐昆股份日线级别 K 线图

一般来说股价回档长影线的 1/2 处停止是最好的（有时候行情也会回档至三分之一处就停止），如果回档至长上影线的最高点或长下影线的最低点，那么长影线很可能会失败。

图 8-20 为桂林旅游日线级别 K 线图，时间跨度为 2021 年 7 月 30 日到 2021 年 12 月 21 日。图中所示，桂林旅游股价在长下影线最低点持续受到支撑，但是每次反弹都比较小，随后跌破长下影线最低点，大幅下跌，这时发生了支撑阻力转换，当后市行情再度反弹时，前期下影线最低点转换成阻力，压制股价再次下跌。

因此长下影线的回调最好不要接近其最低点，否则就算反弹也不会有多大利润，被跌破的概率较高。一旦行情回调至长下影线的低点时，应该暂时放弃买进的想法，但如果有持仓的投资者，将长下影线最低点作为止损依据会是不错的选择。

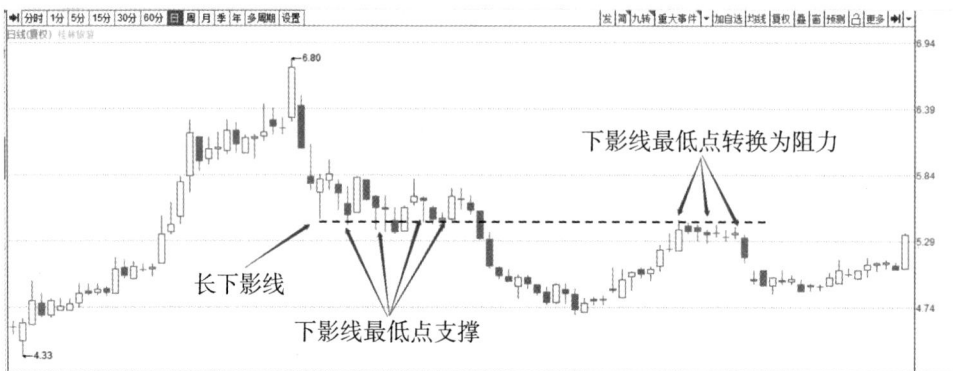

图 8-20　桂林旅游日线级别 K 线图

图 8-21 为深南股份日线级别 K 线图，时间跨度为 2016 年 5 月 11 日到 2016 年 9 月 27 日。图中所示，深南股份股价在长上影线最高点多次受到阻力下跌，随后突破上影线最高点，这时发生了支撑阻力转换，前期上影线最高点立刻转换成支撑，持续支撑股价，最后股价跳空大涨。

因此，长上影线的回调接近其最高点，将会容易突破继续上涨，投资者等长上影线突破后，买进股票会是不错的选择。

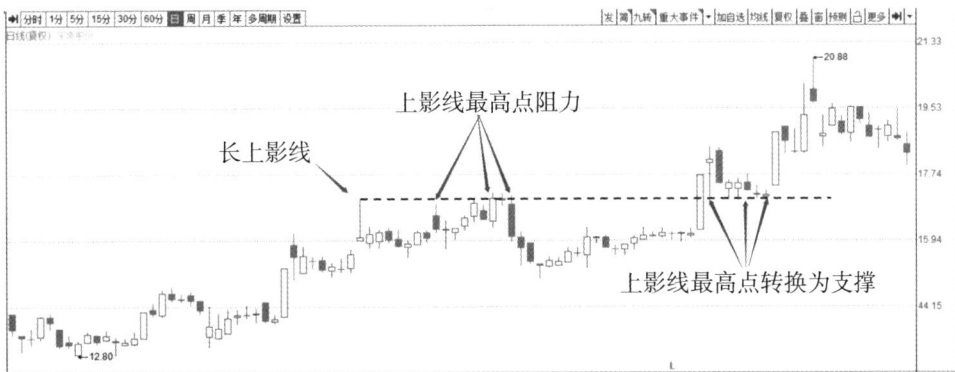

图 8–21　深南股份日线级别 K 线图

8.4.6　大阳大阴线

大阳或大阴实体二分之一处、大阳线的低点和大阴线的顶点容易形成支撑阻力。大阴或大阳表示空头或多头力量的强大，在日内行情中是一段强趋势的表现，而强劲的趋势往往延续性会非常大，所以调整也不会很大。如果行情调整幅度过大，甚至超过大阳大阴本身的幅度，那么强势趋势则会发生反转。为了维持原先的强趋势，回调幅度不能过大，所以在实际过程中，行情一般回调至大阳或大阴实体二分之一处就会停止（行情强势的时候，往往回档至三分之一处就停止），当行情回档到大阳线低点或大阴线顶底时，一般会导致行情反转。

图 8–22 为国机重装日线级别 K 线图，时间跨度为 2021 年 5 月 17 日到 2021 年 11 月 3 日。图中所示，国机重装股价在大阳线的 1/2 处精准受到支撑，再度上涨。

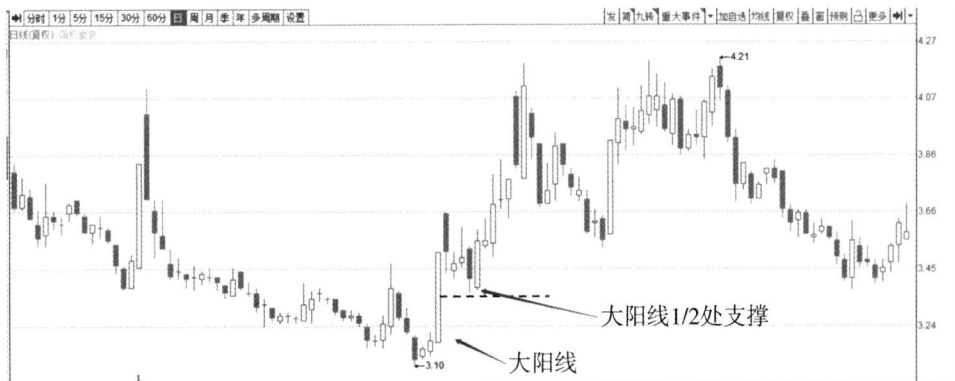

图 8–22　国机重装日线级别 K 线图

图 8-23 为中国铝业日线级别 K 线图，时间跨度为 2021 年 7 月 2 日到 2021 年 12 月 20 日。图中所示，中国铝业股价在大阴线的 1/2 处精准受到阻力，再度下跌。

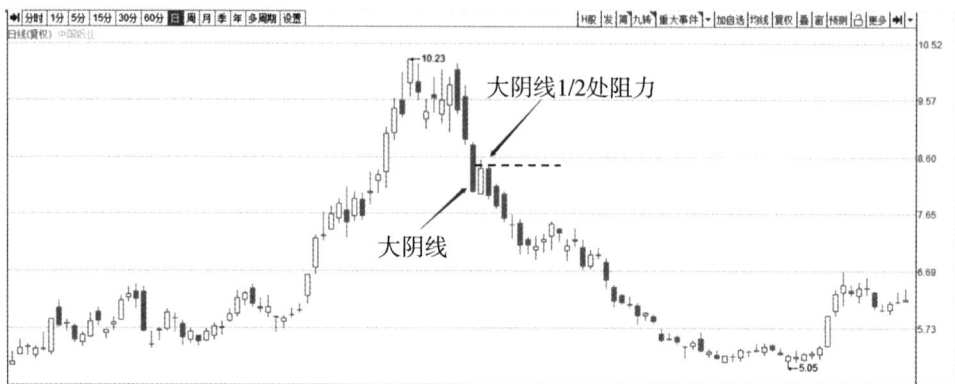

图 8-23　中国铝业日线级别 K 线图

图 8-24 为广电电气日线级别 K 线图，时间跨度为 2021 年 8 月 17 日到 2021 年 11 月 29 日。图中所示，广电电气股价在大阳线最低点受到支撑繁衍，但反弹力度比较小，随后跌破大阳线最低点，这时发生了支撑阻力转换，后市行情再度反弹时，前期大阳线最低点转换成阻力，连续两次压制股价再次下跌。

因此大阳线的回调最好不要接近其最低点，否则就算反弹也不会有多大利润，被跌破的概率较高。一旦行情回调至大阳线的低点时，应该暂时放弃买进的想法，但如果有持仓的投资者，将大阳线最低点作为止损依据却会是不错的选择。

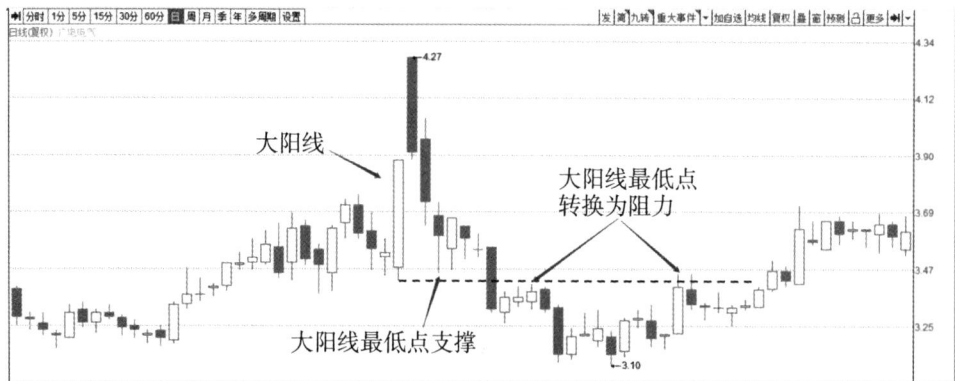

图 8-24　广电电气日线级别 K 线图

图 8-25 为九华旅游日线级别 K 线图，时间跨度为 2021 年 9 月 9 日到 2022 年 1 月 28 日。图中所示九华旅游股价在大阴线最高点多次受到阻力下跌，随后突破大阴线最高点，这时发生了支撑阻力转换，前期大阴线最高点转换成支撑，股价回落该位置时，精准受到持续支撑，股价直接当天涨停。

因此大阴线的回调接近其最高点，将会容易突破继续上涨，投资者等大阴线突破后，买进股票会是不错的选择。

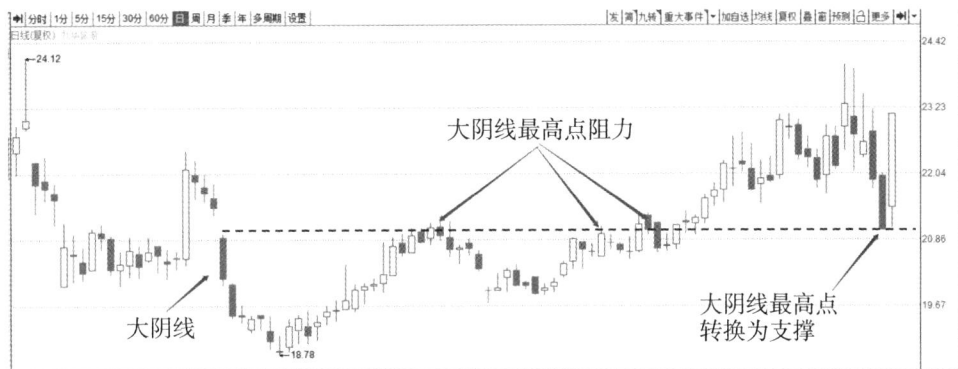

图 8-25   九华旅游日线级别 K 线图

8.4.7   控制点

控制点是一段时间内成交次数最多的价格，控制点往往在密集成交区内（我们可以称之为控制区域），通常在筹码峰附近。行情上方的控制点会对股价构成阻力作用，行情下发的控制点会对股价构成支撑作用。

图 8-26 为天鹅股份日线级别 K 线图，时间跨度为 2021 年 2 月 26 日到 2022 年 1 月 28 日。图中所示，股价在密集成交区中，12.4 元 / 股成交次数是最最多的，且筹码峰也在 12.4 元 / 股附近，因此 12.4 元是控制点。股价在回落过程中，12.4 元连续两次支撑股价反弹，而控制点被突破后，又反过来，转换成阻力，压制股价回调。

图 8-27 为宝港股份日线级别 K 线图，时间跨度为 2021 年 5 月 26 日到 2022 年 1 月 28 日。图中所示，6.95 元 / 股是股价成交次数最多的价格，筹码峰的第二高峰价格也是 6.95 元 / 股附近，因此 6.95 元 / 股是股价的控制点（注意控制点不一定是筹码峰的最高点，也可以是次高峰，集合密集成交区中成交次数最多的价格来确定控制点）。股价反弹至控制点附近时，精准受阻大跌；而当股价突破控制点后，就发生了支撑阻力转换，控制点变成了支撑，精准助推股价直线上涨。

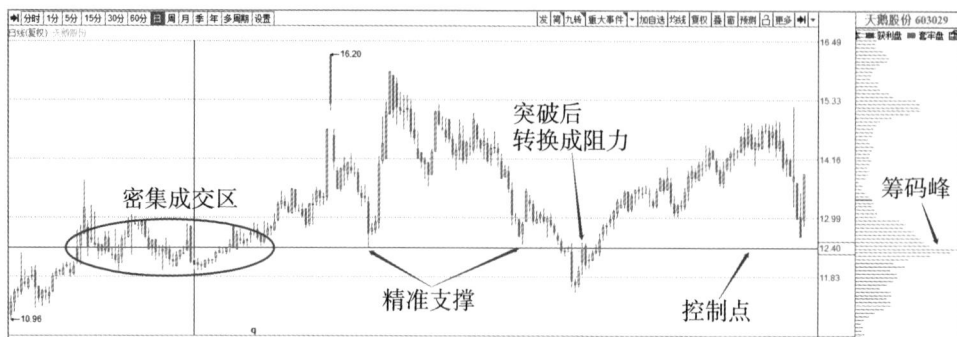

图 8-26　天鹅股份日线级别 K 线图

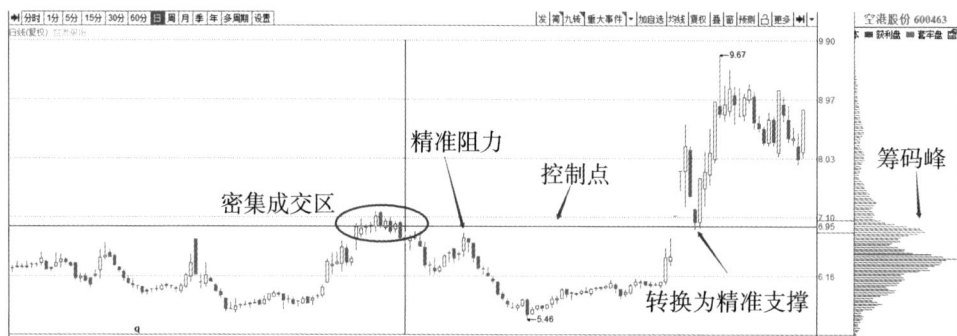

图 8-27　宝港股份日线级别 K 线图

　　原始控制点是那些未被触及的控制点，原始控制点对股价的支撑阻力作用最为强大，每次股价触及原始控制点时，回档的概率都会相当高。而原始控制点被触及后，就变成了普通控制点，其支撑阻力作用就会大大减弱。

　　图 8-28 为长白山日线级别 K 线图，时间跨度为 2018 年 8 月 13 日到 2020 年3 月 13 日。图中所示，股价在 8.92 元 / 股形成了控制点，当该点后市未被回调触及时，就是原始控制点。图中可见，股价第一次回调触及原始控制点时，对股价起到了强劲的支撑作用，股价一周之内上涨近 30%；当股价第二日次触及 8.92元 / 股时，该价位就变成了普通控制点，股价反弹的幅度远小于第一次；当股价第三次回调触及时，直接跳空击穿 8.92 元 / 股，说明该位置的支撑效果非常脆弱；当股价第四次回调至 8.92 元 / 股附近时，直接断崖式下跌，说明 8.92 元 / 股对股价已经没有任何支撑作用。

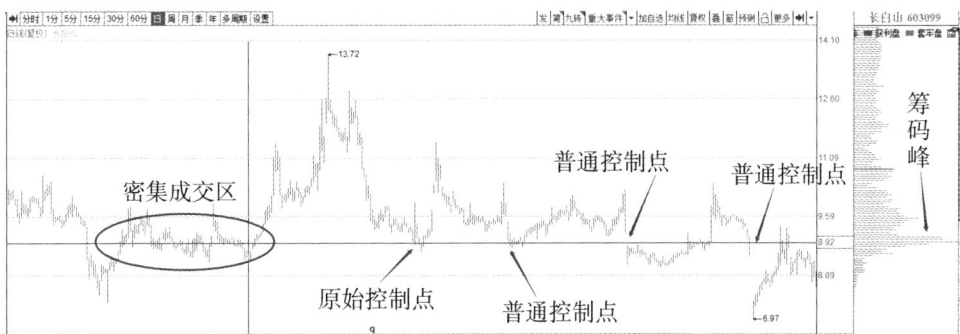

图8-28　长白山日线级别K线图

图 8-29 为通程控股日线级别 K 线图，时间跨度为 2018 年 5 月 24 日到 2019 年 5 月 7 日。图中所示，股价在 4.51 元 / 股形成了控制点，当股价后市还未回调触及该价位时，4.51 元 / 股就是原始控制点。图中可见，股价反弹至原始控制点处，精准受阻断崖式下跌，可见原始控制点对股价产生了极强的压力。但第二次触及 4.51 元 / 股时，就变成了普通控制点，对股价的压力作用就不明显了，股价轻松突破 4.51 元 / 股，震荡走高。

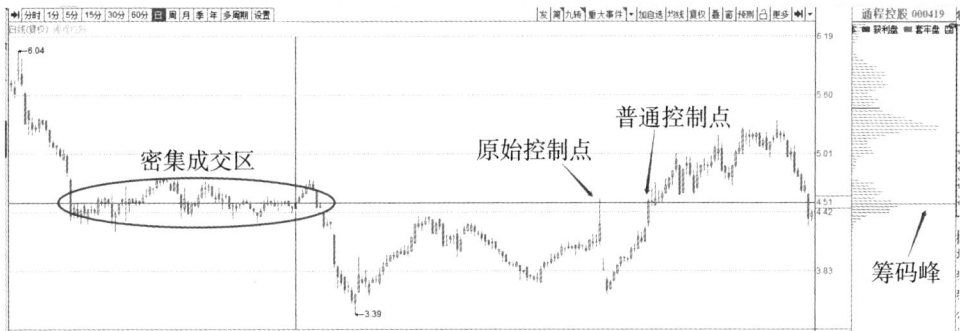

图8-29　通程控股日线级别K线图

综上所述，我们应该以原始控制点作为买卖依据，因为它的成功率更高，利润空间会很大，而普通控制点只能作为市场一般支撑阻力的参考。

8.4.8　均线

均线反映的是市场的平均成本，人们对于成本价格极为敏感，从心理学的角度讲，人们总是喜欢锚定自己的成本价为买卖决策的依据，所以均线是天然的支撑阻力。

图 8-30 为世纪瑞尔日线级别 K 线图，时间跨度为 2020 年 3 月 30 日到 2021 年 3 月 10 日。图中所示，股价在上方回撤至均线附近时，多数能精准支撑股价反弹，甚至反转大涨；股价在下方反弹至均线附近时，多数能精准压制股价下跌；而股价对均线有上下穿越动作时，均线也就发生了支撑阻力互换，先前的阻力作用就会变成支撑作用，先前的支撑作用就会变成阻力作用。

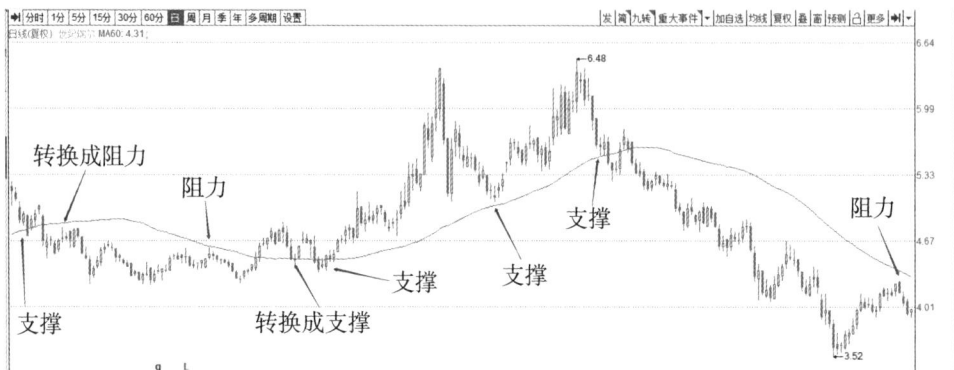

图 8-30　世纪瑞尔日线级别 K 线图

需要强调的是，均线的斜率越大，对股价的支撑阻力作用越大；均线斜率趋于水平时，对股价支撑阻力很微弱，此时就容易发生支撑阻力互换，也就是均线会被穿越。

图 8-31 为东方电缆日线级别 K 线图，时间跨度为 2021 年 4 月 13 日到 2021 年 12 月 14 日。图中所示，均线为 60MA，箭头 1 处，均线趋于水平，说明均线对股价的压力作用微弱，价格轻松就突破了均线，持续上涨。箭头 2 处，均线斜率明显朝上，说明均线对股价的支撑很强，价格也是精准受到支撑大幅上升。

图 8-31　东方电缆日线级别 K 线图

图 8-32 为西安旅游日线级别 K 线图，时间跨度为 2019 年 10 月 18 日到 2021 年 5 月 19 日。图中所示，均线为 60MA，均线在 B 处朝下的斜率明显大于 A 处，股价在 B 处也是精准受阻下跌，而在 A 处均线对股价的阻力明显小于 B 点，因为价格是在 A 点击穿均线后才下跌的。

图 8-32　西安旅游日线级别 K 线图

图 8-33 为西安旅游日线级别 K 线图，时间跨度为 2021 年 1 月 12 日到 2021 年 12 月 21 日。图中方框所示，均线为 60MA，均线趋于水平，股价不断地来回穿越均线，说明此时均线完全失去了对股价的支撑阻力作用。当均线趋于水平的时候，也可以进一步告诉我们，股价此时陷入了震荡格局。

图 8-33　西安旅游日线级别 K 线图

和原始控制点的原理类似，均线被第一次触及时，支撑阻力最强，而当其被数次触及时，支撑阻力会越来越微弱，此时就容易发生支撑阻力互换，也就是均线会被穿越。

图 8-34 为滨海能源日线级别 K 线图，时间跨度为 2021 年 6 月 3 日到 2022 年 1 月 28 日。图中所示，均线为 60MA，股价在第一次回调触及均线时，精准受到支撑，直线飙升。而当股价第二次回调触及均线时，价格直接击穿均线，表明此时均线对股价的支撑作用比较弱。

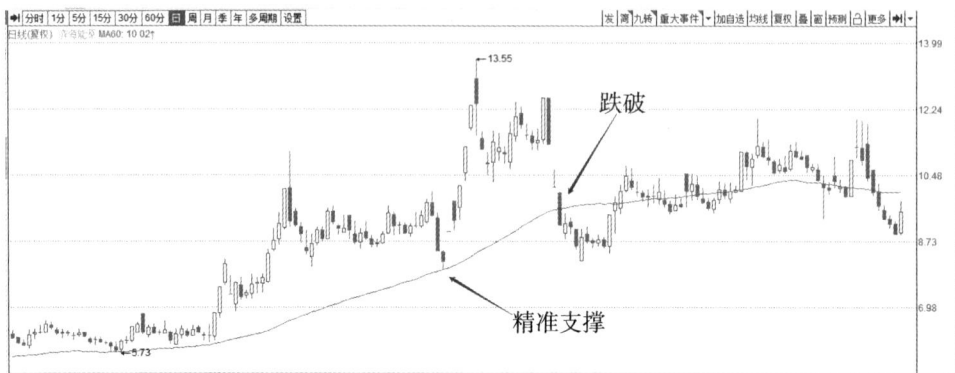

图 8-34　滨海能源日线级别 K 线图

图 8-35 为鲁泰 A 日线级别 K 线图，时间跨度为 2021 年 6 月 3 日到 2022 年 1 月 28 日。图中所示，均线为 60MA，股价在第一次反弹触及均线时，精准受到阻力，大幅下跌。而当股价第二次反弹触及均线时，价格直接突破均线，表明此时均线对股价的阻力作用比较弱。

图 8-35　鲁泰 A 日线级别 K 线图

虽然很多时候均线第二次，乃至第三次也会精准支撑住股价，但是要记住的重点是，永远是第一次触及均线时，支撑阻力最强，反弹或回升的幅度最大，赚钱的效应最强。当均线朝上时，且斜率很大，越大越好，一旦股价第一次回撤至均线，就是最好的买入机会，往往都能获取不错的利润。此后股价再次触及均线，则不应该进场。

8.4.9 趋势线

我们可以把股价看作是运动的支点，从线性回归的角度讲，当行情保持某一趋势运行时，股价的离散程度一定不会持续超过线性回归通道。对于趋势线的画法，多数人会采用传统的方法，也就是找行情的两个低点或高点连接起来，保证多数行情都在这条线之上或之下，即行情的上涨趋势线或下降趋势线，这种画趋势线的方法，往往都会难以避免地让投资者强行迎合市场而画趋势线，主观成分太强，无法客观地揭示市场的趋势。我们采用利弗莫尔最小阻力线的方法来确定市场的趋势线，往往是最客观，也是最准确的，几乎不存在任何主观成分和未来变量（最小阻力线理论详解见《像利弗莫尔一样交易·让利润奔腾》）。

在最小阻力理论中，当行情处于上涨趋势中，切线是股价的支撑线，限制线是股价的阻力线；当行情处于下降趋势中，切线是股价的阻力线，限制线是股价的支撑线。

图 8-36 为振江股份日线级别 K 线图，时间跨度为 2021 年 6 月 15 日到 2021 年 11 月 4 日。图中所示，我们选取上涨趋势最初两波行情的中点（A 点和 B 点），然后连接这两个点得到一条虚线，该条直线如果通过后一轮行情的中点，则为有效的最小阻力线，也即行情的趋势线；然后画趋势线的平行线，将其向下平移，与第一波行情的低点相交，则为行情的切线，切线上的点，我们称为切点，那么这条切线就是股价的支撑线。图中可见，振江股份股价两次回调触及切点都是精准起涨，所以切线对股价起到了强劲的支撑作用。

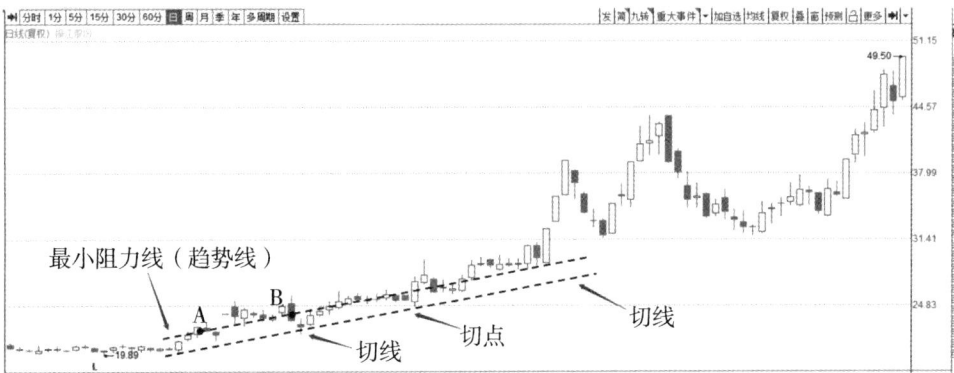

图 8-36 振江股份日线级别 K 线图

图 8-37 为振江股份日线级别 K 线图，时间跨度为 2021 年 6 月 15 日到 2021 年 11 月 4 日。图中所示，画趋势线的平行线，然后将其向上移动，与第一波行情的最高点相交，则为行情的限制线，限制线对股价起阻力作用。图中可见，股价连续三次精准受阻于限制线；当限制线被突破后，限制线就转换成了支撑线，反过来精准地支撑股价上涨。

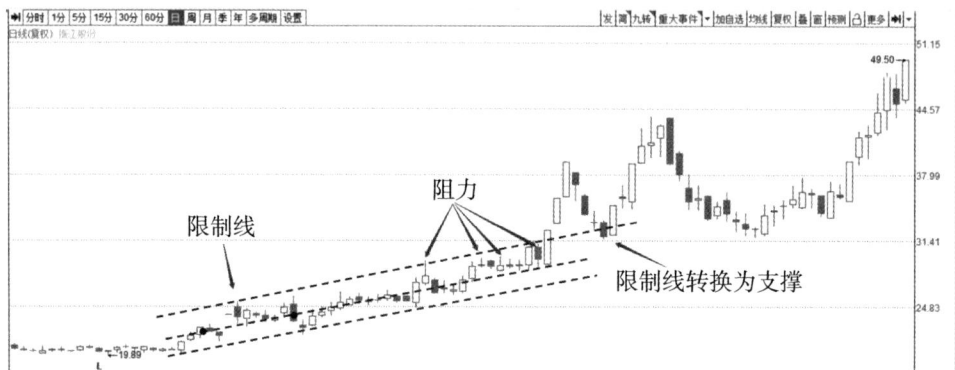

图 8-37　振江股份日线级别 K 线图

图 8-38 为瑞斯康达日线级别 K 线图，时间跨度为 2018 年 1 月 8 日到 2018 年 12 月 21 日，图中所示，三条虚线，从下至上，分别是限制线、最小阻力线（趋势线）和切线。需要注意的是，在画切线过程中，第一波行情有一个虚破的高点，后市在股价运行过程中，需要调整切线的位置，使得切线能与行情有第三个交点。图中可见，股价在切线位置连续四次精准受阻下跌，在限制线位置也有一次精准支撑反弹。

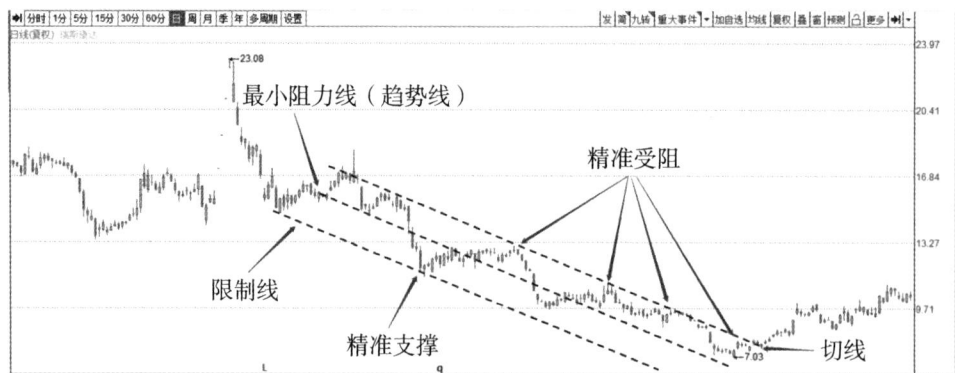

图 8-38　瑞斯康达日线级别 K 线图

8.4.10 布林带

根据布林带的基本定义，我们可以知道布林上轨对股价起阻力作用，布林下轨对股价起支撑作用，布林中轨是股价的分水岭。当股价在上方回撤中轨时，中轨是支撑线；当股价在下方反弹至中轨时，中轨是股价的阻力线；一旦股价对中轨发生了穿越，那么中轨就会产生支撑阻力转换。

以上是布林带对股价的基本支撑阻力定义，但是在实际过程中，效果并不太好。所以，我们在第七章中，总结出布林带四定律，这四条定律说明布林带在特定的情况下对股价具有极强的支撑阻力作用，并且布林带还有四条新规律，读者可以参考《买在起涨点》一书，以便对布林带做更深一步的研究。

新规律一：只有上轨斜率大幅度朝下时，才会产生强劲而精准的压力，且越朝下越好。

图 8–39 为中铁装配日线级别 K 线图，时间跨度为 2020 年 4 月 14 日到 2021 年 3 月 24 日。图中所示，只有当布林带上轨大幅朝下时，每次股价反弹触及布林上轨，才会是精准的受阻下跌。

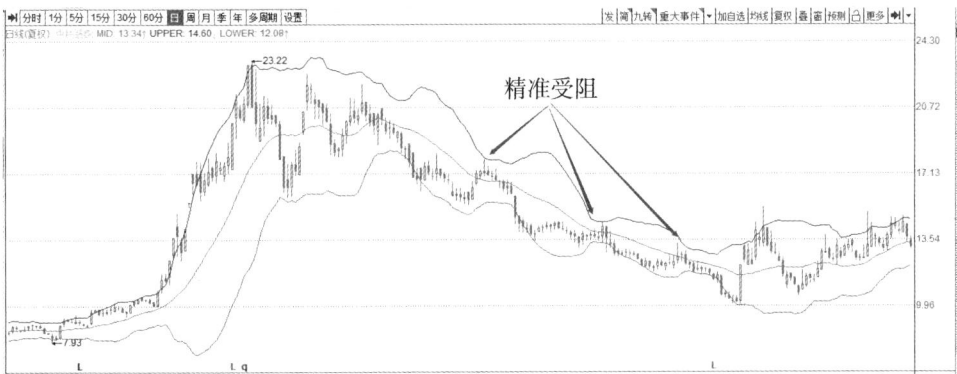

图 8–39　中铁装配日线级别 K 线图

新规律二：只有下轨斜率大幅度朝上时，才会产生强劲而精准的支撑，且越朝上越好。

图 8–40 为雄帝科技日线级别 K 线图，时间跨度为 2018 年 4 月 3 日到 2019 年 10 月 30 日。图中所示，只有当布林带下轨大幅朝上时，每次股价回落触及布林下轨，才会是精准的受支撑反弹。

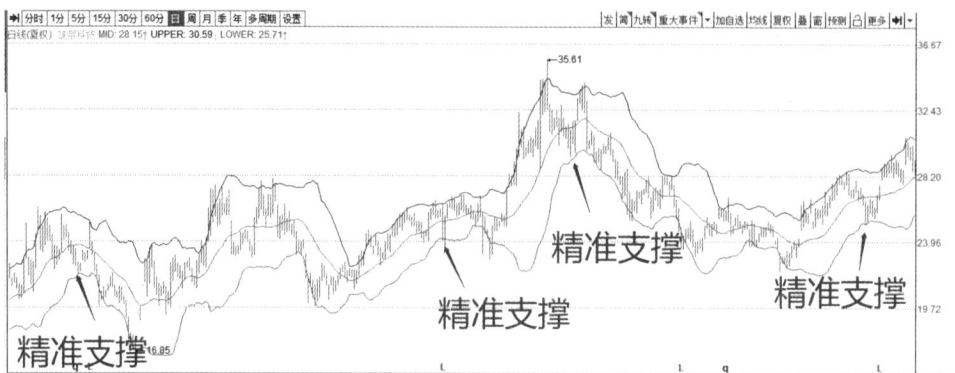

图 8-40　雄帝科技日线级别 K 线图

新规律三：只有中轨斜率大幅度朝下时，才会生强劲而精准的压力，且越朝下越好。

图 8-41 为广百股份日线级别 K 线图，时间跨度为 2020 年 3 月 31 日到 2021 年 3 月 22 日。图中所示，只有当布林带中轨大幅朝下时，每次股价反弹触及布林中轨，才会是精准的受阻下跌。

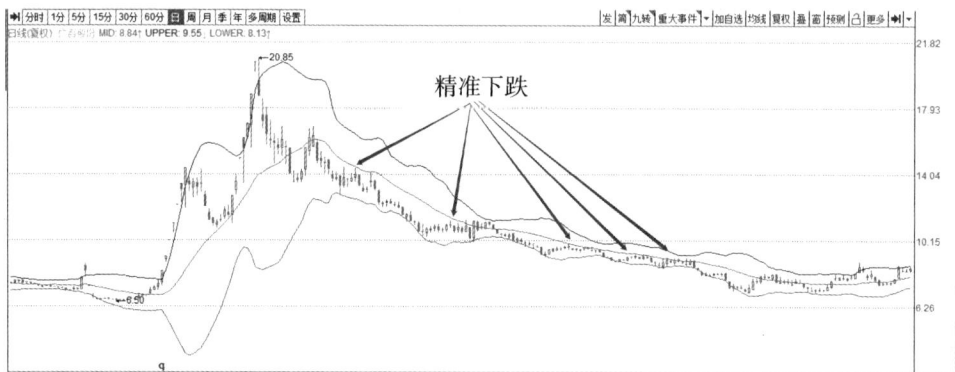

图 8-41　广百股份日线级别 K 线图

新规律四：只有中轨斜率大幅度朝上时，才会产生强劲而精准的支撑，且越朝上越好。

图 8-42 为新联通日线级别 K 线图，时间跨度为 2021 年 2 月 4 日到 2022 年 1 月 18 日。图中所示，只有当布林带中轨大幅朝上时，每次股价回落触及布林中轨，才会是精准的受支撑上涨。

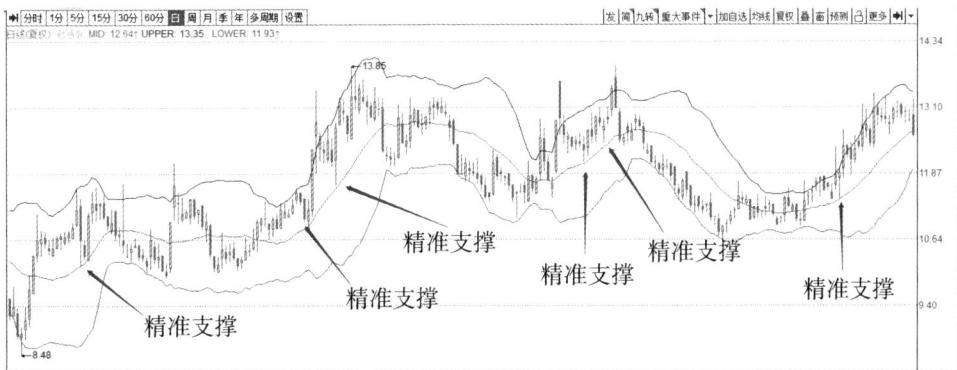

图 8-42 新联通日线级别 K 线图

8.4.11 特殊数字

多年以前，我已经开始通过这种最简便的关键点交易法来盈利。我常常观察到，当某只股票的成交价位于 50、100、200 甚至 300 美元时，一旦市场穿越这样的点位，则随后几乎总会无可避免地发生直线式的快速运动。——利弗莫尔

特殊数字我们也称为习惯数字，这些数字包括 0、2、5、8 等，由这些习惯数字构成的价格如：100 元、200 元、1 000 元等构成股价固定的支撑与阻力区，它是由人的心理和习惯发展而来的。市场倾向于在习惯数字上停止上升或下跌，投资者喜欢以一些重要的习惯数字作为价格目标，并相应地采取措施，因而这些习惯数字常常成为心理上的支撑和阻挡水平。根据这个常识，交易者可以在市场接近某个重要习惯数字时平仓了结，实现获利。要提到的一个细节是，在设置止损的时候，一定要设置在整数关口以下（投资者往往喜欢将止损设置在整数关口），因为主力往往会虚破整数关口，扫去投资者的单子。

图 8-43 为德恩精工日线级别 K 线图，时间跨度为 2020 年 6 月 3 日到 2022 年 1 月 28 日。图中所示，德恩精工股价精准地在 20 元 / 股关口受阻，然后反转下跌。

图 8-44 为上海雅士日线级别 K 线图，时间跨度为 2020 年 8 月 6 日到 2021 年 7 月 19 日。图中所示，股价虚破 11 元 / 股，最低跌至 10.92 元 / 股，就反转上涨。如果手中持有多单，不应该把止损设置为 11 元 / 股，应该再往下稍微多设置一点，以防被主力虚破扫出局。

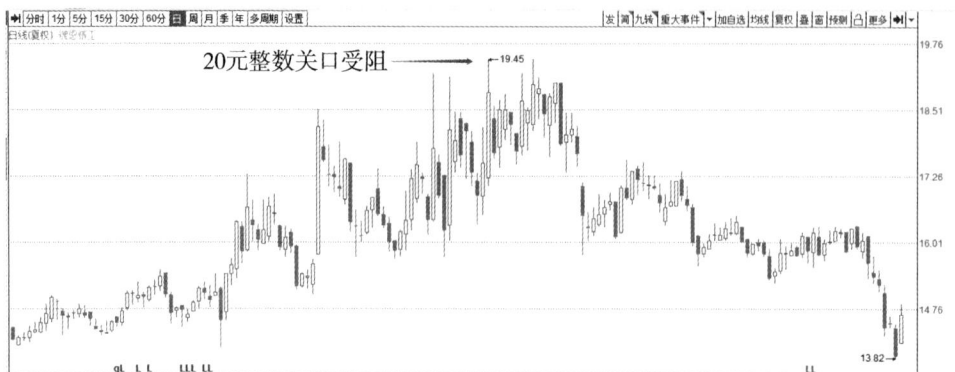

图 8–43　德恩精工日线级别 K 线图

图 8–44　上海雅士日线级别 K 线图

8.4.12　开盘价和收盘价

开盘价：开盘价格往往可以奠定整个交易行情的基础，是研判当日行情的第一条线索，从时间上来看它是每日行情的开始，大多数投资者会锚定这一价格进行行情分析，那么沉锚效应会导致开盘价形成支撑阻力区。

图 8-45 为白洋股份 1 分钟级别 K 线图，时间跨度为 2022 年 1 月 25 日到 2022 年 1 月 28 日。图中所示，股价在开盘价连续两次精准受阻回落。

收盘价：收盘价格是一天中最重要的价格，也是交易者心里所接受的价格，是核心的参考点。通常我们为了确认市场对某个重要图表价位的突破是否有效，也得等交易结束后才能下结论。价格收盘时，无论是日内短线交易者的平仓行为，还是中线交易者通过分析判断后的头寸调整，无论价格是延续还是反转，收盘价格也都会成为一部分交易者的成本区域，一旦价格到达成本区间，交易者为了共同的利益也会将价格推向以前的趋势，这样就会形成支撑阻力效应。

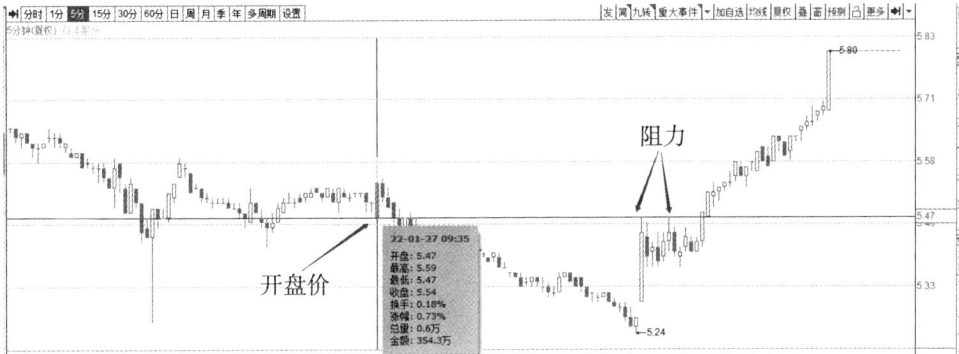

图8-45　白洋股份1分钟级别K线图

图8-46为大金重工1分钟级别K线图，时间跨度为2022年1月25日到2022年1月28日。图中所示，股价在前一日收盘价附近精准受到支撑，迅速上升。

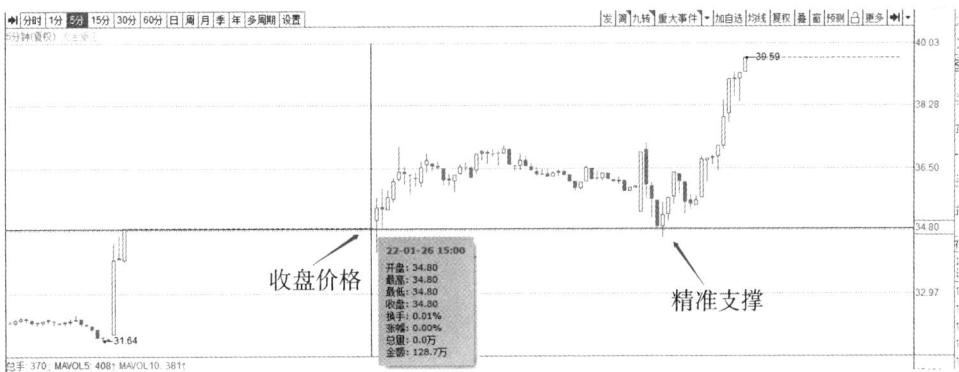

图8-46　大金重工1分钟级别K线图

8.4.13　江恩角度线

江恩在X轴上建立时间，在Y轴上建立价格，江恩线符号由TXP表示。江恩线的基本比率为1：1，即一个单位时间对应一个价格单位，此时的江恩线为45°。通过对市场的分析，江恩还分别以3和8为单位进行划分，如1/3、1/8等，这些江恩线构成了市场回调或上升的支持位和阻力位。而不论价格上升或下降，在江恩价位中，50%、63%、100%最为重要，它们分别与几何角度45°、63°和90°

相对应，这些价位通常用来决定建立 50% 回调带（回调法则）。

图 8-47 为长白山日线级别 K 线图，时间跨度为 2021 年 6 月 3 日到 2022 年 1 月 28 日。图中所示，我们使用江恩线工具，连接一波行情的底点和高点，就能得到江恩线。在股价回调的过程中，江恩线总是精准地支撑股价反弹。当这些线被跌破后，发生支撑阻力互换，就又变成阻力，压制股价下行。

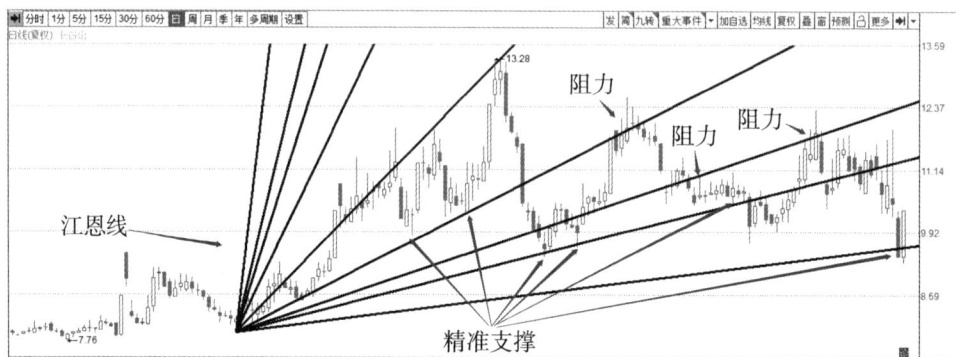

图 8-47　长白山日线级别 K 线图

图 8-48 为汇纳科技日线级别 K 线图，时间跨度为 2021 年 6 月 3 日到 2022 年 1 月 28 日。图中所示，我们使用江恩线工具，链接一波行情的高点和低点，就能得到江恩线。在股价反弹的过程中，江恩线总是精准地压制股价下行。当这些线被升穿后，发生支撑阻力互换，就又变成支撑，推动股价上涨。

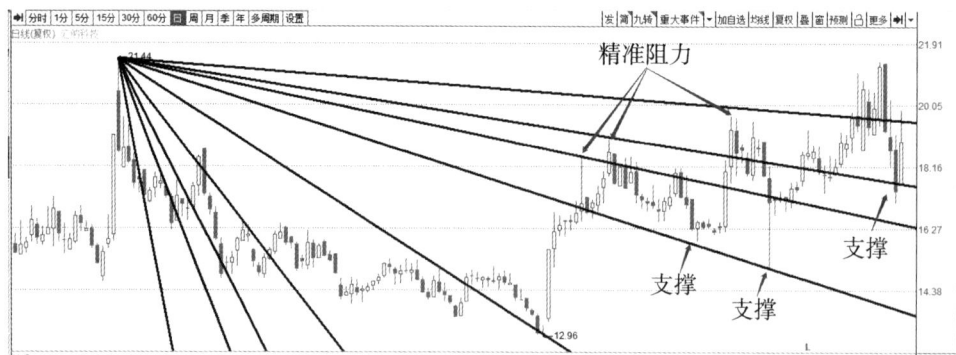

图 8-48　汇纳科技日线级别 K 线图

8.4.14　波浪理论

波浪理论是由美国证券分析家拉尔夫·纳尔逊·艾略特所发明，是最常用的趋势分析工具之一，被称为市场行为的关键。

艾略特理论认为，不管是多头市场还是空头市场，每个完整循环的周期行情中都会有八个波段。多头市场一个循环中前五个波段是主升浪，后三个则是调整浪，且前五个主升浪中，也不是全部是上升浪，其中一、三、五浪是推动上升的，二、四浪是属于调整下跌的。如图 8-49 所示，即为波浪理论的上升八浪循环，下跌同理。

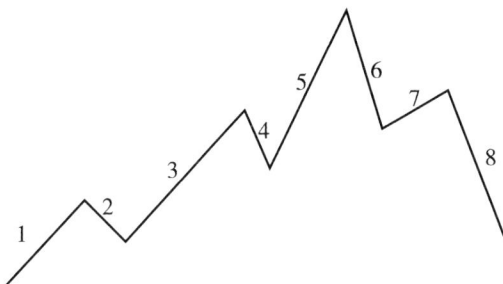

图 8-49　波浪理论八浪循环图

在波浪理论中，预测各浪之间的涨跌幅度时，主要是遵循黄金比例原则，虽然比例中有很多数值，但最核心的是遵循黄金分割比例 0.681 原则，即在主升浪中，每一个上升浪与后一上升浪比例约为 0.618，比如 1 浪：3 浪 ≈ 0.618，也就是说 3 浪 =1 浪 ÷ 0.681 ≈ 1.681 倍（1 浪）。在行情调整的时候，调整浪与前面一个上升浪的比例约为 0.618，比如 2 浪：1 浪 ≈ 0.618，也就说 2 浪 ≈ 0.618 倍（1 浪）。

在调整浪中也是如此，比如 6 浪：8 浪 ≈ 0.618，即 8 浪 ≈ 1.618 倍（6 浪）；7 浪：6 浪 ≈ 0.618，即 7 浪 ≈ 0.618 倍（6 浪）。

波浪理论认为行情达到预测的目标时，往往就会开始转向下一相反方向的浪。比如 3 浪上涨达到 1.681 倍（1 浪）后，就会开始向下进行 4 浪调整；比如 7 浪反弹达到 0.618 倍（6 浪后），就会再次向下开始进行 8 浪下跌。因此在行情转折的时候，就等于行情受到了支撑阻力。

如图 8-50 所示，1 浪从 3.66 元 / 股涨到 5.52 元 / 股，涨幅为 1.86 元 / 股（5.52-3.66=1.86），那么我们可以根据黄金比例原则计算出 2 浪调整的目标约为 4.37 元 / 股（5.52-1.86×0.618 ≈ 4.37）。因此我们就可以提前预测股价下方的支撑在 4.37 元 / 股，一旦行情回调到该位置，就可以买入。图中可见，股价最低点触及 4.33 元 / 股，基本与预测一致。

当我们在 4.37 元 / 股买入之后，可以根据 1 浪预测 3 浪的涨幅，以此作为我们出场的目标，即 3 浪的涨幅约为 7.34 元 / 股（4.33+1.86×1.618 ≈ 7.34），因此我们就可以提前预估行情会在 7.34 元 / 股附近受阻，一旦股价抵达 7.34 元 / 股附近，就可以抛售手中 4.37 元 / 股买进的头寸。图中可见，股价涨至 7.66 元 / 股就开始下跌调整，7.34 元 / 股出场，基本是出在了高位附近。那么这一波上涨行情，就几乎抓到了 89.2% 左右的涨幅，是一笔不错的交易。

图 8-50 为宜安科技日线级别 K 线图，时间跨度为 2018 年 11 月 5 日到 2022 年 2 月 7 日。

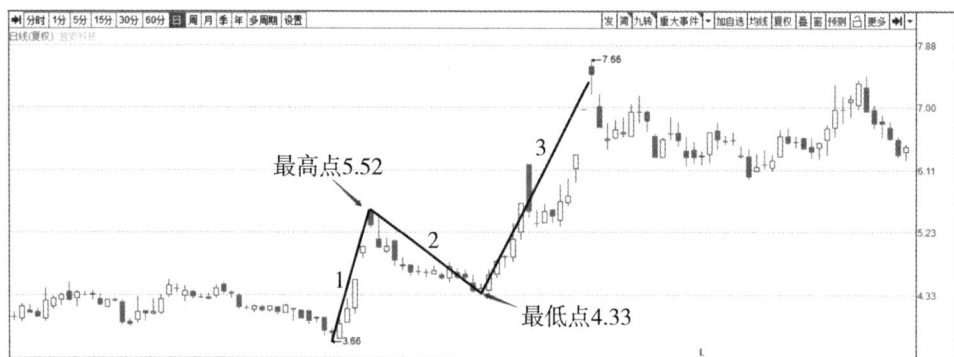

图 8-50　宜安科技日线级别 K 线图

在下跌循环中也是同理。如图 8-51 所示，1 浪的跌幅为 9.7 元 / 股（49.39-39.69=9.7），根据波浪理论，2 浪的反弹为 1 浪的 0.618 倍，3 浪下跌为 1 浪的 1.618 倍，则可以通过计算得出 2 浪反弹的预测目标约 45.7 元 / 股，图中可见 2 浪的最高点为 46.23 元 / 股，基本吻合，也可以通过计算得出 3 浪下跌的预测目标为 30.5 元 / 股，图中可见 3 浪的最低点为 28.2 元 / 股，基本也差不多。如果在预测目标 30.5 元 / 股买进，股价随后 4 浪反弹到 36.39 元 / 股，也能获利近 20%。所以波浪理论的黄金比例预测原则可以相对比较准确地找出行情支撑阻力。当然需要注意的是，在下跌循环中，并不建议通过波浪预测功能找下方支撑价位买入，投资者应尽量顺势而为，等行情进入上涨周期之后，再运用波浪理论的黄金比例预测来寻找下方支撑位买入股票，并预测上方阻力位作为出场点。

图 8-51 为亚士创能日线级别 K 线图，时间跨度为 2020 年 12 月 18 日到 2021 年 12 月 9 日。

图 8-51　亚士创能日线级别 K 线图

8.4.15　映射理论

中心对称点是映射理论中的关键点，也可称为中心对称理论，是笔者原创的新技术理论，与传统的指标、量能、形态等分析方法不同，它是运用几何和函数语言分析行情的方法，开创了利用几何和函数语言分析行情的先河，该分析方法的基础并不是抽象式的概率统计学，而是建立在函数映射的逻辑之上，能够清晰且客观地解释市场趋势，在市场大势的判断上，具有较高的概率和较强的操作性。对称中心点对趋势的研判具有现时性，能够准确而又显而易见地分析出当下时间节点的趋势运行状态，避开了传统技术指标严重滞后的特点，在其理论框架中各要素都是具体的，几乎没有任何变量，更没有任何未来变量，分析出来的结果就是市场当时所处的状态，并高概率预示未来趋势发展的方向。

在映射理论中，最重要的就是中心对称点，股价一旦对中心对称点形成绝对突破，则往往预示这波行情中长期见底，所以中心对称点往往是牛熊重要的分界线，所以它是具有中长线意义的支撑阻力。

如图 8-52 所示，AB 是第一轮上涨行情最高点与最低点的连线，BC 是回调行情最高点与最低点的连线，虚线与 BC 垂直，O 点是虚线与股价的交点，则 O 点为中心对称点，其中 CF=OC，由于 ∠OCD 大于 ∠DCF，则 F 点为重要的关键点（即锚定 F 点本身，价格突破相对位移），一旦股价突破 F 点，就形成了绝对突破，预示股价中长期见底。图中可见，股价突破 F 点之后，连续四次受到 F 点处价位的精准支撑，然后跳空连续涨停。因此 F 点给股价提供了强劲的中长线支撑（映射理论详解请参考《像利弗莫尔一样交易——买在关键点》）。

图 8-52 为华宏科技日线级别 K 线图，时间跨度为 2018 年 3 月 27 日到 2019 年

11 月 11 日。

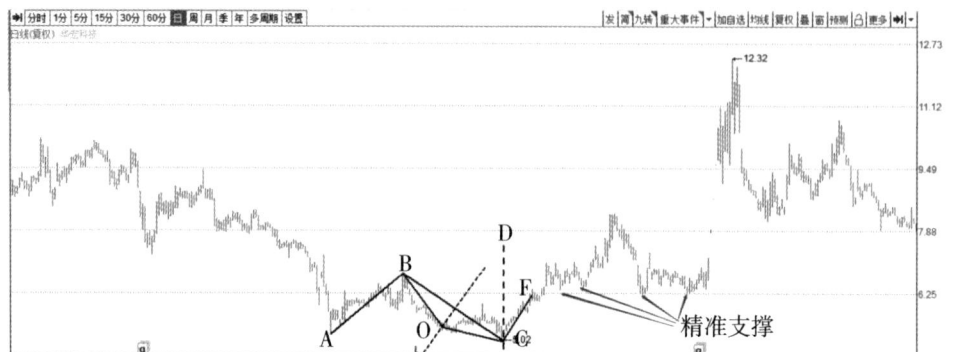

图 8-52   华宏科技日线级别 K 线图

如图 8-53 所示，AB 是第一轮上涨行情最高点与最低点的连线，BC 是回调行情最高点与最低点的连线，虚线与 BC 垂直，O 点是虚线与股价的交点，则 O 点为中心对称点，其中 F 点股价与 O 点股价相同，也就是说 F 点和 O 点在同一水平线上，由于∠OCD 小于∠DCF，则 F 点为重要的关键点（即锚定 O 点，价格突破绝对位移），一旦股价突破 F 点，就形成了绝对突破，预示股价中长期见底。图中可见，股价突破 F 点之后，回撤到 F 点价位时精准受到支撑，然后强势上涨。因此 F 点给股价提供了强劲的中长线支撑。

图 8-53 为韩建山河日线级别 K 线图，时间跨度为 2021 年 6 月 4 日到 2022 年 2 月 7 日。

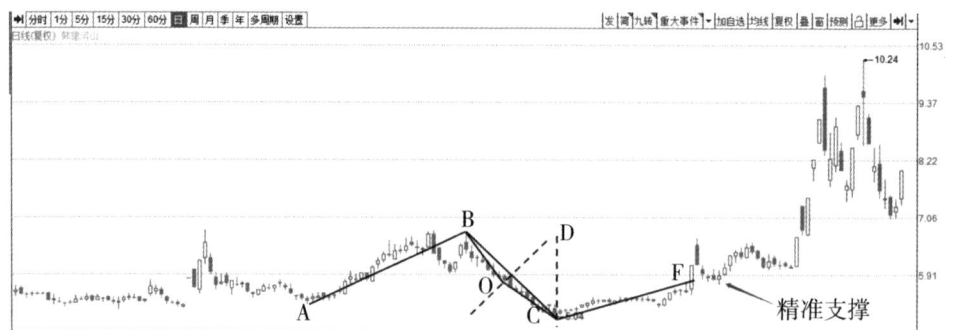

图 8-53   韩建山河日线级别 K 线图

如图 8-54 所示，AB 是第一轮下跌行情最高点与最低点的连线，BC 是反弹行情最高点与最低点的连线，虚线与 BC 垂直，O 点是虚线与股价的交点，则 O 点为中心对称点，其中 CF=OC，由于∠OCD 大于∠DCF，则 F 点为重要的关键点（即锚定 F 点本身，价格突破相对位移），一旦股价跌破 F 点，则就形成了绝对突破，预示股价中长期见顶。图中可见，股价跌破 F 点之后，连续两次受到 F 点处价位的精准阻力，然后崩盘下跌。因此 F 点给股价提供了强劲的中长线阻力。

图 8-54 为凯龙股份日线级别 K 线图，行情时间跨度为 2016 年 6 月 7 日到 2018 年 1 月 2 日。

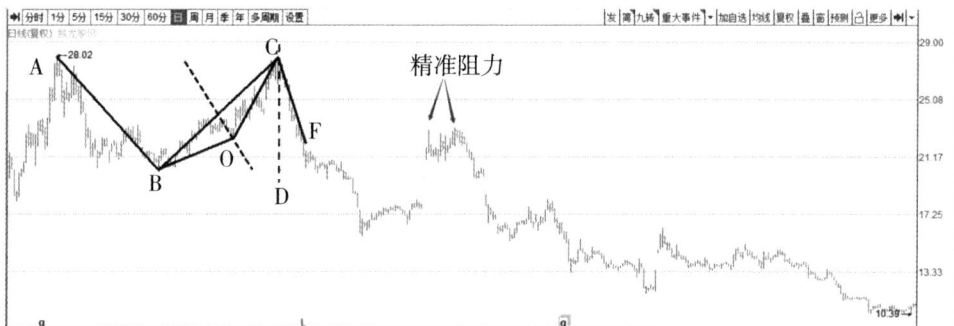

图 8-54　凯龙股份日线级别 K 线图

如图 8-55 所示，AB 是第一轮下跌行情最高点与最低点的连线，BC 是反弹行情最高点与最低点的连线，虚线与 BC 垂直，O 点是虚线与股价的交点，则 O 点为中心对称点，其中 F 点股价与 O 点股价相同，也就是说 F 点和 O 点在同一水平线上，由于 $\angle OCD$ 小于 $\angle DCF$，则 F 点为重要的关键点（即锚定 O 点，价格突破绝对位移），一旦股价跌破 F 点，就形成了绝对突破，预示股价中长期见顶。图中可见，股价跌破 F 点之后，股价随后小幅反转，但在 F 点持续受阻，然后掉头快速大跌。因此 F 点给股价提供了强劲的中长线阻力。

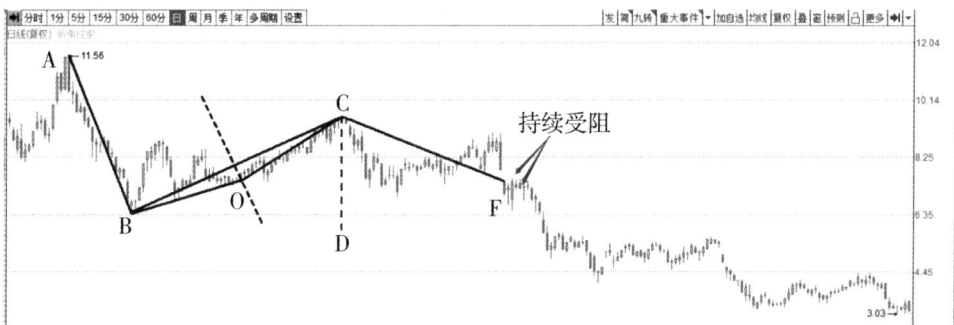

图 8-55　岭南股份日线级别 K 线图

图 8-55 为岭南股份日线级别 K 线图，行情时间跨度为 2007 年 9 月 6 日到 2008 年 8 月 18 日。

需要注意的是，映射理论适用于中长线操作，中长线具有非常强的盈利能力；对于短线操作适用性一般，如果要用其操作短线，则需要调小周期，在更小的周期上分析。

8.4.16　缠论

技术分析系统之所以重要，就是因为对于一个完全没有消息的散户来说，这是最公平、最容易得到的信息，技术走势是完全公开的，对于任何人来说，都是第一手、最直接的，这里没有任何的秘密、先后可言。技术分析的伟大之处就在于，利用这些最直接、最公开的资料，就可以得到一种可靠的操作依据。依靠对技术分析的精通与资金管理的合理应用，就完全可以长期有效地战胜市场，对于一般的投资者来说，如果你希望切实参与市场之中，这是一个最稳靠的基础。

——缠中说禅李彪

当下的市场就是交易者贪、嗔、痴、疑、慢的市场，所以市场的结构来自人自身，这些情绪主导市场从小级别展开，不断扩大到大级别；这些情绪影响市场结构发生变化，形成不同的生住坏灭走势形态。缠论归根结底，就是研究贪嗔痴疑慢对市场的影响。研究人的贪嗔痴疑慢所引发的自相似性以及由此引发走势级别的自组性这种类生命的现象，在操作上参与者需立足"不患"，对行情走势进行完全分类，把握当下其他参与者的"患"影响下的市场走势，进行操作买卖，从而获取收益。

构成缠论的核心之一是中枢，中枢能够对股价起到支持阻力作用，其实中枢与密集成交区、筹码峰、控制区域有异曲同工之妙。

某级别走势类型，被至少三段连续次级别走势类型所重叠的部分，即构成中枢，具体方法是在一段行情中，取所有小波动行情的高点中的最低点为中枢的上限，取所有小波段行情低点中的最高点为中枢的下限，如图 8-56 所示。

图 8-57 为北清环能日线级别 K 线图，时间跨度为 2020 年 4 月 24 日到 2021 年 4 月 12 日。图中所示，中枢区域对股价具有支撑作用，当北清环能股价后市强势下跌至该区域的时候，遭到了多头的反抗，促使股价反弹回升。

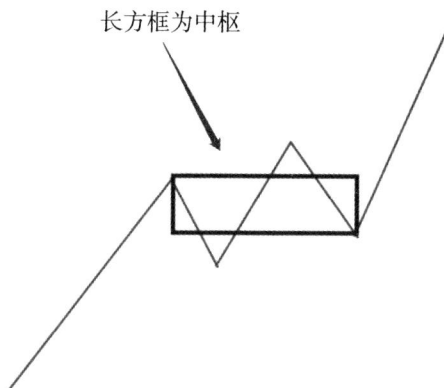

图 8-56　缠论的中枢

图 8-57　北清环能日线级别 K 线图

图 8-58 为茂化实华日线级别 K 线图，时间跨度为 2020 年 3 月 25 日到 2021 年 3 月 8 日。图中所示，中枢区域对股价具有阻力作用，当茂化实华股价反弹至中枢时，无法持续上攻，受到了强大的阻力，随后大幅下跌，空头持续抛售。

图 8-58　茂化实华日线级别 K 线图

图 8-59 为明冠新材日线级别 K 线图，时间跨度为 2020 年 12 月 29 日到 2021 年 12 月 10 日。图中所示，当明冠新材股价突破中枢后，发生了支撑阻力转换，中枢压力就变为后期的支撑，图中可见股价回调至中枢后，受到支撑，强势上升。

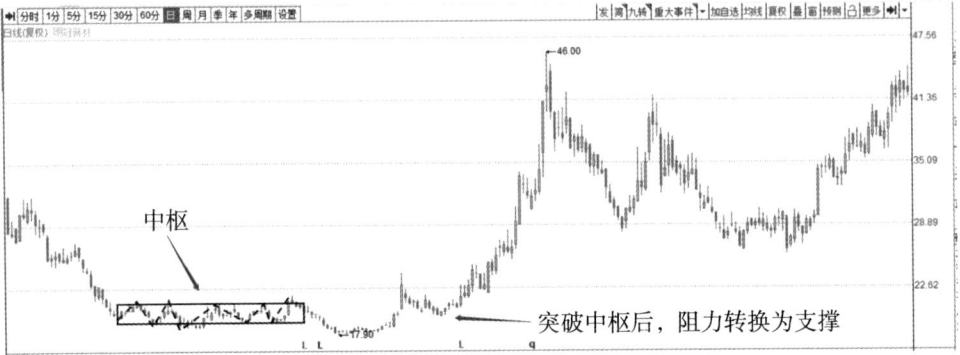

图 8-59　明冠新材日线级别 K 线图

第九章 实战交易体系

我们在第八章中介绍了十六种判断支撑阻力的方法，这些都可以作为精准的进出场依据，但我们不能完全只使用支撑阻力进行买卖（除非是超短线交易），因为支撑阻力只是一个知识点，能辅佐我们精确的入场和出场，真正交易中涉及的面比较多，比如趋势、止损、移动止损、加码等，所以必须建立一套完整的交易策略（也可以理解为交易体系），才能做到稳定盈利。

价值投资是一个很好的理念，同时也是很好的策略和工具，能够帮我们避开垃圾股或表现一般的股票，而技术分析可以给新手以明确清晰的入场指令。因此在实战中，投资者可以将价值投资和技术投资结合起来，建立一套完善的投资策略，即可以采用基本面选股、技术面进出场的策略。

本章将为大家介绍均线时机交易体系，该交易体系是以基本面为前提，60 日均线为核心，成交量和 MACD 指标作为时机因素的一种适合新手的简单又高效的系统性交易方法，其中时机因素是指成交量和 MACD 指标显示的正确时机。比如放量上涨、缩量下跌、MACD 底背离等都是入场时需要结合的时机因素；基本面是最重要的前提因素，其实也可以把它看作是最重要的时机因素，因为基本面优秀的股票，其股价就更容易上涨。这样有了三个时机因素的加持，60MA的进场信号会更加准确。

9.1 基本面选股

首先根据基本面寻找和选择具有持续竞争优势的超级明星企业。

一般情况下，这样的目标企业具有超出产业平均水平的超级盈利能力，长期来说能够持续地创造远远高于一般企业的价值增值，具体可以分为四步：第一步，选择具有前景的行业；第二步，选择具有突出竞争优势的企业；第三步，优中选优；第四步，建立股票池。

9.1.1 选择具有前景的行业

关注行业的吸引力和稳定性，即产业的平均盈利能力和产业的稳定性，不能买入处于夕阳行业的股票。投资者可以从政策导向、需求空间和竞争格局三个方面来分析判断行业的前景性，比如新能源、光伏、通信、医疗、消费、金融等都是有前景的行业。

9.1.2　选择具有突出竞争优势的企业

市场占有率决定了上市公司是否具备市场支配地位，也就是是否为行业龙头。护城河非常重要，它能保证企业在行业中占有主导地位和确保领导优势，当企业具有某种竞争壁垒时，往往就有了护城河，就能确保企业有较高的市场占有率。所以投资者比较简易的方式是，判断某家公司是否具有竞争壁垒，从而间接判断这家公司是否具有突出的竞争优势。比如云南白药，药品专利就是其竞争壁垒，且具有排他性，能给云南白药带来持续性的利润；比如比亚迪，其主要竞争壁垒就是自主研发出的世界领先的电池技术。

9.1.3　优中选优

在优势公司中优中选优，选择竞争具有长期可持续的企业。

比较公司的盈利能力、分红能力和企业管理层等，进一步在强中选强，选出众多优秀企业中最为突出的公司。

或者最简单的就是，跟随市场大机构选中的股票，跟随市场知名度高的股票。领导者选中的股票一般都是市场的风向标，往往都会是龙头股，容易获取超额收益，比如宁德时代、贵州茅台、福耀玻璃、通威股份等。

9.1.4　建立股票池

市场中股票几千只，我们不可能每次都在浩瀚的股票市场中寻找可以买入的标的，那样太浪费时间和精力，最好的方法是前期多用功夫研究，把满足价值投资条件的股票全部放进自选中，建立一个价值投资股票池，后面我们只需要关注股票池中的股票出现的投资机会即可。需要注意的是，股票池中的股票需要坚持遵守三个原则：第一，分散风险原则，即不要都是一个行业或一个板块中同类的股票；第二，控制数量原则，即不要在股票池中放入太多股票，一般 30 ~ 50 个足矣；第三，定期增减原则，即股票池中的股票不能一成不变，需要灵活地进行增减，以保证里面的股票维持比较好的质量。因为趋势不是永远固定的，业绩也不是永远的，政策可能随时调控，风口也会随时变换（价值投资以及建立股票池更详细具体的方法可以参考《像利弗莫尔一样交易·让利润奔腾》）。

9.2 技术面进出场

技术面对于新手来说更容易上手，且往往能给出明确而清晰的指令。技术面进出场主要分十步。我们延续基本面选股，即第五步，选择技术分析工具；第六步，等待入场信号；第七步，买入股票；第八步，设置止损；第九步，移动止损；第十步，加仓；第十一步，重设止损；第十二步，推动止损；第十三步，追踪止损；第十四步，出场。我们以通威股份为例，来对以上所有步骤进行详细解释。

基本面三大步骤分析：通威股份属于光伏行业，是具有前景的行业；双主业"渔光一体"的发展模式是其重要的护城河；光伏硅料和电池片双龙头，且水产饲料也仅次于海大集团。因此通威股份的基本面非常良好，将通威股份纳入股票池，可谓优中选优。

9.2.1 选择技术工具

在学习技术工具的时候，一定要沉下去，深入把某种技术分析工具的精华理解透。新手往往有一个错误的认知，认为学一半，就能半桶水赚半桶水的钱，可惜在资本市场并不是这样，对于技术分析，只有会与不会之分，如果学了半桶水，往往会比乱猜的胜率还要低。某种技术分析本身具有高概率，而如果你学一半，很可能变成恐怖的高概率亏损。

60MA 均线是一个既简单又高效的指标，所以新手可以用 60MA 作为入场工具。首先我们要明确 60MA 的核心买入原则，主要有以下三点。

原则一，顺势而为。

顺势而为即永远不要买 60MA 朝下的股票，因为均线具有指示趋势的作用，均线朝下，往往代表趋势下跌，股价易跌难涨；也不要买 60MA 水平的股票，因为 60MA 水平时，代表趋势不明，行情震荡，此时买入等同于赌运气；永远只能买 60MA 朝上的股票，因为均线朝上时，代表趋势上涨，成本的推动效应，容易将股票推动上行。

股价在均线下方时，成本的推动效应，一般会导致均线是朝下的；而股价在均线上方时，成本推动效应，一般会导致均线是朝上的。根据这一原理，得出的推论是，只有当股价在均线上方时才能买入，因为当股价在均线下方时，很容易把均线拉下来，导致均线朝下运行。

图 9–1 为通威股份日线级别 K 线图，行情时间跨度为 2018 年 4 月 20 日到 2019 年 4 月 1 日。图中所示，当 60MA 朝下时，股价一直在下跌，任何价位买都容易亏钱；当 60MA 趋于水平时，如果买入股票，很容易被左右打脸；当 60MA 朝上时，无论任何价位入市，基本都能获利。

图 9–1 通威股份日线级别 K 线图

原则二，均值回归。

价值投资原则之一是不能买高估的股票，而均线代表的是股价的成本，可以在一定程度上代表股票的价值，因此当股价远离均线时，就说明股票被高估了，此时一定不能盲目追涨，稳妥的方式是等股价均值回归时再寻找买入信号。

均值回归是指一定要等股价从高位回归均线时再买进，切不可以在股价远离均线时盲目买入。虽然有的时候，股价会远离均线持续上涨，并不会立刻掉头，但是买入这样的股票风险往往很大，止损也很不好设置，秉持风险厌恶原则，应该等股价从高位回落至朝上的均线时买入。

图 9–2 为通威股份日线级别 K 线图，行情时间跨度为 2020 年 6 月 12 日到 2021 年 2 月 10 日。图中所示，无论股价涨得有多高，远离均线有多远，或迟或早一定会回归均线。投资者在股价两次触及朝上的均线时买入，就能一买就赚，抓住行情的起涨点，虽然这两次的入场点并非最低点，却是最佳入场点。

原则三，时机原则。

时机原则是指入场的时候要看清盘口语言，比如出现了 MACD 底背离或量价突破等，往往是有利的时机，并且不要被多头陷阱所蒙蔽，也不要被空头陷阱所吓退，一旦出现放量下跌或 MACD 指标进入空头市场等，那么就要耗费精神了。

图9-2 通威股份日线级别K线图

图9-3为通威股份日线级别K线图，行情时间跨度为2020年9月21日到2021年5月31日。图中所示，股价从高位跌至均线时，跌破了前期低点支撑，且成交量急剧放大，也就是量价突破，说明后市会有很大的下行空间，均线大概率支撑不住，此时就是不利时机，应放弃买入。图中可见，股价直接击穿均线，直线下跌。

就算不直接跌破，在均线上小幅反弹，往往也是多头陷阱，让投资者误以为均线支撑有效，从而盲目买进，股价不会反弹很大，立刻就会再度下跌击穿均线。

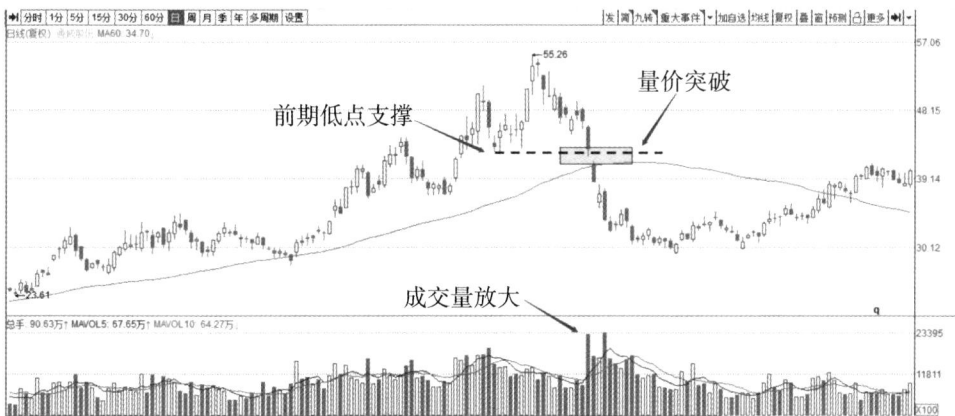

图9-3 通威股份日线级别K线图

图9-4为通威股份日线级别K线图，行情时间跨度为2020年6月22日到2021年6月3日。图中箭头所示，股价跌破均线，此时我们一定不要盲目慌张，

要仔细观察行情情况。图中可见，股价在回调的过程中，成交量缩小，MACD始终处于多头市场，所以说明调整是良性的，多头依然控制着行情，且最关键的是 60MA 依旧大幅朝上，因为这依旧是强势的买入看涨信号，股价跌破 60MA，只是空头陷阱罢了。图中可见，股价次日跳空放量上涨，随后强劲上扬。

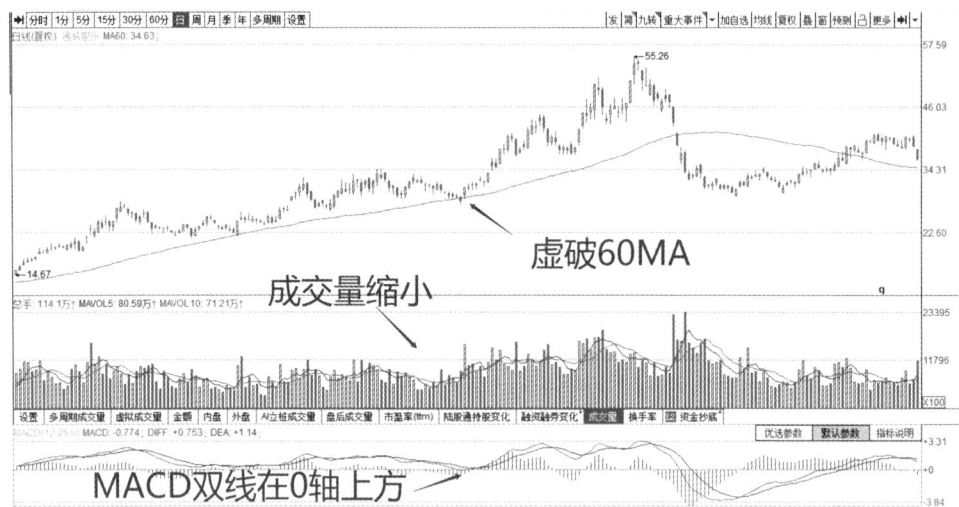

图9-4　通威股份日线级别 K 线图

9.2.2　等待入场信号

确定以 60MA 为入场信号后，就从股票池中，选出 60MA 朝上的股票，重点关注。注意朝上的斜率越大越好，那些斜率不是很大的股票可以舍弃。

图 9-5 为通威股份日线级别 K 线图，行情时间跨度为 2020 年 4 月 16 日到 2021 年 3 月 29 日。图中所示，当股票处于方框区域运行时，我们就可以看到 60MA 明显朝上运行，且斜率比较大，因此就可以重点关注该股后市，均值回归的机会。

切记不应着急入场，你如果急于赚钱，那么你有可能买在低点，但你更可能买在了高点，且你的止损非常难设，止损小了，随便的小回调就可以将你赶出局；止损大了，万一是高点进场点，那么你将面临大面积的亏损，且后市回调到均线，出现最好的入场时机时，可惜你已经没有资金可以重新入场了，白白浪费了赚钱的机会。

记住一句话，宁愿错过，也不要做错，千万不要让自己冒太大的风险。

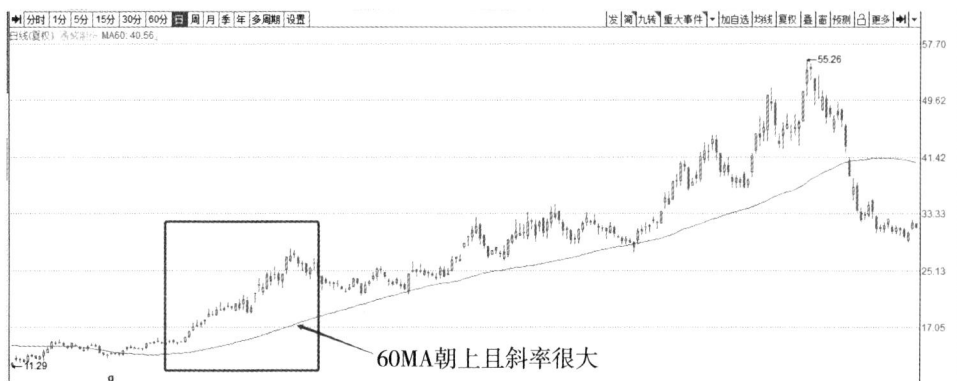

图9-5 通威股份日线级别K线图

9.2.3 买入股票

标的选好之后，就耐心等待入场信号，一旦股价从高位回归至均线附近，且均线还是保持极度朝上的状态，结合时机因素，就可以买入。

只在一个价位建仓是错误的，也是非常危险的，相反，你应该先决定到底要交易多少股票。比方说，如果你总共想买1 000股，你可以这样建仓：先在一个关键价位买进200股——如果价格上涨就在关键价位附近再买200股，如果价格还在上涨就继续买200股。然后你看一看市场的反应是怎样的，如果价格继续上涨，或者回调之后继续往上走，那么就放开手把最后400股买进来。

——利弗莫尔

从上面利弗莫尔的话中，我们可以知道它的仓位模型是20%、20%、20%、40%分批加仓，所以在仓位上，可以借鉴利弗莫尔的仓位模型，首次开仓的时候买入20%仓位。

图9-6为通威股份日线级别K线图，行情时间跨度为2020年4月16日到2021年3月29日。图中所示，通威股份从高位缓慢向均线回归，触及均线的时候，均线还是大幅朝上的，因此是一个积极的信号。我们继续查看成交量，可以看到股价在下跌的过程中，成交量不断萎缩，也就是缩量下跌，表明股价的下跌只是洗盘，而不是庄家出货，因此这是第二个积极的信号。最后我们查看MACD指标，可以看到MACD双线仍旧在0轴上方，且发生了钝化，说明股价下跌动力在衰竭，市场还是被多头控制，因此这是第三个积极的信号。综合三

个积极的信号后，我们就可以放心在股价触及均线（22 元 / 股）时买入（20% 仓位）股票了。

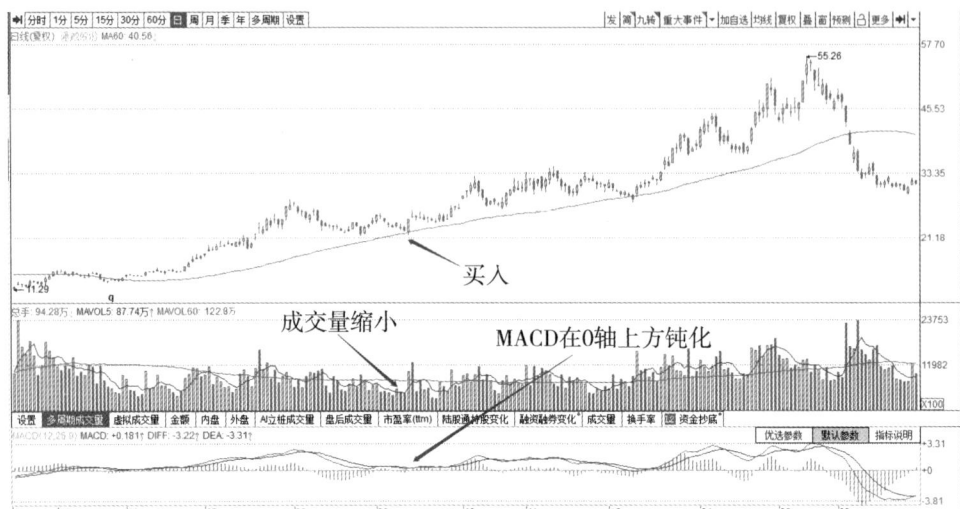

图 9-6　通威股份日线级别 K 线图

9.2.4　设置止损

止损是每一笔交易必备的环节，其重要程度远远超过找准正确的入场点。请最重要记住的一点是，你可以放弃炒股，但绝不能放弃止损。

止损的重要性毋庸置疑，但止损必须要具有科学性和合理性，不能乱止损。止损的科学性是指止损要有明确有效的依据，最好是只在市场关键支撑位置以下。止损的合理性，是指止损幅度不能太小，也不能太大，新手在刚开始投资的时候，建议以 10% ～ 20% 为标准，不要超过这个止损太多，否则一旦产生了较大的浮亏，你就会舍不得止损，容易让自己陷入不可控的风险之中。

读者可以采取前期低点和 ATR 作为止损依据（采用近期 ATR 的最大值作为止损依据），通过比较两个止损点，来选择更合理的止损价位。

选择前期低点的原因：上升趋势由连续一系列的涨势构成，每段涨势都持续向上穿越先前的高点，中间夹杂的下降走势都不会向下跌破前一波跌势的低点。总之，上升趋势由高点与低点都不断抬高的一系列价格走势构成。

以上是上涨趋势的定义，我们从中可以看到前期低点是非常重要的支撑，前期低点对上涨趋势能否持续具有重要意义。如果趋势要表现为持续上涨，则一般都不能跌破前期低点，因此用前期低点作为止损依据，是具有一定科学性的。

选择 ATR 的原因：ATR 是平均波幅，衡量一段时间内股价的波动幅度。我们采取近期最大值来作为止损依据，基本就容纳了近期所有的波动行情，因此也是具有一定科学性的。

图 9-7 为通威股份日线级别 K 线图，行情时间跨度为 2020 年 4 月 16 日到 2021 年 3 月 29 日。图中所示，前期低点为 18.77 元 / 股，近期 ATR 最大值为 1.93 元 / 股，通过计算我们可以得出：

前期低点止损：（22-18.77）÷22≈14.7%，即第一单止损为总本金的 14.7× 20%=2.94%，也就说如果投入本金 10 万元，亏损风险为 2 940 元。

ATR 止损：1.93÷22≈8.8%，即第一单止损为总本金的 8.8%×20%=1.76%，也就说如果投入本金 10 万元，亏损风险为 1 760 元。

根据止损的合理性原则，应该选择前期低点 18.77 元 / 股作为止损依据（注意并不是越小越好，且实际操作过程中，止损一般都是设置在支撑位的下方一点点，所以我们计算盈亏的时候为近似计算）。

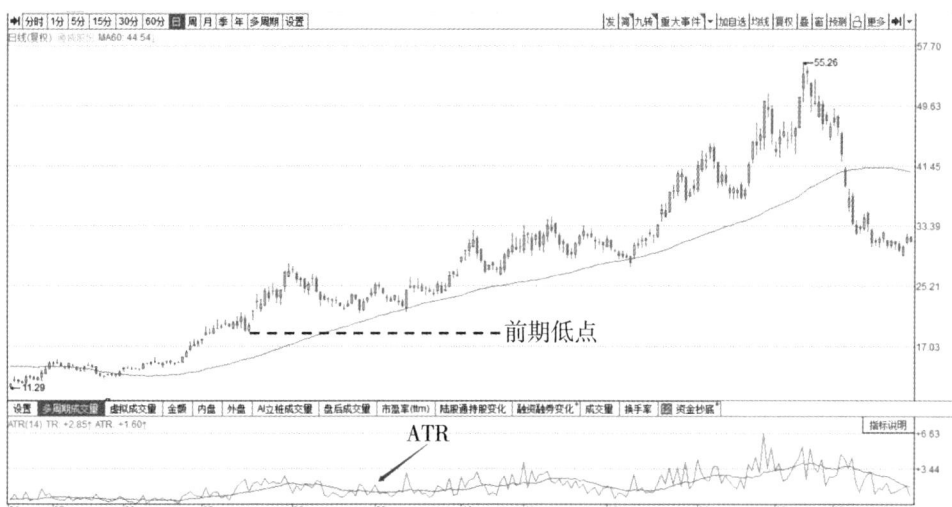

图 9-7　通威股份日线级别 K 线图

9.2.5　移动止损

投资者买入股票后，如果行情开始大幅上涨，则应及时移动止损，减小风险。注意必须等出现了较大的利润之后，才能移动止损，因为过早地移动止损，容易被行情震出局，具体标准是至少等行情的下方第二档支撑位也超过入场点时，将止损移动到下方第二档支撑之下。

也就说即使移动了止损，下方还有两档支撑可以用来抵抗行情的波动，操作更容易成功。

因为行情并非直线上涨，股价永远是波浪运动，有上涨就有回调，且杂波或毛刺行情随时都会发生。止损幅度足够容忍这些小波动，持仓才能顺利获得更大的利润，不然很容易出现，看对了行情，也被震出局，从而没赚到什么钱的情况。

图9-8为通威股份日线级别K线图，行情时间跨度为2020年4月16日到2021年3月29日。图中所示，箭头所指的是2020年11月2日，股价突破了左边行情的最高点（这一点很重要，只有突破了近期的高点，最低点才会有效，因为从趋势的定义上讲，只有当价格创了新高，才表明可能处于上涨趋势，也就是说创新高是趋势上涨不可或缺的条件），此时股价下方形成了两档低点支撑，第一档支撑位26.39元/股，第二档支撑位23.61元/股，因为第二档支撑也在入场点之下，此时就可以移动止损，且将止损移动在第二档支撑23.61元/股之下，即此时锁定了约7.3%左右的利润［（23.61-22）÷22≈7.3%］。

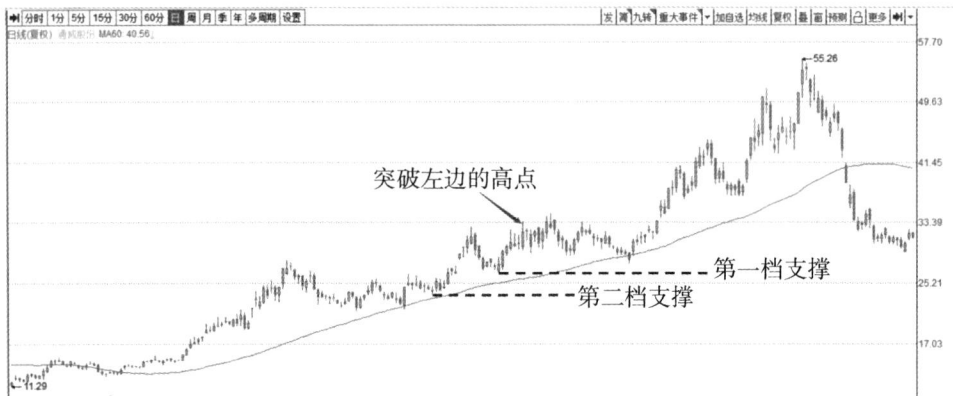

图9-8　通威股份日线级别K线图

9.2.6　加仓

持仓处于锁定获利状态后，就是零风险了，如果再出现新的入场信号，一定要大胆地加仓（加仓的原则和初始入场原则一样），这一点对于新手来说，可能比较困难，因为加仓的价位总是会比初始建仓的价格要贵，捡便宜心理是人的天性，因此新手一般总是会在买入出现亏损后，持续大量地加仓，这往往会加速亏损。新手一定要记住，盈利且移动止损后加仓是加码的唯一原则，这项原则的重要程度不会亚于止损。一旦你买入的头寸发生了亏损，就说明你已经错了，一定不要再在错误的头寸上加码，这只会错上加错，迅速让你陷入巨亏的局面。永远要牢记趋势的重复性，趋势既能让亏损持续加大，也会让盈利不断奔跑。

当然有时候你亏损加仓，会让你更快的解套，但这是运气，你不能拿运气当规则，况且亏损加仓，你是冒着更大的风险，来挽回小幅的损失，这无疑是以大博小，也无疑是最愚蠢的行为。

图 9-9 为通威股份日线级别 K 线图，行情时间跨度为 2020 年 4 月 16 日到 2021 年 3 月 29 日。图中所示，股价再次回落至均线，均线此时大幅朝上，在回调过程中成交量缩小，且 MACD 双向处于 0 轴之上，因此基本没什么不利的时机因素，所以可以根据利弗莫尔的仓位模型，继续在均线附近（28.67 元／股附近）买入 20% 仓位。

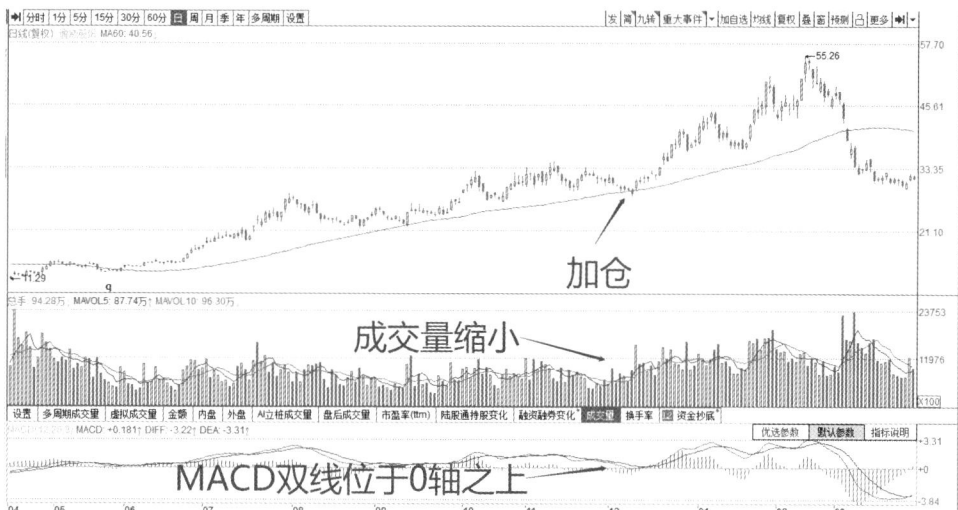

图 9-9　通威股份日线级别 K 线图

9.2.7　重置止损

加仓之后，新开仓的头寸就会面临新的风险，因此必须及时设置止损。加仓的止损原则除了要遵守科学性原则和合理性原则以外，还要遵守风险不扩大原则和二档止损原则，其中最重要的是必须要遵守风险不扩大原则，也即持仓的所有头寸的敞口风险不能大于第一次开仓的风险。

二档止损原则是指如果加仓价位下方的第二档支撑，能满足整体不产生亏损，则应采取更宽容的止损原则，将止损设置在第二档支撑以下，这样做的主要目的，是尽量可以保证我们能抓到中长期上涨行情，而不被市场的震荡给甩下车。因为如果已经能保证不发生亏损，那么就没什么好担心的，并且手中的持仓已经在获利，就说明交易方向是对的，因此在对的事情上，提高止损的容忍度，这将有利于我们在正确的头寸上赚取更多的利润。

如图 9-10 所示，在均线附近加仓后，股价下方的第一档支撑位 26.39 元 / 股，第二档支撑位 23.61 元 / 股，我们可以计算两档支撑作为止损依据的风险分别如下。

第一档止损风险：

第一单风险 =（26.39−22）÷ 22 ≈ 20%

第二单风险 =（26.39−28.67）÷ 28.67 ≈ −8.0%

整体风险 =20%−8.0%=12.0%。

第二档止损风险：

第一单风险 =（23.61−22）÷ 22 ≈ 7.3%

第二单风险 =（23.61−28.67）÷ 28.67 ≈ −17.6%

整体风险 =7.3%−17.6%=−10.3%。

综上所述，应该选择第二档支撑 26.39 元 / 股作为止损依据。

图 9-10 为通威股份日线级别 K 线图，行情时间跨度为 2020 年 4 月 16 日到 2021 年 3 月 29 日。

图 9-10　通威股份日线级别 K 线图

9.2.8　推动止损

加仓后，如果股价进一步大幅上涨，则需要推动止损，继续扩大锁定获利的幅度。推动止损的原则和移动止损原则一样，将止损设置在市场新形成的第二档支撑以下。

图 9-11 为通威股份日线级别 K 线图，行情时间跨度为 2020 年 4 月 16 日到 2021 年 3 月 29 日。图中所示，第一档支撑是 36.86 元 / 股附近，第二档支撑是 36.34 元 / 股，根据推动止损原则，应该将止损设置在 36.34 元 / 股下方。我们可以算一算此时锁定获利的幅度。

第一单锁定利润 =（36.34–22）÷ 22 ≈ 65.2%

第二单锁定利润 =（36.34–28.67）÷ 28.67 ≈ –26.8%

整体锁定利润 =65.2%+26.8%=92%。

可见此时已经锁定了大幅利润，其实在这个阶段，已经基本不会出现任何亏损的情况，如果行情继续上涨，则利润只会不断扩大，成熟的投资者肯定会继续找机会加仓。能够加仓的依据显然不会只是均线这一个，还有很多其他方法，但是建议新手先不用着急，你要先把 60MA 结合基本面的交易方法理解透，运用娴熟，一样可以取得不错的成绩，待自己的经验和能力日后不断提高后，再去运用更多的方法，抓住更多的加仓机会。

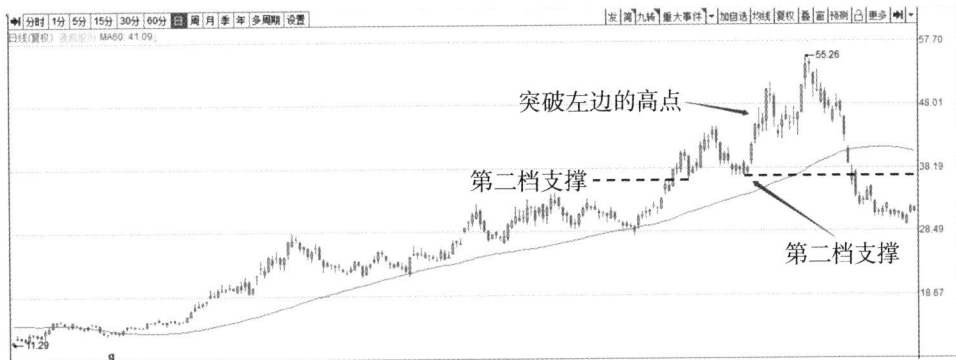

图 9-11　通威股份日线级别 K 线图

9.2.9　追踪止损

当行情大幅飙升之后，股价在高位震荡加剧，成交量明显增加或出现顶背离、M 顶等明显头部特征后，就要将止损设置得紧凑一些，即此时用市场下方第一档支撑作为止损，不再以宽幅的第二档支撑作为止损。投资者要对行情严密追踪，警惕市场反转，一旦市场反转，以第一档支撑作为止损依据，可以有效地锁定更多的利润。

图 9-12 为通威股份日线级别 K 线图，行情时间跨度为 2020 年 4 月 16 日到 2021 年 3 月 29 日。图中所示，股价在顶部区域，成交量放大，最明显的是 MACD 指标走平，而股价大幅创新高，因此出现了极其明显的顶背离，此时就要警惕股价反转，追踪止损必须要紧密一些。图中可见当股价在 2021 年 2 月 10 日创近期新高后，就要迅速把止损移动到首档支撑（42.45 元 / 股）下方。

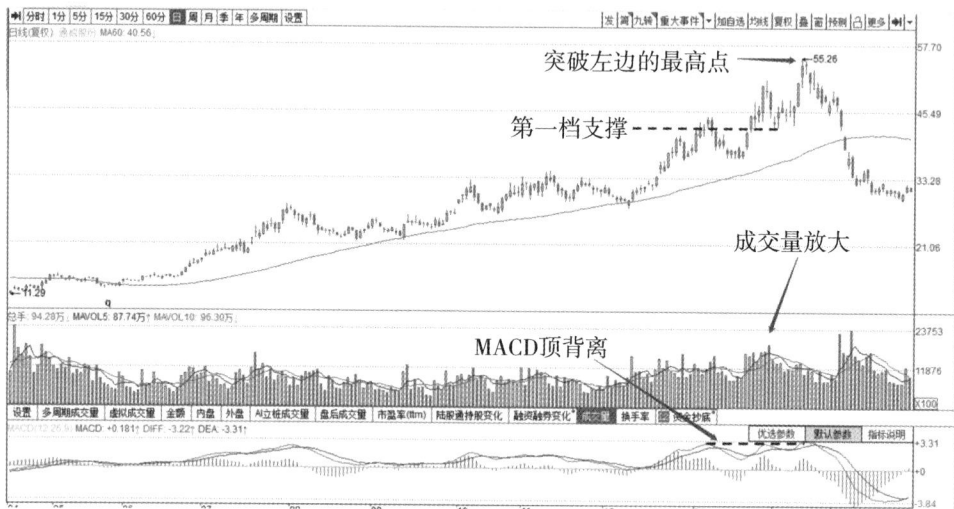

图 9-12　通威股份日线级别 K 线图

9.2.10　出场

出场可以分为主动出场和被动出场两种方式。

主动出场是指投资者主动性卖出股票。比如当投资者觉得上方某个位置有压力时，股价到该位置附近就先卖出止盈，以免市场回档，回吐利润；也可以是投资者认为已经赚得够多了，满足式选择卖出平仓。

被动出场是指投资者不以任何分析或者主观原因放弃头寸，而是不断地通过移动止损的方式，持有股票，眼里没有任何目标，只要不打掉追踪止损，股票能涨多少就赚多少，能涨 1 倍就赚 1 倍，能涨 10 倍就赚 10 倍。

很显然被动出场更容易做到利润最大化，不过被动出场需要容忍市场回撤的风险，所以在前面的步骤中，移动止损、推动止损等都采取宽松的止损方案，就是为了扩大利润，能够最大限度地让利润最大化。

不建议新手总是主动性出场，这会让你陷入超短线之中，见利就跑，总是为了一点蝇头小利力疲奔命，一旦错误的时候，往往亏损巨大，从而让自己钻进赚小赔大的怪圈。不用管市场上方有没有压力，你一定要明白所有的压力都是用来被突破的，绝对不存在绝对的压力。当然市场下方所有的支撑也是用来被跌穿的，所以一旦对的时候，就要无视压力，放手等待利润沸腾，同时放手加仓，让利润倍增（但要重申的是，加仓的时候切不可扩大风险）。

如图 9-13 所示，2020 年 2 月 10 日，股价跳空上涨，并创下最高点，随后就掉头向下。股价的跳空属于衰竭跳空，是上涨行情中的最后一条，从第八章寻找支撑阻力中，我们可以知道，跳空具有非常强的支撑阻力。因此通威股份的衰竭跳空，就提供了市场下方的首档支撑，应该把止损继续追踪到缺口（50.76 元 / 股）下方。图中可见，随后股价很快跌穿 50.76 元 / 股，2 单持仓，全部止损出场，这时名为止损出场，其实是大幅获利。

我们可以算一算被动出场后的盈亏比。

第一单利润 =（50.76-22）÷22 ≈ 130.7%

第二单锁定利润 =（50.76-28.67）÷28.67 ≈ 77%

整体锁定利润 =130.7%+77%=207.7%。

而初始风险为 14.7%，也就是盈亏比约为 14.1 倍，也就是如果初始投入 10 万元，冒的风险为 2 940 元，最后可以获利 41 540 元。很明显这样高盈亏比，低风险的投资模式，会让投资盈利更加轻松稳定。所以建议新手始终要采取被动出场的方式，一来可以让你的投资获利更轻松，二来会避免陷入追逐蝇头小利之中，总是做赚小赔大的买卖。

图 9-13 为通威股份日线级别 K 线图，行情时间跨度为 2020 年 4 月 16 日到 2021 年 3 月 29 日。

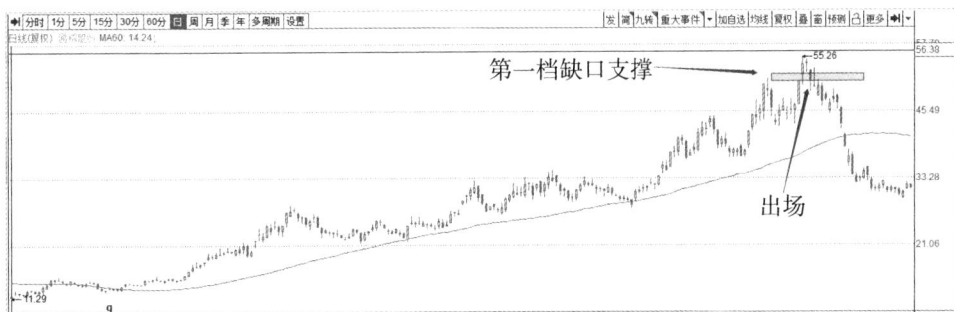

图 9-13　通威股份日线级别 K 线图

9.3 案 例

为了证明均线时机交易体系的通用性，我们再举一个股价对均线反复上下穿越的例子，来说明均线时机交易体系能够应付市场各种各样的波动，甚至是反复出现虚假信号的情况。

如图 9-14 所示，海螺水泥在上涨过程中，一共有 12 次从高位均值回归至 60MA，有的刚一触及均线就精准反弹上涨，不过有的在均线附近徘徊一段时间之后才上升，甚至有不少直接跌穿均线。我们对这 12 次情况，一一进行详细讲解。如果如此复杂的情况，均线时机交易体系也能做到盈利，就能说明该交易体系适用性比较强，能够帮助新手应付不同的行情状况，甚至是极端行情。

图 9-14 为海螺水泥日线级别 K 线图，行情时间跨度为 2019 年 3 月 19 日到 2020 年 10 月 20 日。

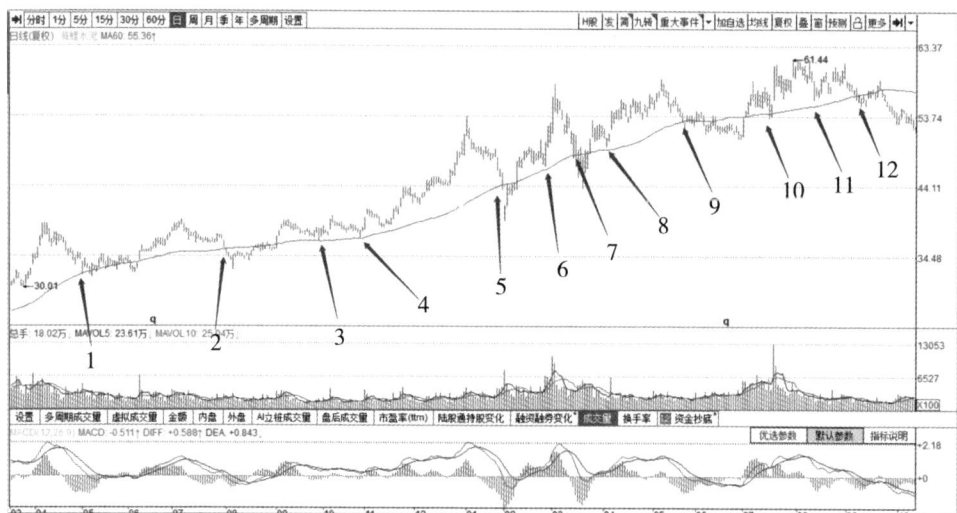

图 9-14　海螺水泥日线级别 K 线图

第一次：我们把股价第一次回落触及均线时的行情放大，这样能看得更清楚些。如图 9-15 所示，股价第一次跌至均线时，虽然均线大幅朝上，MACD 指标双线也都处于多头市场，但是成交量放大，且跌破了前期上升缺口的支撑，属于是量价突破，是非常不好的时机，因此不能作为买入信号。

图 9-15 为海螺水泥日线级别 K 线图，行情时间跨度为 2019 年 3 月 19 日到 2020 年 10 月 20 日。

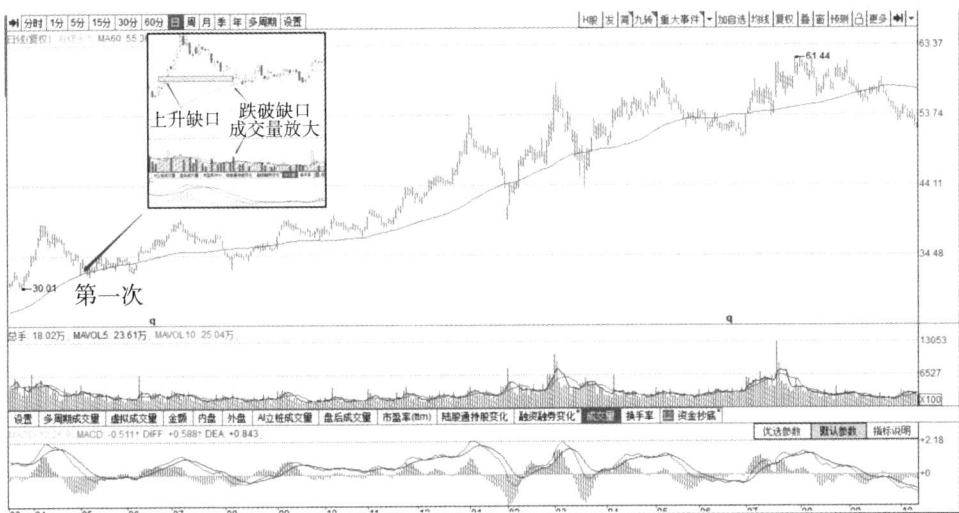

图 9-15　海螺水泥日线级别 K 线图

股价放量下跌后，我们应该保持观望。如图 9-16 所示，行情反弹力度不强，一直在均线上下徘徊，此时我们应该等待的是放量上涨的时机，才能买入，但成交量没有放大，且股价最后跌破均线，运行与均线之下，则更不能买入（均线的买入原则之一是必须股价在均线之上）。但此时均线依旧大幅朝上，随后股价跳空高开，重回均线之上且突破了上升缺口的压力，关键是成交量明显放大，等于是量价突破，外加 MACD 也形成了金叉，所以此时时机非常好，应当果断买入。买入的原则是，股价跳空开盘（33.75 元 / 股）的时候立刻买入，如果开盘的时候成交量没有放大，也应当买入，因为股价向上跳空的时候，就产生了突破信号（突破均线且突破缺口），MACD 又是金叉，所以此时没有不利的时机因素（注意时机的因素原则是，买入的时候，不一定非要出现有利的时机因素，但一定不能出现不利的时机因素）。

图 9-16 为海螺水泥日线级别 K 线图，行情时间跨度为 2019 年 3 月 19 日到 2020 年 10 月 20 日。

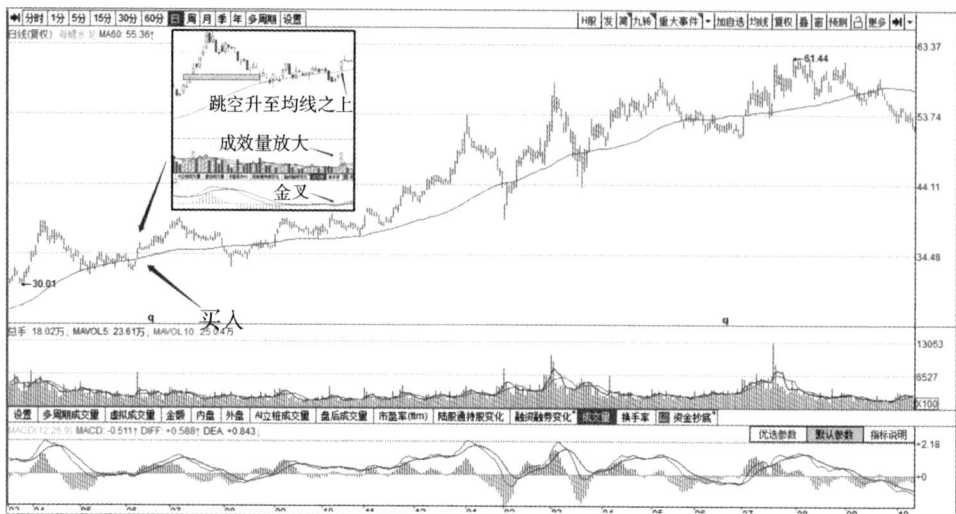

图9-16　海螺水泥日线级别K线图

如图9-17所示，33.75元/股买入股票后，股价立刻上涨，最高触及39.31元/股（浮盈约16.5%），根据二档止损原则，应该将止损设置为前期低点34.67元/股下方。

图9-17为海螺水泥日线级别K线图，行情时间跨度为2019年3月19日到2020年10月20日。

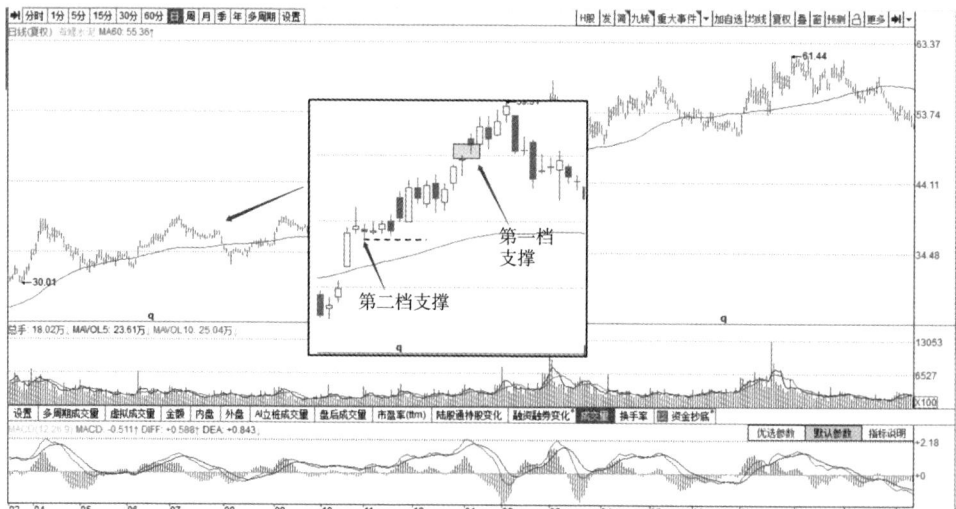

图9-17　海螺水泥日线级别K线图

第二次：如图9-18所示，股价并没有继续上涨，而是大幅回落在第二次均值回归，触及均线，此时不能加仓买入，因为手中的持仓并没有什么获利（需要强调的是，加仓最重要的原则是，必须手中的持仓已经有不错的获利）。图中可见，最后股价击穿均线，止损出局，小幅获利约2.7%〔(34.67-33.75)÷33.75≈2.7%〕。

图9-18为海螺水泥日线级别K线图，行情时间跨度为2019年3月19日到2020年10月20日。

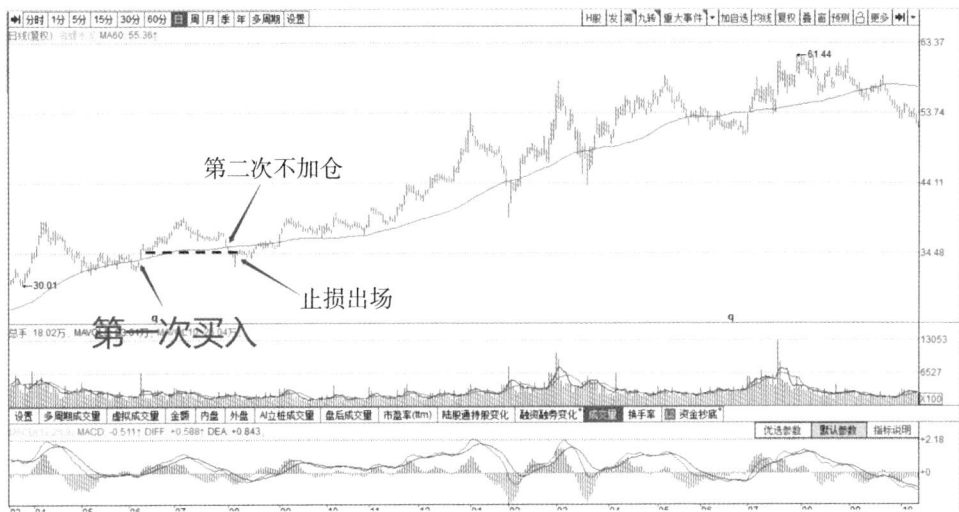

图9-18　海螺水泥日线级别K线图

如图9-19所示，股价跌破止损后，一直运行与均线之下，所以不能构成买入信号。随后股价再次大阳拉升突破均线，均线大幅朝上，且成交量放大，MACD双向进入多头市场，因此可以买入股票。买入的原则是等次日开盘（37.03元）确认在均线之上，则立即买入。

图9-19为海螺水泥日线级别K线图，行情时间跨度为2019年3月19日到2020年10月20日。

第三次：如图9-20所示，买入后，股价立刻上涨，最高触及39.28元/股。股价虽然有两次跳空，但是幅度不大，因此根据二档止损原则和合理性原则，应该把止损设置到前期低点34.9元/股下方。图中可见随后又出现调整，第三次均值回归触及均线，此时手中的持仓没有多少利润，不能加仓买进。

图9-20为海螺水泥日线级别K线图，行情时间跨度为2019年3月19日到2020年10月20日。

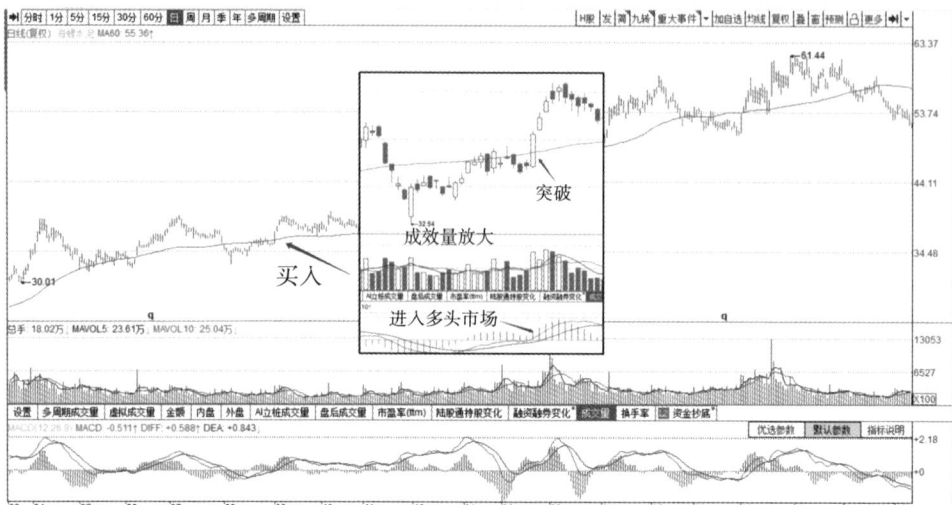

图 9–19　海螺水泥日线级别 K 线图

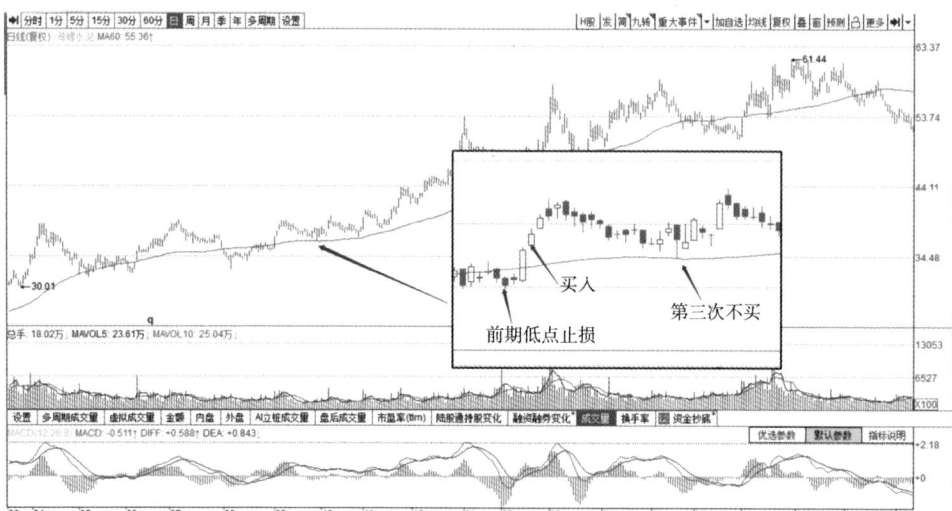

图 9–20　海螺水泥日线级别 K 线图

第四次：股价第三次均值回归触及均线后，精准反弹，小幅创新高，此时根据二档止损原则，股价应保持 34.9 元 / 股止损不变。图中可见，股价上涨乏力，再次均值回归触及均线，此时手中 37.03 元 / 股的持仓，并无获利，所以不应继续加仓。

图 9–21 为海螺水泥日线级别 K 线图，行情时间跨度为 2019 年 3 月 19 日到 2020 年 10 月 20 日。

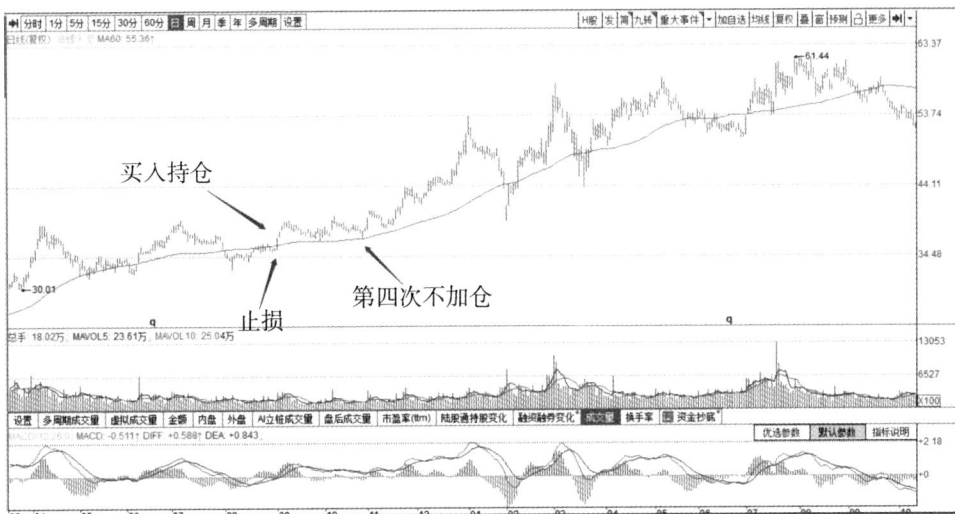

图 9-21　海螺水泥日线级别 K 线图

如图 9-22 所示，股价第四次均值回归触及均线后，再次受到支撑大幅上涨，最高触及 53.63 元 / 股，根据二档止损原则，应该将止损设置在前期低点 43.89 元 / 股下方。

图 9-22 为海螺水泥日线级别 K 线图，行情时间跨度为 2019 年 3 月 19 日到 2020 年 10 月 20 日。

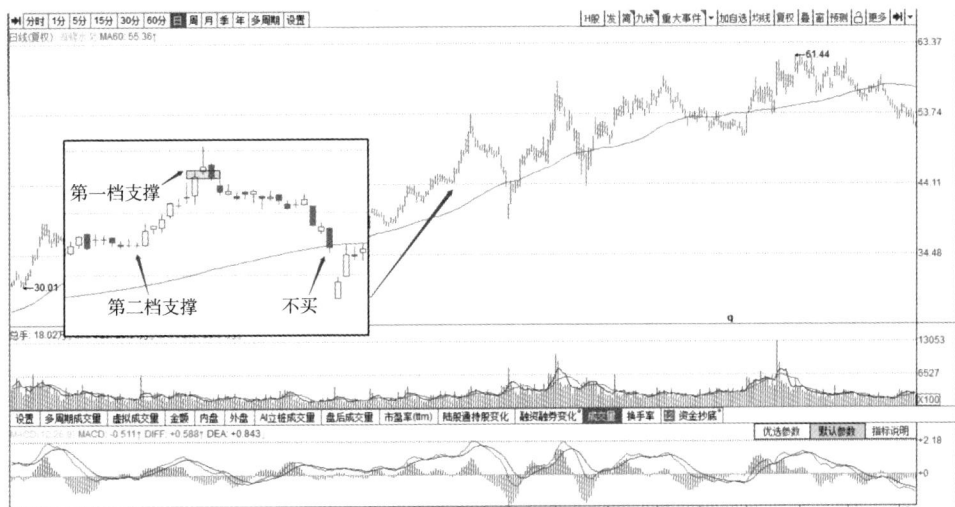

图 9-22　海螺水泥日线级别 K 线图

第五次：如图 9-23 所示，股价触及高位后，第五次均值回归触及均线，此时均线的价位和止损点非常接近，因此不宜继续加仓（因为如果继续加仓，得要改动止损，必然加仓点基本就是止损点，很显然并不合理）。图中可见，股价跌破止损出场获利约 18.5% ［（43.89-37.03）÷37.03 ≈ 18.5%］。

图 9-23 为海螺水泥日线级别 K 线图，行情时间跨度为 2019 年 3 月 19 日到 2020 年 10 月 20 日。

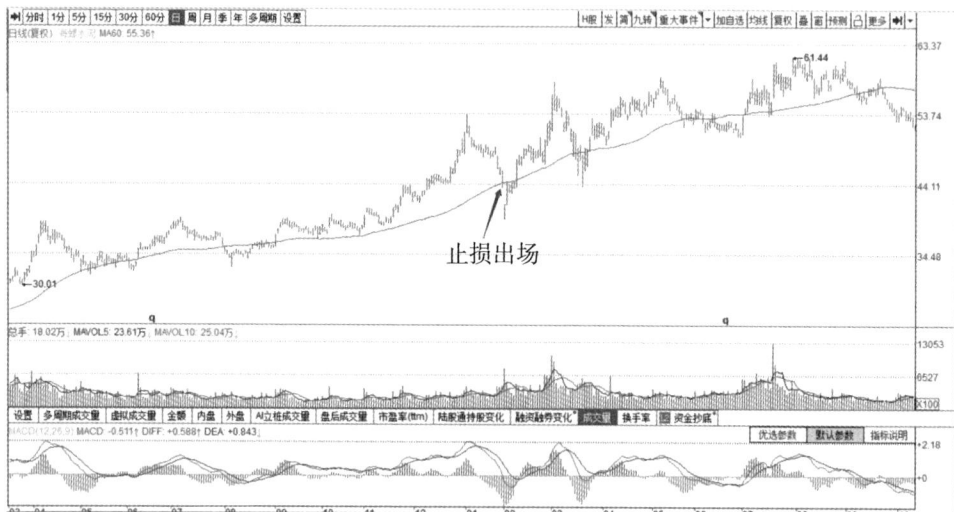

图 9-23　海螺水泥日线级别 K 线图

如图 9-24 所示，股价跌破止损后，继续跳空下跌，但行情迅速反转，再次回升均线之上，形成 V 型反转，此时均线依旧朝上，且 MACD 开始进入多头市场，形成金叉，所以又是一次买入的好机会。还是一样的道理，在股价次日开盘（46.76 元 / 股）确认在均线之上时买入。

图 9-24 为海螺水泥日线级别 K 线图，行情时间跨度为 2019 年 3 月 19 日到 2020 年 10 月 20 日。

第六次：如图 9-25 所示，买入股票后，股价小幅上涨，再一次向下调整至均线附近，此时不能加仓买入，因为手中持仓没有盈利。

图 9-25 为海螺水泥日线级别 K 线图，行情时间跨度为 2019 年 3 月 19 日到 2020 年 10 月 20 日。

如图 9-26 所示，股价在均线附近再一次受到精准支撑，大幅上扬，最高触及 58.01 元 / 股，根据止损原则，应该把止损设置为大阳线最低点 51.1 元 / 股下方。

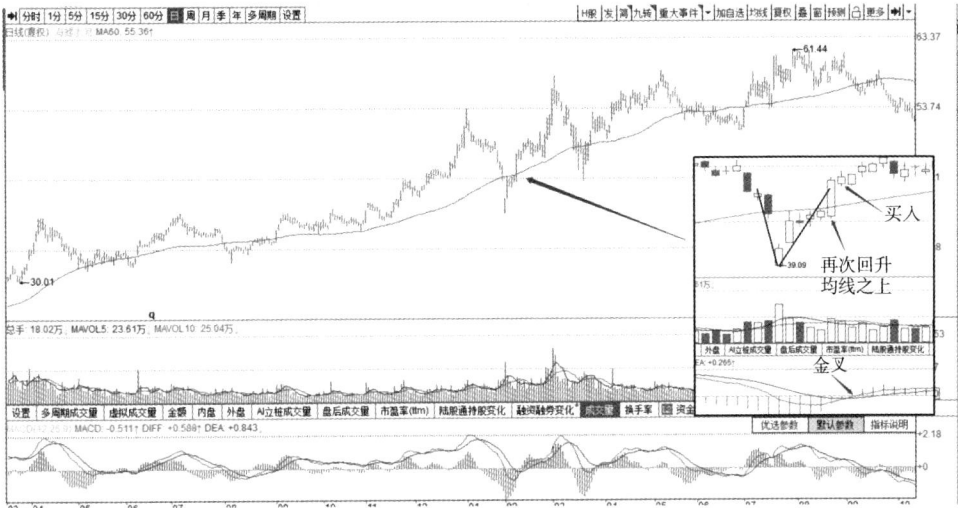

图 9–24　海螺水泥日线级别 K 线图

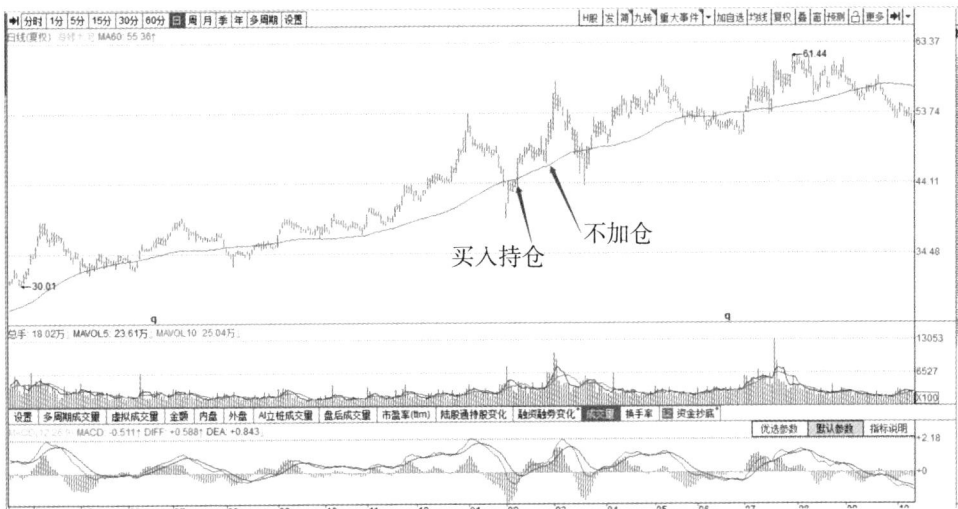

图 9–25　海螺水泥日线级别 K 线图

图 9–26 为海螺水泥日线级别 K 线图，行情时间跨度为 2019 年 3 月 19 日到 2020 年 10 月 20 日。

如图 9–27 所示，股价快速回撤，跌破 51.16 元 / 股的止损出场，小幅获利约 9.4%〔(51.16–46.76) ÷ 46.76 ≈ 9.4%〕。

图 9–27 为海螺水泥日线级别 K 线图，行情时间跨度为 2019 年 3 月 19 日到 2020 年 10 月 20 日。

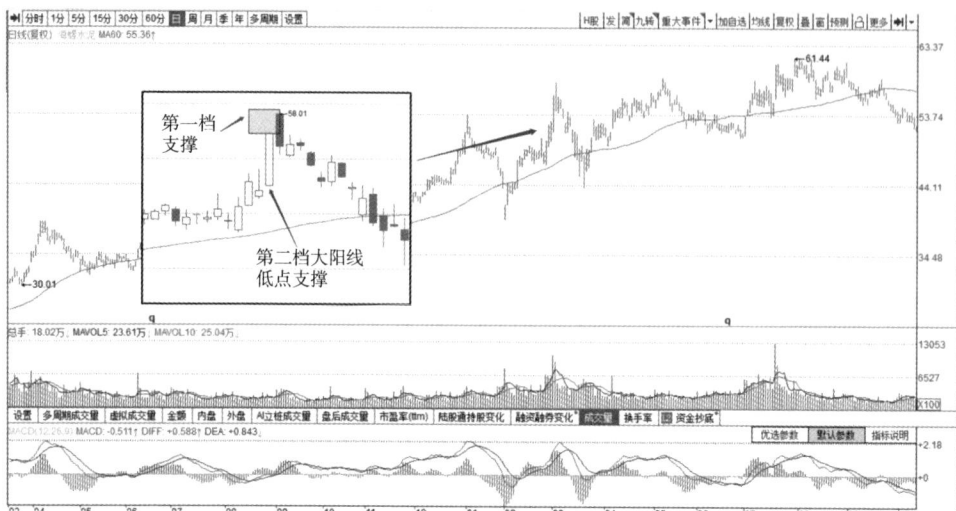

图9–26　海螺水泥日线级别 K 线图

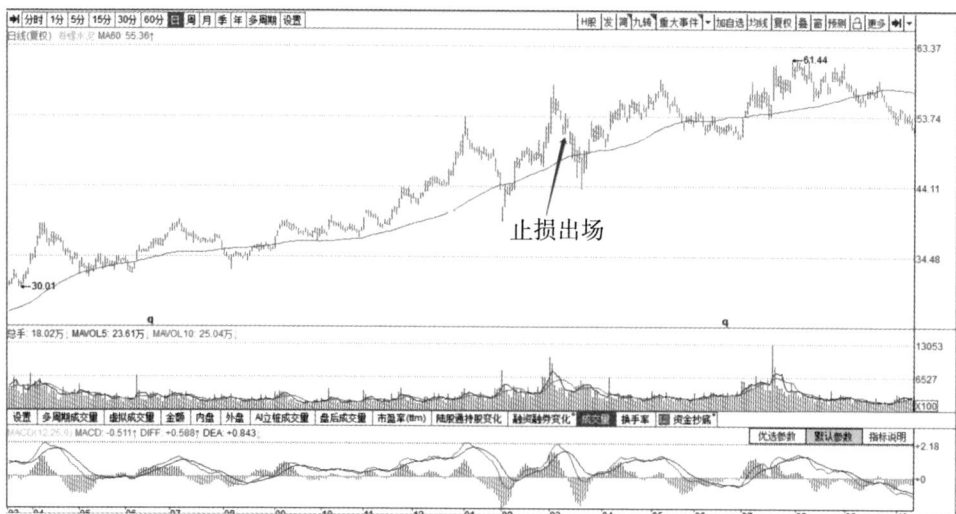

图9–27　海螺水泥日线级别 K 线图

第七次：持仓小幅获利被震出局后，股价继续下行，进行第七次均值修复。如图 9-28 所示，当股价触及均线时，均线大幅朝上，成交量减小，MACD 处于多头市场，没有什么不利因素，因此可以买进股票。

图 9-28 为海螺水泥日线级别 K 线图，行情时间跨度为 2019 年 3 月 19 日到 2020 年 10 月 20 日。

如图 9-29 所示，买入股票后，根据止损合理性原则，应该将止损设置在前

期大阳线低点下方。（因为前期低点距离入场点太近）

图中可见，股价虚破均线，但是刚好在大阳线低点附近受到支撑，快速上涨重回均线之上。

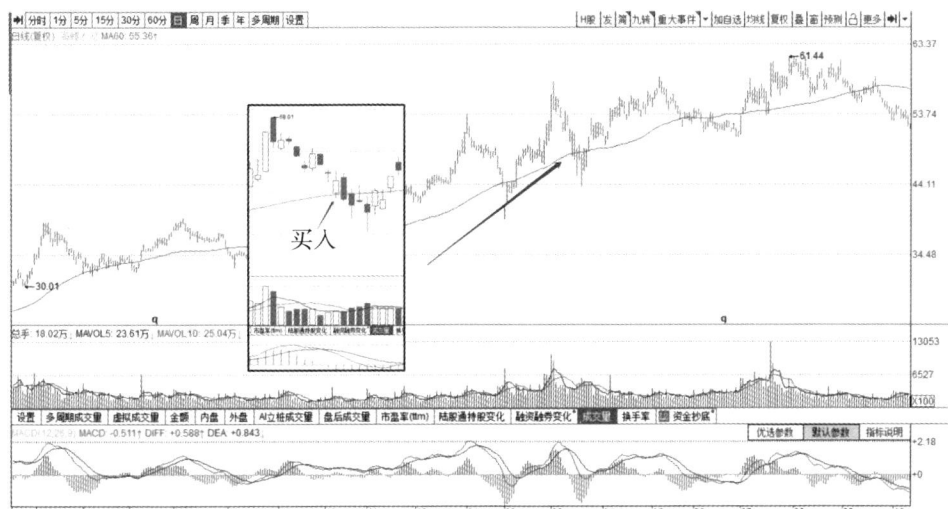

图 9-28　海螺水泥日线级别 K 线图

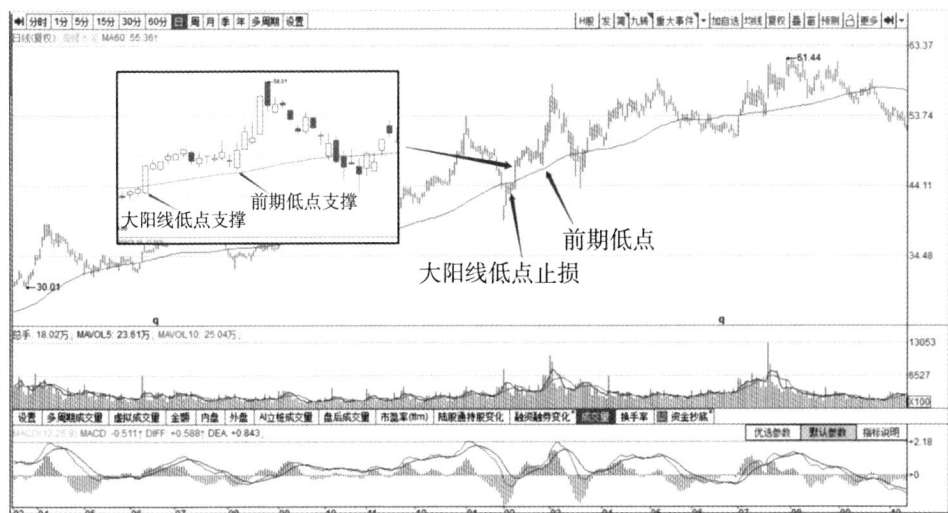

图 9-29　海螺水泥日线级别 K 线图

图 9-29 为海螺水泥日线级别 K 线图，行情时间跨度为 2019 年 3 月 19 日到 2020 年 10 月 20 日。

第八次：如图 9-30 所示，股价回升均线之上后，行情马上回调，第八次均值回归触及均线，此时道理一样，手中持仓几乎没有盈利，所以再一次放弃均线的买入信号。

图 9-30 为海螺水泥日线级别 K 线图，行情时间跨度为 2019 年 3 月 19 日到 2020 年 10 月 20 日。

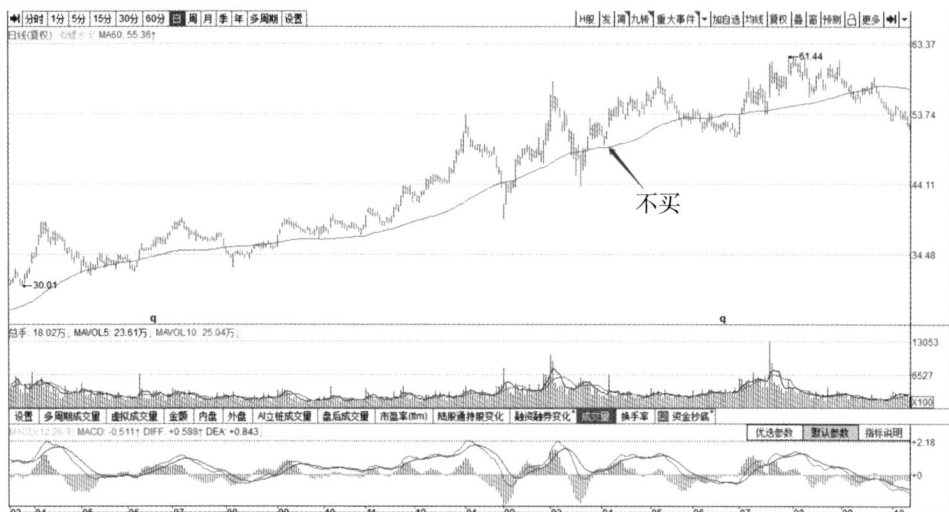

图 9-30　海螺水泥日线级别 K 线图

第九次：股价触及均线后确认支撑，放量跳空上涨，但在前期高位承压下跌，第九次均值回归触及均线，此时可以加仓买入，因为手中的持仓已经有了一波利润，并且根据止损原则，应该把止损设置为第三档前期低点支撑下方（因为第二档缺口和第三档前期低点距离较近，所以止损以第三档支撑为依据）。

图 9-31 为海螺水泥日线级别 K 线图，行情时间跨度为 2019 年 3 月 19 日到 2020 年 10 月 20 日。

第十次：如图 9-32 所示，股价跌破了均线，但并未跌破止损，随后再次翻到均线上方。股价第三次受阻前期高点，并回撤至均线，此时不能再次加仓，因为手中持有的第二单并没有多少获利。

图 9-32 为海螺水泥日线级别 K 线图，行情时间跨度为 2019 年 3 月 19 日到 2020 年 10 月 20 日。

第十一次：如图 9-33 所示，股价在均线附近受到支撑，掉头上涨，小幅创新高，此时止损应该设置在前期低点 56.08 元 / 股下方。股价在高位徘徊后，又一次回撤至均线附近，此时一样不应该加仓，因为第二单还没有多少浮盈。

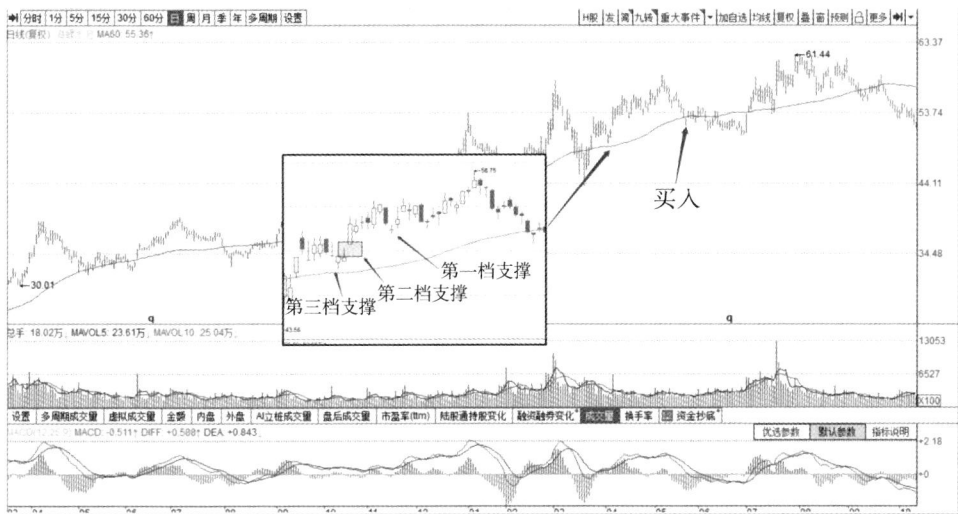

图 9-31　海螺水泥日线级别 K 线图

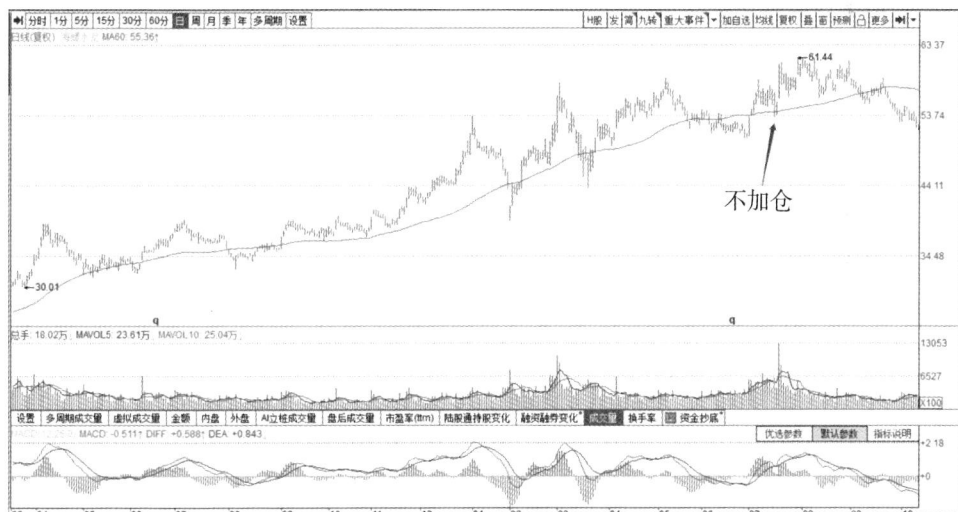

图 9-32　海螺水泥日线级别 K 线图

图 9-33 为海螺水泥日线级别 K 线图，行情时间跨度为 2019 年 3 月 19 日到 2020 年 10 月 20 日。

第十二次：最后一次，很显然，也不应该加仓，因为行情并未继续上涨，持仓盈利不足。图中可见，最后股价跌破止损，两单全部获利出场。

图 9-34 为海螺水泥日线级别 K 线图，行情时间跨度为 2019 年 3 月 19 日到 2020 年 10 月 20 日。

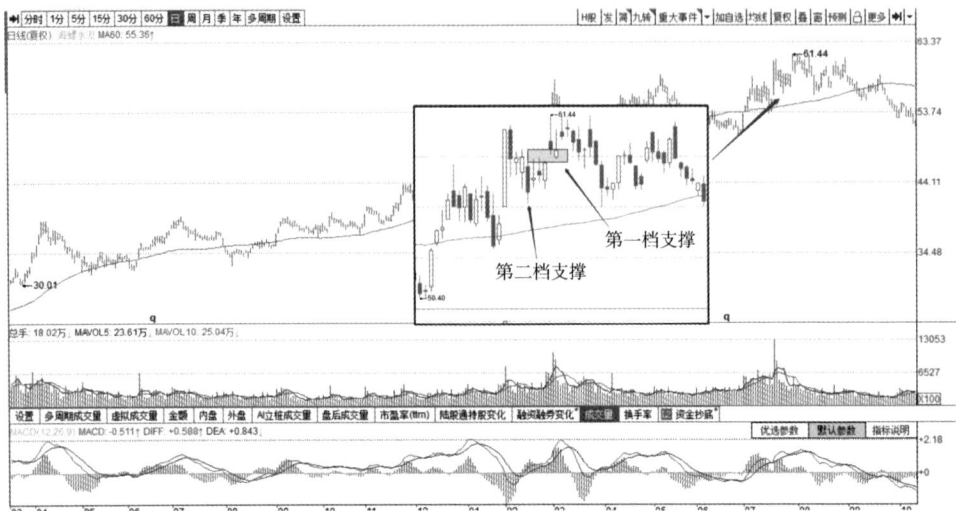

图9-33　海螺水泥日线级别 K 线图

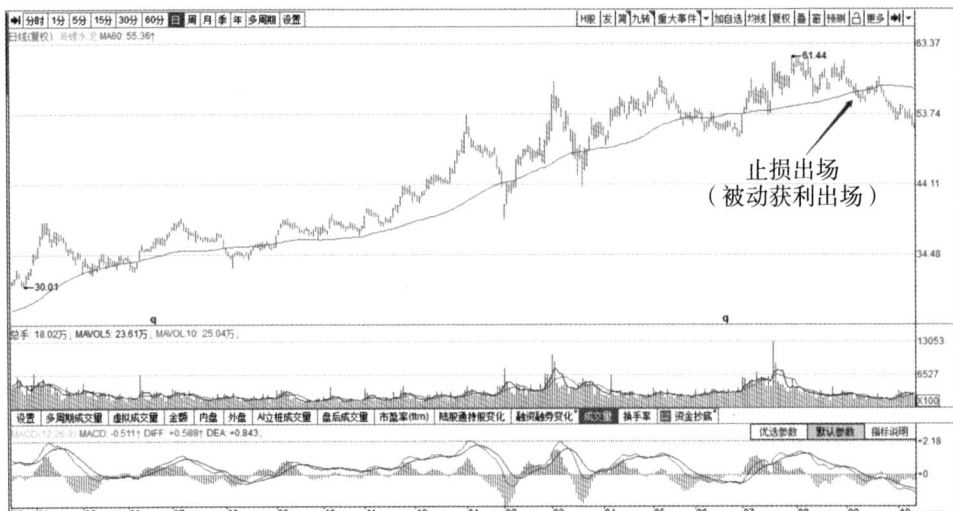

图9-34　海螺水泥日线级别 K 线图

总结：海螺水泥上涨过程中，行情非常不规则，数次大幅虚破均线，但是如果严格运用均线时机交易体系，每次进场都是获利出局，而虚破的时候，时机规则可以很好地帮我们避开风险。在行情数次虚破的情况下，也能轻松获利，足以说明均线时机交易体系如果新手严格运用，投资交易将取得比较漂亮的收益。当然利用本书中的交易工具，还可以组建更好的交易体系，但适合自己的才是最好的，读者可以用心钻研，总结出适合自己的稳定盈利的交易体系。

精品图书推荐

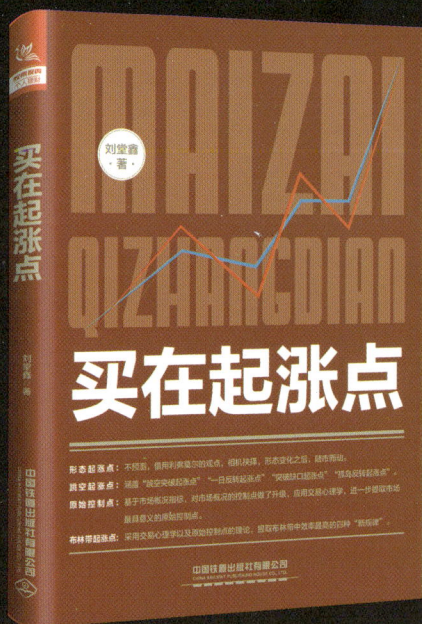

刘莹鑫 著

买在起涨点

形态起涨点：不预言，信用利库量尔时成点，相机决择，形态变化之始，顺市而出。

跳空起涨点：间道"跳空突破起涨点"、"一日反转起涨点"、"突破缺口起涨点"、"岛岛反转起涨点"。

原始控制点：基于市场板块预研，对市场概况的预先做了升值、应用交易心理学，进一步增强市场掌握意义的增脑控制点。

布林带起涨点：实用交易心理学以及原始控制点的理论，提取布林带中效率最高的品种"跳档建"。

ISBN 978-7-113-29386-4

中国铁道出版社有限公司
CHINA RAILWAY PUBLISHING HOUSE CO., LTD.

地址：北京市西城区右安门西街8号
邮编：100054
网址：http://www.tdpress.com

上架建议：股票投资/个人理财

ISBN 978-7-113-29518-9

9 787113 295189 >

定价：69.80元